카페에서 읽는 세계사

일상에 얽힌 사소하지만 미처 몰랐던 역사 에피소드

카페에서 읽는 세계사

구정은 · 장은교 · 남지원 지음

≡ 들어가는 글 ≡

역사를 통해 오늘 우리의 삶을 돌아본다면

우리는 왜 이렇게 살고 있을까? 이 질문에는 수만 가지 답이 존재할 수도, 존재하지 않을 수도 있다. 누가 답이라고 말해주어도 고개를 갸우뚱할 수 있고, 별일 아닌 듯 툭 던지는 말 한마디에서 존재의 이유를 찾을 수도 있다.

오늘의 현실이 잘 이해되지 않을 때, 답답함을 풀 수 있는 방법 중 하나는 역사를 여행하는 것이다. 문명이 시작될 때부터 가까운 과거까지 한 걸음씩 돌아보다 보면 오늘 우리가 살고 있는 세상을 좀더 따뜻한 눈으로 바라볼 수 있게 된다.

이 책은 '우리가 몰랐던 세계사'라는 주제로 2015년 8월부터 2016년 3월까지 네이버캐스트에 연재한 글을 묶은 것이다. 연재 글 24편을 최근 시점에서 다듬고, 1편을 더해 총 25편의 세계사 이야기를 담았다.

글을 쓴 우리는 역사 전문가가 아니다. 그럼에도 용기 내어 글을 쓸 수 있었던 것은 세계사를 일상의 이야기에 초점을 맞추어 풀어냈기 때문이다. 역사는 승자와 패자, 성공과 실패의 관점에서 기록될 때가 많다. 이 책은 보통 사람이 일상에서 궁금해할 만한 작은 이야기들을 골라 역사 여행을 하는 마음으로 썼다.

1장 '방 안에서 보는 일상의 역사'에서는 커피와 목욕, 화장 등 우리가 일상에서 흔히 경험하는 문화의 역사를 되짚어보았다. 2장 '되풀이되는 비극, 사건 사고의 역사'에서는 해상 사고와 핵실험, 전염병 등 많은 사람의 삶에 영향을 미친 사건들의 역사를 다루었다. 3장 '정치에 얽힌 진지하지만 재미있는 이야기'에서는 세계 정치사 이면에 담긴 이야기들을 찾아보았다. 4장 '지구 반대편에서 일어난 나비의 날갯짓'에서는 슬럼의 역사, 크렘린의 역사 등 익숙한 듯 익숙하지 않은 지구촌의 이야기를 담았다.

우리가 많은 시간을 보내는 카페는 언제 어떻게 시작되었을까? 1퍼센트의 특권층도 99퍼센트의 민중도 똑같이 한 표를 행사하는 선거제도는 어떻게 만들어진 것일까? 세계를 불안과 공포에 몰아넣는 중동발 테러와 전염병 창궐은 어떤 역사가 있는 것일까? 얼마 전 대통령은 청와대에서 여당 지도부와 송로버섯과 샥스핀을 먹었다는데 다른 나라 정상들의 만찬장에는 어떤 메뉴가 올라올까? 작은 호기심들을 여권 삼아 여행하다 보면, 오늘 우리의 삶에 대한 비밀도 조금씩 풀릴지 모른다.

국제부 기자로서 세계사와 국제 뉴스를 접하며 느꼈던 깨달음과 즐거움이 독자에게도 전해질 수 있기를 바란다. 부족한 글을 책으로 엮어주신 인물과사상사 분들께 감사의 말씀을 드린다.

구정은 · 장은교 · 남지원

차 례

들어가는 글 • 4

1 방 안에서 보는 일상의 역사

역사를 바꾼 악마의 음료 • 11

목욕에 담긴 사회적 의미 • 23

다른 얼굴에 대한 집착, 화장의 역사 • 36

인류를 위한 친환경 에너지, 태양광 교통수단 • 50

멀리 있는 것을 보고자 하는 열망 • 60

2 되풀이되는 비극, 사건 사고의 역사

개인의 욕심과 사회의 무능, 해상 사고 • 75

미스터리로 남은 항공사고들 • 87

공멸을 향한 질주, 핵실험 • 98

역사를 바꾸어놓은 전염병 • 110

인간이 만든 환경 재앙 • 122

숨 막히는 인공 재해, 스모그 • 136

마피아의 탄생부터 파문까지 • 145

3 정치에 얽힌 진지하지만 재미있는 이야기

투표와 선거는 동의어가 아니다 • 159
피로 쓴 연설문 • 170
정치의 역사는 암살의 역사 • 186
정치와 종교가 만난 세계의 화약고 • 199
신의 이름으로 저질러지는 폭력, 지하드의 역사 • 213
역사는 식탁에서 이루어진다 • 231
권력자가 사랑한 견공들 • 245

4 지구 반대편에서 일어난 나비의 날갯짓

부유한 도시의 그늘, 슬럼 • 259
비밀에 싸인 차르의 궁전 • 271
세계의 지붕, 네팔의 역사 • 284
검은 스파르타쿠스의 나라, 아이티의 비극 • 294
유엔 총회에서 벌어진 소동들 • 308
가장 높은 건물이 있는 곳 • 318

주 • 330

… 1 …

방 안에서 보는
일상의 역사

역사를 바꾼 악마의 음료

　오늘날 사람들은 카페에서 많은 일을 한다. 오랜만에 만난 친구와 수다를 떨기도 하고, 비즈니스 미팅을 하기도 하고, 모임을 열어 새로운 사람을 만나기도 한다. 현대인에게 카페는 놀이터이자 쉼터이자 일터다.
　먼 옛날의 카페는 어떤 모습이었을까? 인류가 커피를 처음으로 마시기 시작한 것은 9세기경 아프리카 동부의 에티오피아에서였던 것으로 알려져 있다. 커피는 곧 홍해를 건넜고, 예멘의 아덴항을 통해 아라비아반도에 퍼졌다. 처음에 종교의식에나 사용되었던 커피는 점차 종교적인 의식과 상관없이 모든 사람이 즐기는 기호품으로 변해갔다.

커피하우스의 기원

커피를 찾는 사람이 많아지자 15세기 이후 중동에는 커피하우스들이 우후죽순 생겨났다. 세계 최초의 커피하우스라고 알려진 곳은 오스만제국의 수도 콘스탄티노플에 1475년 개점한 키바 한Kiva Han이다. 당시 오스만제국에서 커피가 얼마나 중요했냐면, 부인은 남편이 매일 일정량의 커피를 제공하지 못하면 이혼할 권리가 있었을 정도다. 중동에서 가장 활발한 도시이자 종교와 문화의 중심지였던 메카에서 커피하우스는 사람들이 사회적, 정치적 견해를 나누는 곳으로 발전해갔다. 1530년대 이후 커피하우스는 다마스쿠스와 카이로 같은 중동의 도시들로 퍼져나갔다.

커피 문화가 유럽에 전래된 것은 17세기 들어서의 일이다. 커피는 주로 아랍과 이슬람 문화권에 사는 사람들이 마셨던 탓에, 기독교 문화가 지배적인 유럽인들은 커피를 '이교도나 마시는 음료'라고 생각했다. 커피는 실제로 '이슬람교도의 와인'이라고 불렸다. 이탈리아 무역상들이 커피를 유럽으로 들여왔지만 문화적 거부감이 너무 커서 유럽 전역에 전파되기는 어려웠다.

이 편견을 깨뜨린 것은 교황 클레멘스 8세다. 클레멘스 8세의 측근들이 "커피를 악마의 음료라고 선포해달라"고 청원했지만 커피를 마셔본 교황은 "악마의 음료라기에는 너무 맛있으니 커피에게 세례를 주겠다"고 선언했다고 한다. 1600년경의 일이다. 이 이야기가 사실인지는 확실하지 않지만, 이 시기를 즈음해서 커피가 유럽에 퍼지기 시작한 것은 사실이다. 1629년에는

▲ 오스만제국의 커피하우스 풍경. 커피는 중동에서 대중화되어 서구로 전파되었다.

이탈리아 베네치아에서 유럽 최초로 커피하우스가 탄생했다. 영국 런던에는 1650년, 프랑스 파리에는 1672년 첫 커피하우스가 생겼다. 커피하우스는 이후 유럽 문화와 예술과 정치와 혁명의 중심지가 되었다.

커피하우스에서 탄생한 유럽의 근대

커피하우스가 생겨나기 전 사람들은 선술집에서 만나 이야기를 나누었다. 과도한 음주로 인한 질병과 다툼이 일상이었다. 그런데 커피와 커피하우스가 등장한 것이다. 아무리 마셔도 취하지 않는 음료를 파는 건전한 공간. 커피하우스에서 런던의 신사와 파리의 부르주아들은 가십과 패션과 시사와 정치와 스캔들, 철학과 자연과학에 대해 이야기했다.

여기에는 커피하우스의 민주적인 특성이 영향을 끼쳤다. 영국 기준으로 커피값 1페니만 있으면 누구나 커피하우스에 입장해

논쟁에 참여할 수 있었다. 영국에서는 '커피하우스 정치인'이라는 신조어도 생겨났다. 하루 종일 커피하우스에 죽치고 앉아서 비현실적인 정치적 견해를 퍼뜨리는 사람을 일컫는 말이다.

커피하우스는 근현대 유럽의 경제와 정치, 학문이 탄생한 곳이다. 영국 과학자로서 최고의 영광이라고 하는 왕립학회Royal Society˙도 커피하우스에서 탄생했다. 왕립학회 초기 회원이었던 아이작 뉴턴Isaac Newton과 로버트 보일Robert Boyle, 로버트 훅Robert Hooke 등이 커피하우스에 모여 토론한 내용은 근대과학의 토대가 되었다.

런던에 문을 연 로이드Lloyd's Coffee House라는 이름의 커피하우스에는 상인들과 선원들, 해운업계 사람들이 모였다. 영국 대형 보험사 로이드의 효시가 바로 이곳이다. 세계적 경매회사 소더비와 크리스티도 커피하우스에서 시작되었다. 하지만 상류사회 신사들이 즐기는 고급 회원제 클럽 문화가 생겨나면서 영국의 카페 문화는 쇠퇴해갔다.

● 왕립학회
1660년 창립된 자연과학 아카데미로 정식 명칭은 '자연 지식의 향상을 위한 런던 왕립학회'다. 근현대 서구 자연과학의 기틀을 닦았다고 평가받으며 아이작 뉴턴과 찰스 다윈, 벤저민 프랭클린 등이 왕립학회 일원으로 활동했다.

커피하우스는 혁명을 잉태한 공간이기도 하다. 파리의 커피하우스는 볼테르Voltaire와 장 자크 루소Jean-Jacques Rousseau 등 계몽주의 사상가들의 아지트가 되었다. 볼테르가 즐겨 찾았다던 르 프로코프Le Procope는 1686년 문을 열었는데, 아직도 파리에서 영업 중이다. 귀

▲ 1870년대 프랑스 파리의 한 카페에서 전쟁 이야기에 열을 올리는 사람들.

족들의 폐쇄적인 살롱 문화와 달리, 누구나 찾아와 이야기를 나눌 수 있는 커피하우스는 평등과 공화주의를 상징하는 공간이었다. 커피하우스에서 민중을 만나고 치열하게 토론하며 개혁 의식을 키워간 부르주아 계급의 성장은 프랑스혁명으로 이어졌다.

미국 독립혁명의 근거지 역시 커피하우스다. 미국에서는 보스턴 차 사건* 이후 "영국에 대항하기 위해서는 차 대신 커피를 마셔야 한다"는 생각이 널리 퍼지면서 커피 문화가 발전했다. 미국의 첫 커

● 보스턴 차 사건
1773년 12월 영국의 식민지 과세 정책에 반발한 북미 식민지 주민들이 원주민으로 분장하고 보스턴 항구에 정박한 동인도회사 무역선에 침입해 홍차 상자 342개를 바다에 던져버린 사건이다. 이듬해 발발한 미국독립전쟁의 도화선 중 하나가 되었다.

역사를 바꾼 악마의 음료 15

피하우스는 1689년 보스턴에서 문을 열었고, 이곳 역시 사람들이 정치적 의견을 나누는 장소 역할을 했다고 한다.

커피하우스를 싫어한 위정자들

사람들이 커피하우스에 모여 정치 이야기하는 것을 좋아할 위정자는 많지 않을 것이다. 여러 왕과 술탄이 커피하우스 문을 닫으려 시도했다. 그중 가장 유명한 인물은 영국 왕 찰스 2세일 것이다. 1675년 12월 찰스 2세는 1676년 1월 10일을 기해 영국의 모든 커피하우스를 폐쇄하겠다고 공표했다. 커피하우스에 사람들이 모여 불평불만을 늘어놓는 바람에 정치에 대한 뜬소문이 확산되어 왕의 명예가 훼손되고 사회가 혼란해진다는 명분이었다.

하지만 생각보다 저항이 강했다. 런던뿐 아니라 영국 전역에서 항의 시위가 벌어졌고 찰스 2세는 결국 칙령의 잉크가 마르기도 전인 1676년 1월 초 이를 철회했다. 대신 찰스 2세는 커피하우스 주인들이 불온 신문이나 유인물을 발행하지는 못하게 했다. 당시 커피하우스가 여론의 집결지였던 만큼 온갖 신문과 인쇄물이 커피하우스에서 발간되었기 때문이다.

찰스 2세와 같은 시도를 한 지도자는 이전에도 여럿 있었다. 오스만제국의 술탄 무라드 4세는 1633년 커피하우스를 모두 폐쇄하고 커피 유통을 금지시켰다. 화재를 막는다는 명분을 내걸었지만 사실은 불만이 많은 사람들과 군인들이 비밀스레 모여서 정부를 전복하려는 음모를 꾀하고 있다는 생각 때문이었다. 콘스탄티노플의 커피하우스들은 1675년에나 영업을 재개할 수 있었다. 1511년 메카에서도 비슷한 일이 있었다. 커피하우스에서 사람들이 정치 이야기를 하는 것이 마뜩잖던 메카 총독은 도시 전역의 커피하우스를 금지시켰다.

여성과 커피하우스

지금은 여성들이 카페 문화를 더 많이 즐기는 듯하다. 그러나 과거 커피하우스는 남성들의 전유물이었다. 여성들은 커피하우스에 출입할 수조차 없었다. 18세기 프랑스의 위대한 여성 과학자인 에밀리 뒤 샤틀레Émilie du Châtelet는 동료 수학자 피에르루이 모페르튀이Pierre-Louis Moreau de Maupertuis가 자주 가던 커피하우스에 함께 가고 싶어 남장을 했다고 한다. 남자 옷을 한 벌 해 입고 커피하우스에 유유히 입장한 샤틀레는 모페르튀와 자연스레 합석했다. 커피하우스 주인은 샤틀레가 여자인 것을 눈치챘지만 귀한 손님을 잃고 싶지 않아 모른 척했다고 한다. 샤틀레는 남자 옷을 입고 그 커피하우스를 계속 드나들었다.

영국에서는 여성들이 집단적으로 커피하우스 문화에 반발하는 청원을 내기도 했다. 남편들이 커피하우스에서 마시는 커피와 토론에 빠져서 집에 들어오지 않았기 때문이다. 1674년 발표한 「커피에

● 에밀리 뒤 샤틀레
프랑스의 여성 물리학자로 빛의 성질을 연구해 적외선의 존재를 예측했으며 뉴턴과 라이프니츠의 물리법칙을 연구했다. 뉴턴의 『프린키피아』를 현대적으로 번역하고 주석을 달아 프랑스의 물리학 발전에 기여했다. 계몽주의 사상가 볼테르의 연인으로 유명하다.

▲ 18세기 르 프로코프의 풍경. 콩도르세(Nicolas de Condorcet), 라아르프(Jean-Francois de La Harpe), 볼테르와 디드로(Denis Diderot)가 모여서 이야기하고 있다.

반대하는 여성들의 청원」에서 여성들은 "커피는 남자들을 빈둥거리게 만들고 돈을 허투루 쓰게 할 뿐 아니라 정력까지 감퇴시킨다"라고 주장했다. 남성들은 「커피에 반대하는 여성들의 청원에 대한 남성들의 대답」이라는 글을 발표해 "해롭지도 않고 정신을 맑게 하는 음료에 왜 화풀이를 하느냐"고 반박했다. 여성은 커피 문화를 향유할 수 없다는 차별 때문에 반발이 터져나왔던 것이 아닐까.

문화와 예술의 중심지가 된 커피하우스

19세기와 20세기, 유럽의 커피하우스는 작가와 예술가들의 작업실이자 이들이 모이는 곳이 되었다. 파리 생제르맹 데프레에서 1880년대에 영업을 시작한 두 카페, 카페 레 되 마고와 카페 드 플로르는 어니스트 헤밍웨이Ernest Hemingway, 알베르 카뮈

Albert Camus, 파블로 피카소Pablo Picasso, 시몬느 드 보부아르Simone de Beauvoir, 장 폴 사르트르Jean-Paul Sartre 같은 지식인과 작가, 미술가들의 아지트였다. 파리의 상징적 공간이기도 한 이 커피하우스들은 블라디미르 나보코프Vladimir Nabokov의 소설 『롤리타』 같은 문학작품과 영화에서도 숱하게 언급되었다. 두 커피하우스는 아직도 파리에 남아 있다.

20세기 미국으로 가보자. 미국의 커피하우스는 20세기 중반 팝 음악의 발전과 떼려야 뗄 수 없다. 커피하우스가 엔터테인먼

▲ 카페 레 되 마고(위)와 카페 드 플로르(아래)의 현재 모습. 두 카페는 19세기부터 지금까지 같은 자리에서 계속 영업 중이다.

트 공간으로 바뀌면서 포크 가수들이 커피하우스 한복판에서 노래를 부르기 시작한 것이다. 1960년대 히피 문화•가 확산되며 사회 분위기가 전반적으로 자유로워진 게 큰 영향을 끼쳤다는 분석이 있다. 미국 대중음악의 한 축인 포크는 커피하우스 공연을 통해서 발달했다. 세계적인 뮤지션 존 바에즈Joan Baez나 밥 딜런Bob Dylan 같은 사람들도 처음에는 커피하우스에서 기타 한 대를 들고 노래하기 시작했다고 한다.

스타벅스의 시대

에스프레소는 높은 온도와 압력을 이용해 아주 짧은 시간에 추출해낸 진한 커피다. 에스프레소를 물에 타면 아메리카노, 우유에 타면 카페 라테가 된다. 하워드 슐츠Howard Schultz라는 사업가가 1980년대 미국 시애틀의 한 원두 판매점 경영에 참여했다. 1971년 시애틀에서 영업을 시작한 이 원두 판매점의 이름은 스타벅스. 슐츠는 이탈리아로 여행을 갔다가 밀라노에서 에스프레소 바를 방문했고, 스타벅스를 에스프레소 바처럼 커피를 파는 곳으로 변신시키자고 동업자들에게 제안했다. 커피를 쉽고 빠르게 만들어 파는 커피하우스가 바쁜 미국인들에게 환영받을 거라고 생각했기 때문이다. 하지만 동업자들은 이 제안을 받아들이지 않았다. 슐츠는 1985년 스타벅스에서 쫓겨나 '일 조르날레'라는 커

> ● 히피 문화
> 1960년대 미 서부의 중산층 청년을 중심으로 사회적 억압과 소비자본주의를 거부하고 자유와 즐거움, 반전·평화, 자연 회귀를 추구한 일종의 반문화 운동이다.

▲ 미국 시애틀에 있는 스타벅스 1호점. 오늘날 널리 퍼진 프랜차이즈 커피하우스가 탄생한 곳이다.

피하우스를 개업했다. 장사는 놀랄 만큼 번창했고 슐츠는 2년 후 스타벅스를 인수한다. 오늘날 전 세계를 지배하는 커피 공룡 스타벅스는 이렇게 탄생했다.

스타벅스는 놀랄 만큼 성장했다. 1992년 미국 전역에 165개의 점포를 소유하게 되었고, 1995년 일본 도쿄 매장을 시작으로 전 세계에 진출하기 시작했다. 1987년부터 2007년 사이 스타벅스는 매일 평균 2개의 신규 매장을 열었다고 한다. 2015년 기준으로 스타벅스는 65개국에 진출해 있으며 매장은 2만 1,536곳에 달한다.

스타벅스는 현대 커피 문화의 표준을 만들었다고 해도 과언이 아니다. 전 세계 어디를 가도 같은 커피를 맛볼 수 있을 정도로 표준화된 메뉴와 커피 맛, 잔잔한 음악을 들으며 편안하게 시간을 보낼 수 있는 공간, 테이크아웃 위주의 음료 제조 시스템, 주문한 뒤 카운터에서 직접 커피를 찾아와야 하는 방식까지, 스타벅스 이후 우후죽순 생긴 다른 프랜차이즈 커피하우스들은 스타벅스의 성공 방식을 모방하며 발전했다.

목욕에 담긴 사회적 의미

공중목욕탕에 가는 것을 즐기는 사람도 있지만, 요즘에는 공중목욕탕이라고 하면 고개를 갸우뚱하는 사람이 더 많을 것 같다. 찜질방이나 사우나, 온천, 스파가 더 익숙할지도 모르겠다. 요즘은 목욕만 하러 목욕탕에 가는 것이 낯설다. 집집마다 목욕 시설이 갖추어져 있고 온수도 잘 나오기 때문이다. 그래도 우리는 종종 여러 사람이 함께 벗고 씻는 공중목욕 시설을 이용한다. 단순히 몸을 씻기 위해서가 아니라 놀이와 휴식을 즐기기 위해서다. 형태는 조금씩 달라졌지만 인류 문명이 시작된 이래 나라마다 다양한 공중목욕 문화가 있었다. 역사적으로 어떤 공중목욕탕이 있었을까?

인더스문명의 고대 도시에서 발견된 목욕탕

1920년대 영국은 파키스탄에서 고대 도시 발굴 작업을 진행했다. 영국은 당시 인도를 지배하고 있었고 지금의 파키스탄은 인도의 한 지역이었다. 영국은 파키스탄 신드Sindh 지역에서 인더스문명•의 흔적으로 보이는 고대 도시 유적을 발굴했다. 현지어로 '사자死者의 무덤'이라는 뜻을 지닌 모헨조다로Mojenjo-Daro였다. 모헨조다로 유적지는 고대 인더스문명에 살았던 사람들의 생활상을 보여준다.

기원전 4000년경으로 추정되는 모헨조다로에서는 도로와 학교, 회의장, 곡물 저장소로 보이는 유적들이 발견되었다. 그 시대 사람들이 만든 계획도시였던 셈이다. 사람들을 가장 놀라게 한 것은 목욕탕이었다. 모헨조다로의 한가운데에서 길이 11.8미터, 폭 7미터, 깊이 2.4미터 규모의 대형 목욕탕이 발견되었다.[1] 목욕탕 안에는 물이 나왔을 것으로 보이는 6개의 구멍도 있었다. 그 옛날 옛적에 수로를 이용해 물을 끌어다 목욕탕을 만들어서 사용했다는 것이다. 역사학계는 인더스문명의 지혜와 우수함에 놀랐다.

모헨조다로의 목욕탕은 여러 사람이 함께 이용하는 형태였고, 바닥은 2개 층으로 만들어졌다. 이곳은 단순히 몸을 씻는 곳이 아니라 종교의식을 거행하기 전 몸과 마음을 청결하게 단장하기 위한 장

> ● 인더스문명
> 기원전 2500년경 인더스 강 유역을 중심으로 발달한 문명. 메소포타미아문명, 이집트문명, 황허문명과 함께 인류 고대사의 비밀이 담긴 4대 문명으로 꼽힌다.

▲ 기원전 4000년경 지어진 모헨조다로의 목욕탕은 인류 최초의 공중목욕탕이라 할 수 있다.

소였을 것으로 추정된다. 모헨조다로의 거대한 목욕탕The Great Bath은 인류 역사상 가장 오래된 공중목욕탕으로 여겨진다. 유네스코는 1980년 모헨조다로를 세계문화유산으로 지정했다.

사교 무대였던 그리스 · 로마 시대의 목욕탕

그리스의 수학자 겸 물리학자 아르키메데스는 부력의 원리를 깨닫고 "유레카(알아냈다)!"라고 외치며 벌거벗은 몸으로 뛰어다녔다고 한다. 그가 나체로 뛰어다닌 이유는 깨달음을 얻은 장소가 목욕탕이었기 때문이다. 아르키메데스는 "왕관에 금이 얼마나 들어갔는지 알아내라"는 지시를 받고 고민하던 중, 휴식을 취하러 목욕을 하다가 욕조에 몸이 들어가는 만큼 물이 넘치는 것을 보고 물질의 부피와 밀도, 무게를 깨달았다고 한다.

아르키메데스처럼 고대 그리스인들은 목욕을 즐겼다. 프랑수아즈 드 보너빌이 쓴『목욕의 역사 The Book of the Bath』에 따르면 그리스 공중목욕의 역사는 기원전 6세기부터 시작되었다. 집에 욕실이 없는 사람들은 저렴하게 또는 무료로 공중목욕탕을 이용했고, 부자들은 하인의 도움을 받아 집에서 목욕을 즐겼다. 그리스 시인 호메로스가 쓴『오디세이아 Odysseia』에도 온수욕을 즐긴 그리스인들의 목욕 문화가 묘사되어 있다. 기원전 4세기에 건립된 플라톤의 아카데미아와 아리스토텔레스의 리케이온•은 그리스 남성들이 함께 운동이나 공부를 한 뒤 목욕을 하던 연무장의 일부였다고 한다.2

공중목욕 문화는 로마 시대에 꽃을 피웠다. 베수비오 화산 폭발로 사라진 도시 폼페이 Pompeii의 유적에는 화려한 목욕탕이 있다. 탈의실과 운동 기구까지 갖추어져 있던 폼페이 목욕탕 한쪽에는 다양한 체위의 성관계를 묘사한 그림도 그려져 있다. 학자들은 목욕탕과 성매매 장소가 연결되어 있던 흔적으로 추정한다. 로마제국이 번성하면서 목욕탕은 황제의 능력을 과시하는 장소가 되었다. 크고 화려한 목욕탕은 황제가 정치를 잘해 시민들이 행복

● 리케이온
아리스토텔레스가 그리스 청년들과 함께 지식을 나누던 곳으로, 아리스토텔레스의 철학 강의가 시작된 '숲 속의 학교'로 알려져 있다.

▲ 카라칼라 황제가 지은 목욕탕은 2,000명이 동시에 들어갈 수 있는 대형 종합 문화 시설이었다.

하게 살고 있다는 상징처럼 여겨졌다. 황제들은 일반 목욕탕과 구별해 테르마이Thermae라고 부른 호화 목욕탕을 짓고 자신의 이름을 붙였다.

　카라칼라 황제가 216년 만든 카라칼라 목욕탕은 축구장 4개를 합한 정도의 규모로 한번에 2,000명까지 입장할 수 있다. 목욕탕뿐 아니라 도서관과 강연장, 집회실, 체육관까지 갖춘 종합 시설이었다. 306년에 만들어진 디오클레티아누스 목욕탕은 3,000명이 동시 입장할 수 있는 규모였다고 한다. 목욕탕을 얼마나 크고 화려하게 지었던지, 목욕탕에서 발굴한 청동 작품과 대리석 등으로 박물관 하나를 채울 수 있었다. 카라칼라 목욕탕은 열탕 자리에서 전차와 말이 등장하는 오페라 〈아이다Aida〉•

> 🍎 **오페라 〈아이다〉**
>
> 이탈리아 음악가 주세페 베르디가 1871년 만든 작품으로 에티오피아 공주 아이다의 비극적 사랑과 운명을 그렸다. 전투 장면 등 웅장한 무대로 유명한데, 로마의 카라칼라 극장에서 열린 오페라 축제 때는 실제 말이 등장하기도 했다.

를 공연할 정도로 웅장한 규모를 자랑했다.

목욕 문화가 번성하면서 로마의 공중목욕탕은 시민들의 중요한 사교장이 되었다. 시민들은 함께 운동하고 이야기를 나누며 정보를 교환했다. 중요한 소식도 목욕탕에서 전파되었다. 이발과 치료 목적의 마사지, 공부도 목욕탕 부대시설에서 이루어졌다. 그야말로 모두가 모이고 모든 것이 가능한 '핫 플레이스'가 목욕탕이었다. 로마 시민들은 오랜만에 만나면 "넌 요즘 어느 목욕탕 다녀?"라고 안부를 물었다고 한다.

목욕탕이 중요한 문화시설이 되자 황제들도 궁전에 있는 더 좋은 목욕탕을 두고 일부러 공중목욕탕에 다녔다고 한다. 2세기 하드리아누스 황제는 세신사에게 지불할 돈이 없어 벽에 등을 문지르던 퇴역 군인에게 돈과 노예를 내렸다. 이 소식은 금세 퍼졌다. 다음날 시민들은 너도 나도 '황제가 떴다'고 알려진 목욕탕으로 향했고 황제 앞에서 벽에 등을 문질렀다. 이를 본 황제는 서로 등을 밀어주라는 지혜를 발휘했다고 한다. 이 일화는 황제와 시민들이 함께 벗고 같은 공간에서 목욕을 할 만큼 공중목욕탕에서만큼은 신분의 차이에서 자유로웠다는 것을 보여주기도 한다.

화려함을 마음껏 뽐냈던 로마의 목욕 문화는 로마제국의 멸망과 함께 사라졌다. 역사학자 에드워드 기번Edward Gibbon은 『로마 제국 쇠망사』에서 호화로운 목욕 문화가 로마를 멸망으로 이끈 주요 원인이라고 지적했다.

유럽에서 공중목욕탕을 몰아낸 흑사병

유럽의 목욕 문화는 중세를 거치며 쇠퇴했다. 신에게 기도를 드리기 전 몸을 청결하게 하는 것을 신자의 의무로 여겼던 이슬람교와 달리, 중세 기독교인들은 씻지 않는 것을 도덕적인 행위로 여겼다. 공중목욕탕이 매춘으로 연결되거나 사치와 향락의 온상이 되기도 했고, 몸을 씻고 단장하는 것이 누군가를 유혹하기 위한 행위로 간주되었기 때문이다.

캐서린 애셴버그는 『목욕, 역사의 속살을 품다』라는 책에서 "중세는 오늘날과 비교할 수 없을 정도로 냄새가 심한 시대였다"고 주장했다. 영국 여왕 엘리자베스 1세도 한 달에 한 번만 목욕을 했다고 한다. 중세 유럽 사람들의 생활을 그린 그림에는 몸에서 이나 벼룩을 찾는 모습이 자주 등장한다.

유럽의 목욕 문화는 십자군이 터키식 목욕탕 하맘Hamam을 보고 온 뒤 다시 유행하기 시작했다. 그러나 곧 공중목욕 최대의 적이 등장한다. 유럽에서 수천 명의 목숨을 앗아간 흑사병이었다. 원인 모를 병으로 하루에도 수백 명이 죽어가자, 유럽의 의학계는 엉뚱한 곳을 의심했다. 공중목욕탕을 통해 질병이 전염된다는 것이었다. 흑사병이 발병한 이듬해인 1348년 프랑스 필리프 6세는 파리대학의 의학 교수들에게 원인을 규명하라고 지

◀ 조르주 드 라 투르, 〈벼룩 잡는 여인〉.

시했는데, 교수들은 "뜨거운 목욕이 사람의 몸을 젖게 해 긴장을 풀어주고 열과 물이 피부의 입구를 열어 역병이 쉽게 침투하도록 만든다"고 주장했다.3

지금은 청결이 면역력을 높이고 전염병을 예방하는 중요한 조건이라는 것이 상식이지만, 당시 의사들의 주장은 무려 200년 동안이나 설득력 있게 받아들여졌다. "죽기 싫으면 목욕을 피해야 한다"는 주장이 되풀이되었다. 때문에 여러 사람이 함께 이용하는 공중목욕탕은 물론이고 집에서도 씻지 않는 사람이 늘어났다고 한다.

터키의 하맘

터키의 공중목욕탕 하맘은 유럽의 목욕 문화를 되살릴 만큼

일찍부터 잘 발달했다. 터키 사람들은 이슬람 사원에 들어가기 전 항상 손과 입안, 귀와 발까지 깨끗하게 씻었다. 따라서 각 마을에는 사원과 도서관, 학교, 병원 등 기간 시설과 함께 목욕탕이 있었다. 터키인들은 고인 물은 청결하지 않다고 생각하기 때문에 하맘에는 큰 욕조가 없다. 대신 달궈진 대리석 바닥에서 땀을 낸 뒤 때를 밀고 비누 거품으로 헹구는 목욕을 한다.

하맘은 마을 공동체에 없어서는 안 될 장소였다. 로마인들처럼 터키인들에게도 하맘은 사교의 장이자 중요한 정보가 오가는 곳이었다. 결혼을 앞둔 신부는 결혼 전 '신부의 목욕(겔린 하맘)'이라는 행사를 열고 마을 여인들에게 음식을 대접하며 결혼 생활의 지혜를 구했다.4 산후 조리도 돌잔치도 모두 하맘에서 이루어졌다고 하니, 터키인들에게는 하맘이 인생의 중요한 순간마다 함께하는 장소라고 할 수 있다.

부와 계급을 드러내는 목욕탕

씻으면 죽는다는 잘못된 정보의 시대가 가고 19세기 이후 유럽에서는 잘 씻는 깨끗한 사람이 상류층이라는 인식이 자리 잡기 시작했다. 1860년 영국에서 출간된 『상류사회의 습관: 신사 숙녀를 위한 지침서』라는 책에는 교양 있는 신사 숙녀는 매일 몸을 어떻게 씻어야 하는지 소개하는 글이 담겨 있었다고 한다. 잘사는 사람은 잘 씻고, 가난한 사람은 자신의 몸을 돌볼 만한 여유가 없다고 생각하기 시작한 것이다. 운동과 목욕으로 잘 관리한 몸을 목욕탕에서 과시하는 일도 많아졌다.

> ● 나폴레옹 3세
> 나폴레옹 1세의 조카. 나폴레옹 1세에 대한 향수를 등에 업고 1848년 제2공화정의 대통령으로 선출되었으나 1852년 공화정 체제를 없애고 스스로 황제가 되었다.

1842년 영국의 배스Bath 지역에 공동 세탁장 겸 목욕장이 개장했고, 1846년에는 목욕탕에 관한 법률도 만들어졌다. 지역 이름이었던 배스는 이제 목욕을 뜻하는 단어가 되었다. 공짜 목욕은 가난한 사람을 모욕하는 것으로 여겨져 적은 금액이라도 꼭 이용료를 받았다고 한다. 산업혁명과 함께 공중목욕탕 건설은 독일과 프랑스 등 유럽 전역으로 퍼졌다. 역사가 짧은 미국은 처음부터 물을 두려워하지 않고 목욕탕 문화를 받아들였다.

나폴레옹 3세●가 휴양지로 만들었다는 프랑스 비시Vichy 지방은 세계에서 가장 유명한 온천 휴양지로 발전했다. 지금 비시에는 다양한 온천욕을 즐길 수 있는 휴양 시설과 함께 좋은 물로 아픈 곳을 치료하도록 도와주는 '온천 의사'도 있다고 한다.

불교에서 시작된 우리나라의 목욕 문화

우리나라의 목욕 문화는 삼국시대 불교와 함께 시작되었다. 삼국시대에 목욕은 종교적 의미가 있었다. 당시 불교 경전에는 하루에 몇 번 목욕을 해야 한다는 것까지 나와 있었다고 한다. 『삼국사기三國史記』「고구려본기高句麗本紀」에는 서천왕의 동생들이 온탕에서 유락遊樂을 즐겼다는 기록이 있다. 사찰 목욕탕이 우리나라 공중목욕탕의 효시라고 볼 수 있다.

『고려도경高麗圖經』에는 "고려인들이 하루에 서너 차례 목욕을 했고 개성의 큰 내에서 남녀가 한데 어울려 목욕을 했다"는 기록이 남아 있다고 한다. 고려 시대부터 목욕이 질병 치료와 예방 의학의 개념으로 인식되기 시작했고, 남녀가 함께 목욕을 하는 것도 부끄러워하지 않았다고 한다.[5]

개방적이었던 고려의 목욕 문화에 비해 엄격한 유교 사회였던 조선은 전신욕조차 즐기지 않았다. 남녀가 따로 목욕하는 것이 당연했고, 집에서 홀로 목욕할 때도 옷을 다 입은 채로 '부분 목욕'을 했다. 그러나 삼짇날(3월 3일), 단오(5월 5일), 유두(6월 15일), 칠월칠석(7월 7일), 백중(7월 15일) 등에는 전신욕을 즐겼다고 한다.[6] 조선 시대 풍속화가인 혜원 신윤복이 그린 〈단오풍정〉에는 단옷날 냇가에서 목욕을 즐기는 여인들의 모습이 잘 묘사되어 있다.

왕들은 삼국시대부터 조선 시대까지 온천욕을 즐겼다. 온천은 휴식을 즐기기 위해서 찾기도 했지만 병을 치료하기 위해 찾는 곳이기도 했다. 고려 이후에는 좋은 목욕이 병을 낫게 한다는 인식이 강해지면서, 왕과 귀족들은 '물이 좋은 곳'을 찾기도 했다. 조선 시대 『경국대전經國大典』과 『대전회통大典會通』에는 온천을 새로 발견한 사람에게 3계급 특진을 해주고 직위가 없는 사람은 7등급 관리에 임명하는 보상을 내렸다고 한다.[7] 온천을 얼마나 귀하게 생각했는지 알 수 있다.

지금도 온천으로 유명한 충청남도 아산의 온양에는 조선 왕들이 특급 휴양지로 꼽은 온천이 있었다. 태조는 병을 치료하기 위해 자주 이곳을 찾았고 피부병으로 고생한 것으로 알려진

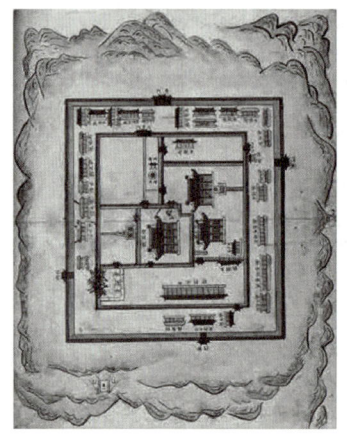

◀ 『영괴대기(靈槐臺記)』의 〈온양별궁전도〉, 규장각 소장.

세종도 자주 온천욕을 했다. 세조와 현종, 숙종, 영조 등도 온양 온천을 이용했다. 현종 6~10년 실록에는 왕이 온천에 머물렀다는 기록만 50건 이상 발견된다.[8]

은밀하고 개인적인 행위로 자리 잡았던 목욕 문화는 개화기와 일제강점기를 거치며 다시 변화를 겪었다. 로마와 유럽의 점령군들이 식민지에서 그랬듯이 일본은 '청결과 위생'을 강조하며 조선인의 군기 잡기에 나섰다. 이유는 달랐지만 개화파 지식인들도 목욕을 중요시했고, 『독립신문』에는 목욕의 중요성을 강조하는 글도 실렸다.

종로 등 역사가 깊은 서울의 골목골목에는 아직도 작은 동네 목욕탕이 남아 있다. 목욕 요금은 서민들의 물가지수로 반영될 만큼 중요했다. 그러나 1990년대부터 찜질방이 선풍적인 인기를 끌기 시작하면서 2000년대부터는 찜질방과 사우나, 여기에 영화 관람 시설과 놀이기구까지 갖춘 복합 문화 공간 형태의 목욕탕이 널리 퍼졌다. 목욕탕에 목욕만 하러 가는 사람은 줄어들고, 목욕탕은 친구나 가족들과 즐거운 시간을 보내는 놀이 공간이 되었다.

다른 얼굴에 대한 집착, 화장의 역사

　화장 기술과 화장품의 발달로 누구나 마음만 먹으면 매일 새로운 분위기를 연출할 수 있다. 소녀 같은 분위기를 내고 싶다면 분홍빛 볼 터치를 강조한 연한 화장, 깨끗한 피부를 강조하면서 포인트를 주고 싶다면 입술만 붉게 물들이는 화장, "나 건드리지 마. 근데 좀 멋있지?"라는 분위기를 표현하고 싶다면 스모키 메이크업 등 다양한 화장법이 있다.

　화장에 서툴러도 스마트폰만 있다면 유튜브와 블로그를 통해 전 세계의 뷰티 블로거에게 화장법을 배울 수 있다. 요즘은 화장품 회사도 파워 뷰티 블로거의 마음을 사로잡기 위해 애쓴다고 한다. BB크림 정도는 피부를 위한 기초화장으로 애용하는 남성도 많아졌다. 인류와 오랜 세월을 함께한 화장의 역사를 알아보자.

네안데르탈인도 화장을 했다?

인간은 언제부터 화장을 했을까? 여러 가지 설이 있지만 지금까지 나온 가장 오래된 증거는 스페인 남부 무르시아Murcia 지방에서 발견된 조개껍데기다. 주앙 질량João Zilhão 교수가 이끈 영국 브리스톨대학 연구팀은 2010년 무르시아 유적지에서 발굴한 조개껍데기에서 화장품으로 추정되는 물질을 찾아냈다.1 조개껍데기에서 파운데이션처럼 사용한 것으로 보이는 노란 빛깔의 색소와 검은색 광물이 섞인 붉은색 파우더가 발견되었다.

연구팀은 미국 『국립과학원회보PNAS』에 발표한 논문에서 "5만 년 전 네안데르탈인들이 화장을 했다는 최초의 증거"라고 주장했다. 네안데르탈인은 조개껍데기에 화장용 색소를 담아두기도 하고 화장 도구로도 이용했다고 한다.

조개껍데기와 화장품의 발견은 인류의 역사에 중요한 의문점을 던졌다. 네안데르탈인은 현생인류인 호모사피엔스 이전에 멸종했고, 때문에 덜 진화된 존재로 여겨져왔다. 하지만 자신을 꾸미기 위해 색소를 만들고 화장까지 했다면 과연 지능이 덜 발달한 존재라고 볼 수 있을까?

네안데르탈인이 화장을 했다는 것은 그들이 불을 사용하고 석기를 만들었으며 사람이 죽으면 매장하는 문화를 가졌다는 것과 함께 상당한 수준의 지능이 있었다는 증거가 되었다. 질량 교수와 연구팀도 "네안데르탈인이 화장을 했다는 것은 그들의 높은 사고 능력을 보여준다"고 주장했다.

어쩌면 네안데르탈인 이전에 화장이 시작되었을지도 모른다.

확실한 것은 인간은 아주 오래전부터 자신을 치장하는 문화를 가졌다는 것이다.

이집트 최고 미녀의 '화장발'

화장에 대한 가장 오래된 기록은 기원전 이집트에서 발견되었다. 이집트 고대 무덤에서 발굴된 벽화에는 눈 화장을 짙게 한 남녀의 모습이 등장한다. 이들은 눈 주위를 검은색이나 짙은 녹색으로 칠해 눈을 선명하게 만들었다. 콜Kohl과 헤나, 레드 오커Red Ochre● 등을 화장 재료로 사용했다고 한다.

독일 베를린 박물관에는 이집트 제18왕조 10대 파라오인 아크나톤의 부인이자 당대 최고의 미녀로 꼽혔다는 네페르티티 왕비의 흉상이 전시되어 있다. 왕비는 아이라인을 진하게 그렸다.

이집트인들이 눈 화장을 한 것은 치장을 위해서만은 아니었다. 사막에서는 뜨거운 모래바람에 눈이 금세 건조해지는데, 눈 화장이 적당히 눈을 자극해 눈물을 흘리게 만들었다고 한다.

2010년 『분석 화학Analytical Chemistry』이라는 과학 저널에는 "이집트인들의 눈 화장은 눈을 질병에 걸리지 않게 보호하는 기능을 했다"는 논문이 실렸다.2 프랑스 파리의 루브르 박물관과 프랑스 국립과학연구센터CNRS 연구팀은 아이라이너로 사용된 화장품에 소금납Lead Salts 성분이 포함되어 있

● 레드 오커
산화철이 포함된 붉은 흙으로, 알타미라 동굴 벽화의 붉은색도 레드 오커로 그린 것이다. 시노피아(sinopia)라고도 하는데, 로마제국 영토였던 흑해 연안의 도시 시노페에서 질이 좋은 레드오커가 나왔기 때문이다.

◀ 네페르티티 왕비의 흉상. 네페르티티라는 이름은 '미녀가 왔다'라는 뜻이라고 한다.

으며, 소금납은 산화질소를 만들어 면역력을 높여주었기 때문에 눈이 병균에 감염되는 것을 막아주었다고 밝혔다. 연구팀은 "납 성분은 인체에 유해할 수도 있지만 아주 소량을 사용하면 면역력을 높여준다"고 밝혔다.

이집트 제18왕조의 6대 파라오인 투트모세 3세 때에도 주름을 치료하기 위해 유향과 모링가 잎을 사용했다는 기록이 남아 있다. 눈 화장을 하면 신의 보호를 받는다는 믿음도 있었다.

화장이 주술과 치료의 의미를 떠나 본격적인 미의 수단으로 쓰인 것은 이집트 여왕 클레오파트라 7세 때부터였다. 클레오파트라는 로마의 두 영웅, 카이사르와 안토니우스를 사로잡은 것으로도 유명하다. 1963년 미국 할리우드에서 제작된 영화 〈클

◀ 클레오파트라의 옆모습이 새겨진 동전. 클레오파트라는 엘리자베스 테일러 같은 미녀는 아니었다.

레오파트라〉에서 전설의 미녀로 꼽히는 배우 엘리자베스 테일러가 주인공 클레오파트라 역을 맡아 눈부신 미모를 뽐내기도 했다.

클레오파트라를 떠올리면 영화 속 모습처럼 뱅 헤어(앞머리를 일자로 짧게 자른 스타일)와 화려하고 진한 화장이 생각날 만큼, 클레오파트라는 지금까지도 매력적인 스타일 아이콘으로 남아 있다. 여기서 잠깐, 동전 속 여인을 보자.

매부리코의 이 여인은 누구일까? 놀랍게도 클레오파트라. 당시 클레오파트라의 모습을 그려 만든 동전인데, 우리가 상상하는 미인과는 조금 거리가 있어 보인다. 실제로 클레오파트라는 민낯이 아름다운 여성은 아니었다는 주장이 많다. 클레오파트라를 당대 최고의 미녀로 만든 것은 자신의 장단점을 정확히 알고 부족한 부분을 보완한 화장술이었다.

클레오파트라는 눈썹을 짙게 그리고 아이섀도를 이용해 스모키 메이크업을 했으며 턱 선을 따라 바깥쪽에 짙은 음영을 주어

얼굴을 갸름하게 보이게 했다고 한다. 아침저녁으로 우유 목욕을 하고 알로에를 이용해 피부에 수분도 듬뿍 보충해주었다. 자신만의 향수도 사용했다.

클레오파트라는 여러 언어를 구사할 수 있었고 지략이 뛰어난 정치인이기도 했다. 클레오파트라를 만난 남성들은 화려하고 독특한 그의 스타일에 먼저 매료된 뒤 이야기를 나누고 나면 더 깊이 빠질 수밖에 없었다고 한다. 클레오파트라는 지성과 미모를 모두 갖춘 지혜로운 미인이었다.

그리스 · 로마 시대의 화장은 부의 상징

고대 그리스에서는 피부를 하얗게 하는 화장을 즐겨 했다. 하얀 피부는 밖에서 장시간 노동을 하지 않아도 되는 높은 신분을 상징했기 때문이다. 계급이 낮을수록 땡볕에서 일하느라 피부가 검고, 상류층일수록 피부가 하얗다고 생각했다. 때문에 조금이라도 하얀 얼굴을 갖기 위해 납 성분이 든 백연광White Lead을 얼굴에 바르기도 했다. 하얀 얼굴을 욕심내다 납중독●에 걸려 단명하는 사람도 많았다.[3]

당시 화장품은 너무 비싸서 소수의 상류층만 쓸 수 있었다. 조각상처럼 오뚝한 콧날에 부리부리한 눈매를 강조하는 등 윤곽을 강조하는 화장을 즐겨 했다. 그리스 시대에 인기 있던 화장품은 모두 천

● 납중독
납 성분에 오래 노출되거나 납을 흡입해 몸속에 납이 쌓이는 것을 말한다. 납에 중독되면 창백, 우울, 불안정해지며 위장과 뇌신경에 치명상을 입는다. 심각한 경우 죽음에 이르기도 한다.

▲ 19세기 화가 후안 히메네스 마르틴이 그린 로마 귀족 여성의 몸단장 모습.

연 물질이었다. 피부를 부드럽게 하고 수분을 보충하기 위해 올리브 오일과 벌꿀을 발랐고, 목탄으로 눈썹을 그렸다. 입술과 뺨을 붉게 하기 위해 레드 오커를 이용해 만든 립스틱을 발랐다.4

　로마인들도 화장을 즐겨 했다. 특히 귀족들 사이에서는 누가 더 화려하고 아름답게 꾸미는지 경쟁이 치열했다. 로마의 귀족 여성들은 노예의 도움을 받아 몇 시간씩 화장을 하고 몸을 치장했다고 한다. 얼굴 화장뿐 아니라 손톱에 매니큐어까지 발랐고 머리도 화려하게 꾸몄다.

　귀족 남성들은 중국 등 멀리서 들여온 값비싼 화장품을 여성에게 선물하는 것으로 자신의 능력을 과시했다. 로마 여성들도 하얀 피부와 붉은 입술을 선호했는데 식물에서 추출한 붉은 색소를 이용해 입술과 뺨 화장을 했다. 로마의 철학자이자 극작가 플라우투스Plautus는 이런 말을 남겼다고 한다. "화장을 하지 않은 여성은 소금을 치지 않은 음식과도 같다."

　화려하게 번성했던 화장 문화는 중세에 접어들면서 주춤해졌다. 외모를 꾸미는 것은 정숙하지 못한 행동이고 신이 주신 것을 꾸미고 감추는 것은 교의教義에 어긋나는 행위라고 생각했기 때문이다.

여왕의 창백한 얼굴에 감추어진 비밀

모든 것이 억압적이던 중세 시대가 지나고 유럽에서는 르네상스 운동이 일어났다. 화장 문화도 다시 화려하게 번성했다. 이 시절 가장 유명한 패션 아이콘은 영국 여왕 엘리자베스 1세였다.

헨리 8세와 그의 두 번째 부인인 앤 불린 사이에서 태어난 엘리자베스 여왕은 44년 동안 잉글랜드와 아일랜드를 통치했다. 평생 결혼하지 않은 엘리자베스 여왕은 붉은 머리와 창백할 만큼 흰 피부, 화려한 드레스로 당대 여성들의 '워너비 스타일'이

◀ 화려하고 우아한 엘리자베스 1세의 스타일에는 정치적 고려가 담겨 있었다.

되었다. 엘리자베스 여왕은 머리끝부터 발끝까지 화려한 보석으로 치장하고 어떤 상황에서도 화려하고 우아한 모습을 잃지 않으려 노력했다.

엘리자베스 여왕의 흰 피부에는 아픈 비밀이 숨겨져 있었다. 여왕은 어린 시절 천연두를 앓은 뒤 얼굴에 남은 흉터를 가리기 위해 납 성분이 든 백연 가루를 얼굴에 바르기 시작했다. 여왕의 얼굴은 점점 더 하얘졌고 납에 중독되어 파랗게 변해갔다. 말년의 엘리자베스 여왕은 자신의 얼굴이 보기 싫어 궁전 안의 거울을 모두 없애라고 지시했다고 한다.

안타깝게도 당시 많은 여성이 여왕처럼 흰 피부를 갖기 위해 백연 가루를 사용했고, 위험한 화장에 빠져 단명하는 일이 많았다고 한다.

양귀비의 피부 관리, 게이샤의 붉은 화장

중국에서는 기원전 3000년경부터 화장을 했다. 특히 손톱을 보면 계급을 알 수 있었다. 중국 귀족들은 금색과 은색으로 손톱을 칠했고 나중에는 검은색과 붉은색을 즐겨 칠했다. 여성들뿐 아니라 남성들도 전쟁터에 나갈 때 결연한 의지를 다지며 손톱을 물들였다. 고무와 젤라틴, 계란 흰자, 밀랍 등으로 손톱을 꾸몄다. 우리나라에서도 인기가 있었던 봉선화도 손톱을 물들이는 좋은 재료였다.

중국인들은 자연 재료를 이용해 화장을 했다.5 가장 인기 있는 재료는 쌀가루였다. 쌀가루에 꿀을 넣어 팩으로 사용하다가 나중에는 난초나 라일락 등의 천연 향을 가미해 사용했다. 지금의 화장법과 크게 다르지 않다.

눈썹과 입술, 볼 화장도 즐겨 했다. 대석이라는 광물질을 벼루에 간 다음 물을 섞어 눈썹을 그렸다. 입술은 붉은 안료에 기름을 섞어 만든 립스틱으로 붉게 물들였고, 볼 화장은 홍남화와 석류화 등의 꽃잎을 이용했다.

남조 송무제의 딸 수양공주壽陽公主는 매화 화장의 전설로 남아 있다. 음력 1월 7일 궁궐의 정원에 누워 있던 공주의 얼굴 위로 붉은 매화 꽃잎들이 흩날려 떨어졌는데 그 모습이 몹시 아름다웠다고 한다. 수양공주는 그때부터 매화를 이용해 꾸미기 시작했고 이는 큰 유행이 되었다.

당나라 시대 최고의 미녀로 경국지색傾國之色이라 불린 양귀비는 지금 기준으로 보면 통통한 몸매였다고 한다. 양귀비는 맑고 깨끗한 피부를 만들기 위해 공을 들인 것으로 유명하다. 양귀비는 살구씨 가루와 사향, 계란 흰자 등을 섞어 만든 옥홍고玉紅膏를 피부에 발랐고, 사과꽃과 배꽃, 복숭아꽃, 모과꽃, 배견화, 홍련화, 살구꽃 등으로 술을 담근 뒤 화장수로 만들어 사용했다. 매일 전용 온천에서 목욕도 즐겼다고 한다.

양귀비는 피부를 위해 리치를 즐겨 먹었는데, 당 현종은 양귀비가 살던 시안에서 약 785킬로미터 이상 떨어진 광둥에서부터 리치를 실어 나르도록 시켰다고 한다. 양귀비의 피부 미용법은 현대 화장품에도 응용되고 있다.

일본도 고대부터 화장을 했다는 기록이 남아 있다. 적갈색 황

◀ 아랫입술 가운데 부분만 물들인 견습 게이샤.

토를 바르다가 시간이 지나면서 얼굴에 하얀 분을 발랐다. 남성들도 화장을 했는데 전투에 나가기 전 머리를 정갈하게 빗고 눈썹을 짙게 그리며 투지를 다졌다.

　일본 화장의 독특함을 볼 수 있는 것은 게이샤의 화장법이다. 게이샤는 흰 분으로 얼굴을 하얗게 칠하고 눈 주위를 붉게 하며 입술에 빨간 물을 들인다. 목과 등에도 하얀 가루를 바르고 머리는 왁스를 이용해 둥글게 말아 올린다.

　게이샤는 입문 경력에 따라 할 수 있는 화장이 제한되는데, 경력이 짧은 게이샤는 입술 화장을 할 때 아랫입술 가운데만 물들일 수 있다고 한다. 고참이 될수록 자유롭게 화장을 할 수 있다. 얼굴을 더욱 하얗게 보이기 위해 치아를 검게 물들이기도 했지만 지금은 그렇게 하지 않는다고 한다. 일본 교토에는 지금도 게이샤를 양성하는 곳이 있으며 전통적인 게이샤 화장법을 지키고 있다.

박가분부터 민낯 화장까지

이제 한국 화장의 역사 속으로 떠나보자. 우리 조상들은 예부터 흰색을 귀하게 여겼다. 희고 윤택한 피부는 고귀한 신분을 상징했기 때문에 남성도 여성도 백옥 같은 피부를 만들기 위해 노력했다.[6] 단군신화에서 환웅이 곰과 호랑이에게 100일 동안 햇빛을 보지 않고 쑥과 마늘을 먹게 한 것은 '사람 같은 피부'로 다시 태어난다는 의미도 있다고 한다.

고구려 고분벽화에서는 양 볼에 동그랗게 연지를 바른 여성들을 볼 수 있다. 백제에서는 피부를 하얗게 표현하는 연한 화장이 발달했고, 신라에서는 '색깔 있는' 화려한 화장이 인기였다고 한다. 신라에서는 남성도 화장을 했는데, 화랑花郞의 화장이 대표적이다. 화랑은 지식과 무예를 두루 갖춘 미소년을 위주로 선발했는데 이들은 얼굴에 분을 바르고 구슬로 장식한 모자를 썼다.

화려한 문화 예술이 만개했던 고려 시대에는 신분에 따라 화장법이 나뉘었다. 짙은 화장은 기생이 즐겨 했고, 신분이 높은 부인들은 자연스럽고 연한 화장을 했다. 신분에 따른 화장법은 조선 시대에 더욱 두드러졌다. 조선의 기생들은 화려한 색조 화장을 즐겼지만 사대부 여인들은 자신의 얼굴 생김새를 바꾸지 않도록 최대한 자연스럽게 화장했다.

『조선왕조실록』에는 연산군이 "어찌 분칠한 것을 참 자색이라 할 수 있겠느냐? 옛사람의 시에 '분연지로 낯빛을 더럽힐까 봐 화장을 지우고서 임금을 뵙네'라 했으니 앞으로 간택할 때는 분칠을 못하게 명해 그 진위를 가리게 하라"고 말했다는 기록이 남아 있다.7

18세기에 그려진 〈미인도〉는 신윤복 최고의 작품으로 꼽힌다. 정갈하게 땋아 올린 머리에 작고 갸름한 얼굴, 희고 고운 피부에 꽃잎을 머금은 듯 살짝 붉은 입술, 귀밑을 따라 자연스럽게 흘러내린 잔머리가 조선 여인의 아름다움을 보여준다.

화장 문화의 발전은 화장품의 발전과 닿아 있다. 조선 말기 명성황후는 러시아제 화장품을 즐겨 썼다고 한다.8 1915년에는 박가분朴家粉이라는 화장품이 만들어졌고 1918년 8월 우리나라 최초의 화장품으로 등록되었다.

박가분을 처음 만든 사람은 두산그룹 창업자인 박승직 회장의 부인 정정숙 여사로 알려져 있다. 박가분은 모방 상품이 나올 정도로 큰 인기를 끌었는데 납 성분이 들어 있다는 소문이 돌기 시작하면서 하향세를 보여 1937년 폐업했다.

한국전쟁 이후 한국 여성들은 서양 미인을 기준으로 화장을 했다. 평평한 얼굴을 입체적으로 보이고 싶어 했다. 눈은 쌍꺼풀이 있는 것처럼 크게, 콧날도 더욱 오뚝하고 입술은 도톰하게 보이도록 화장하는 것이 인기였다. 이런 '다른 얼굴'을 만들기 위해서는 화장품의 도움이 필요했다.

1960년대 말부턴 북을 치고 돌아다니며 크림을 파는 '동동 구리무' 장수들이 나타났다. 1970년대에는 좀더 발전한 화장품

방문 판매가 인기를 끌었다. 열풍을 일으켰던 드라마 〈응답하라 1988〉에서도 '쌍문동 태티서' 3명이 방문 판매원에게 화장품을 사고 피부 마사지를 받는 장면이 나왔다. 진한 색조 화장 열풍은 1990년대 중반까지 계속되었다.

1990년대 후반부터는 청순하고 자연스러운 화장이 인기를 끌기 시작했다. 2000년대부터는 '민낯'이라는 단어가 등장하면서 화장을 하지 않은 것처럼 티가 나지 않는 화장이 인기를 끌었다. 2016년 현재 화장품 모델로 활동하는 연예인들의 화보를 보면 자연스러운 화장이 지금까지도 대세라는 것을 확인할 수 있다. 'K-Beauty'라 불리는 한국 여성들의 화장법과 화장품은 새로운 한류 상품으로도 사랑받고 있다. 꾸미고 가리는 화장에서 몸과 마음의 건강한 아름다움을 찾아주는 똑똑한 화장으로, 화장의 역사는 계속 진화하고 있다.

인류를 위한 친환경 에너지, 태양광 교통수단

　태양빛으로만 세계 일주를 하겠다고 나선 사람들이 있다. 스위스 출신의 앙드레 보슈베르André Borschberg와 베르트랑 피카르Bertrand Piccard는 다른 연료 없이 태양에너지로만 움직이는 비행기 솔라 임펄스Solar Impulse를 만들고, 2015년 3월 이 비행기로 세계 일주를 시작했다. 두 사람은 일인용 비행기에 교대로 탑승해 고온과 고압 속에서 쪽잠을 자며 힘든 여정을 시작했다. 두 사람이 특별한 도전에 나선 이유는 기술력을 자랑하기 위해서가 아니라, 석유와 석탄을 마구 퍼서 쓰다 병들어가는 지구를 위해, 그 지구에서 살 인류의 미래를 위해 '친환경 에너지의 힘'을 알리고 싶었기 때문이다.

　정말 태양빛으로만 세계 일주가 가능할까? 태양광 주택은 흔해졌지만 태양빛으로만 도로를 달리고 바다를 건너고 하늘을 나는 일도 가능할까?

태양광 자동차

태양광 운송 수단은 태양에서 뿜어나오는 빛 에너지를 태양전지를 통해 흡수한 뒤 전기에너지로 바꿔 쓰는 원리로 움직인다. 세계 최초의 태양광 자동차는 1955년 8월 31일 미국 시카고의 한 전시장에서 소개되었다. 제너럴 모터스사의 윌리엄 G. 코브William G. Cobb가 만든 첫 번째 태양광 자동차는 선모바일Sunmobile 이라는 이름이 지어졌다.[1] 12개의 셀레늄 태양전지에 전기모터를 단 선모바일은 총 길이가 약 38센티미터인 작은 자동차였다. 사람이 탈 수는 없지만 자동차가 태양빛만으로 움직일 수 있다는 것을 확인하기 위해 전시장에 200만 명이 넘는 관중이 몰렸다고 한다.

선모바일이 태양광 자동차의 가능성을 처음으로 입증한 뒤, 사람이 직접 타고 운전할 수 있는 태양광 자동차가 7년 뒤인 1962년에 등장했다. 인터내셔널 렉티피어 컴퍼니는 1만 640개의 태양전지를 달아 자동차다운 자동차를 만드는 데 성공했다.

▲ 1955년 만들어진 세계 최초의 태양광 자동차 선모바일.

그 후 50년 동안 세계 각국에서 많은 태양광 자동차가 만들어졌다. 태양광 자동차의 역사가 이렇게 긴데 왜 아직 주위에서 구경하기는 힘들까? 가장 큰 문제는 역시 비용이다. 태양빛은 무제한이지만 태양빛을 에너지로 바꾸는 전환 장치에는 많은 돈이 든다. 태양광 자동차는 해가 떠 있는 낮 동안에만 에너지를 비축할 수 있고, 밤에는 낮에 축적한 에너지를 써야 하기 때문에 아직까지는 장거리를 이동하거나 만약의 사태에 대비하기 힘들다.

하지만 경주용 자동차 개발 수준은 상당히 높다. 1985년 스위스에서 열린 투르 드 솔Tour de Sol을 시작으로 미국, 유럽 등에서 태양광 자동차 경주 대회를 열고 있다. 특히 3,021킬로미터를 달리는 세계 태양광 경주World Solar Challenge와 2,700킬로미터를 달리는 북미 태양광 경주North American Solar Challenge가 세계 2대 태양광 자동차 경주로 꼽힌다. 호주에서는 2007년 세계 최초로 태양광 버스 틴도가 등장했다.

태양광 보트

태양광 기술은 바다로도 뻗어나갔다. 가장 대표적인 태양광 보트는 튀라노 플래닛 솔라Tûranor PlanetSolar다.2 '태양의 힘'이라는 뜻을 가진 이 보트는 독일과 스위스가 2010년 3월부터 2012년 5월까지 2년에 걸쳐 만들었다. "태양빛으로만 바다를 건널 수 있다는 것을 보여주자"는 생각에 양국 정부와 전 세계 많은 후원자가 힘을 보탰다.

총 길이 31미터, 폭 15미터 규모로 만들어진 튀라노 플래닛

▲ 세계 최대의 태양광 보트 튀라노 플래닛 솔라.

솔라는 2010년 9월 27일 모나코항을 출발해 세계 일주에 도전했다. 대서양과 파나마운하, 태평양, 수에즈운하를 거쳐 584일 만에 무사히 모나코항으로 돌아왔다. 튀라노 플래닛 솔라가 지난 길은 약 6만 킬로미터에 달했다.

태양에너지의 강력한 힘을 보여주겠다는 생각으로 5명의 선원과 함께 역사적인 도전에 나선 스위스 출신 선장 라파엘 돔얀 Raphaël Domjan은 항해를 마치고 "태양에너지 동력이 고갈될까 하는 두려움보다는 해적들이 무서웠다"고 소감을 밝히기도 했다.

튀라노 플래닛 솔라는 첫 세계 일주 때 발견된 문제점을 보완해 2013년 6~9월에는 멕시코만 해류를 조사하는 해양탐사선으로 활약했고, 2014년 7월에는 그리스 펠로폰네소스 지역의 프랜치티 동굴 탐사에도 참여했다.

태양광 비행기

태양광 비행기를 만들려는 노력은 1970년대부터 시작되었다. 1980~1990년대 미국에서는 태양광 비행기가 여러 차례 하늘을 나는 데 성공했지만 장거리 비행은 아니었다. 2003년 스위스 출신의 신경외과 의사 겸 모험가인 피카르가 태양광 비행기의 역사를 바꿀 특별한 도전을 선언했다. 태양빛으로만 세계를 날겠다는 것이었다.

무모해 보였던 그의 도전은 스위스 출신의 사업가 겸 조종사 보슈베르를 만나 날개를 달았다. 두 사람은 2007년 태양광으로만 움직이는 비행기 솔라 임펄스를 만들었다.[3] 솔라 임펄스는 2009년 4월 87분 동안 1,000미터 상공을 비행하는 데 성공했고 그해 7~8월 야간 비행, 2011년 유럽 횡단, 2012년 유럽-미주 비행, 2013년 5월 미국 횡단까지 성공했다.

4년 동안의 비행은 모두 세계 일주를 위한 시험비행이었다. 솔라 임펄스 팀은 2014년 1호의 문제점을 보완한 솔라 임펄스 2호를 만들었다. 총 길이 72미터, 무게 약 2,300킬로그램인 솔라 임펄스 2호는 세계의 관심 속에 2015년 3월 9일 아랍에미리트연합의 아부다비를 시작으로 세계 일주를 시작했다. 세계 최초의 친환경 비행 프로젝트에 아랍에미리트연합 정부와 유럽 각국, 국제 환경 단체들이 돈과 인력을 보탰다.

솔라 임펄스 2호는 일인용 비행기다. 프로젝트를 기획한 피카

▲ 나고야에서 태평양 상공을 건너 하와이로 가는 솔라 임펄스 2호.

르와 보슈베르가 구간을 나누어 한 사람씩 조종대를 잡았다. 비행기 안은 좁고 냉난방 시설도 없기 때문에 두 사람은 급격한 기온과 압력의 변화를 견뎌야 했다. 잠도 충분히 잘 수 없었다. 조종사들은 틈틈이 요가로 체력을 보충했다고 한다.

아부다비, 오만, 인도, 미얀마, 중국, 일본을 거친 솔라 임펄스 2호는 2015년 6월 29일부터 7월 3일까지 나고야-하와이 구간 117시간 52분 연속 비행에 성공했다. 62세의 보슈베르가 섭씨 37도에 이르는 조종석에서 매일 20분만 잠을 자며 세운 태양광 비행 최장 기록이다.

솔라 임펄스 2호는 가장 어려운 여정을 무사히 마쳤지만 이

▲ 태양광 비행기 세계 일주 여정 중 가장 어려운 구간으로 꼽힌 태평양 비행을 무사히 마친 뒤 하와이에서 환영 나온 인파를 향해 손을 흔들며 기뻐하는 피카르(왼쪽)와 보슈베르(오른쪽).

과정에서 배터리가 손상되어 세계 일주를 잠정 중단했다. 솔라 임펄스 2호는 배터리를 수리해 재도전에 나섰고, 2016년 7월 26일 '기름 한 방울 없이' 세계 일주에 성공했다. 비행을 시작한 지 505일 만이었다. 솔라 임펄스 2호가 태양과 바람의 힘으로 비행한 거리는 4만 3,041킬로미터에 이른다.

태양광 우주선부터 무인기까지

태양광 운송 수단의 정수는 우주선이다. 태양계를 유영하는 우주선들은 태양에너지를 주동력으로 움직인다.

1976년 9월 미국 천문학자 칼 세이건Carl Sagan•이 토크쇼 〈더 투나잇 쇼〉에 출연해 '태양광 돛단배'를 제안했다. 절연재료인 마일라Mylar로 만든 평평하고 넓은 돛이 달린 우주선을 만들자는 생각이었다. 국제행성협회는 40년 만인 2016년 라이트 세일Light Sail이라는 이름의 태양광 돛단배를 만들어 시험비행하겠다고 밝혔다.4

> **칼 세이건**
> 미국 천문학자. 미국항공우주국에서 마리너호와 바이킹호, 갈릴레오호 등의 행성탐사 프로젝트에 참여했다. 1980년 방영한 과학 다큐멘터리 쇼 〈코스모스〉를 통해 과학의 대중화를 이끌어냈고 핵개발의 위험성을 경고하는 데 앞장서기도 했다.

인류 최초의 혜성 탐사선 로제타호Rosetta는 탐사 로봇 필레Philae를 싣고 10년 8개월을 비행해 2014년 11월 혜성에 착륙했다. 혜성의 비밀을 풀어줄 것으로 기대했던 필레는 착륙 직후 약 60시간 지구와 교신하다가 갑자기 연락이 끊긴 뒤 2015년 6월 14일 다시 메시지를 보냈다. 과학자들은 필레가 7개월 동안 겨울잠에 들었다가 혜성이 태양에 가까워지면서 깨어났다고 보았다. 필레는 하루 6시간씩 태양광 충전을 하며 다음 교신을 준비하고 있다.

2006년 1월 발사된 명왕성 탐사선 뉴 허라이즌스호New Horizons는 9년 6개월 동안 우주를 비행해 2015년 7월 14일 첫 명왕성 사진을 지구로 보냈다. 태양에서 평균 59억 킬로미터 떨어진 명왕성은 2006년 1월 당시 태양계에서 가장 멀리 떨어진 행성이었다.

태양에서 멀리 떨어진다는 것은 그만큼 태양에너지를 받을 수 없다는 뜻이기에 과학자들 사이에서도 뉴 허라이즌스호의 성공 여부를 두고 의견이 갈렸다. 뉴 허라이즌스호는 동력을 끄고 비

▲ 칼 세이건이 제안한 '태양광 우주 돛단배' 라이트 세일의 상상도.

행해 명왕성에 접근하는 데 성공했지만 동력을 유지하기 위해서는 일정량의 태양광을 받아야 했기 때문이다. 2006년 8월 국제행성학회가 명왕성을 일반 행성에서 왜소 행성으로 격하시켰지만, 명왕성 탐사선의 성공 여부는 태양광 우주선 역사의 한 페이지로 남을 것이 분명하다.

최근 가장 주목받는 태양광 운송 수단은 무인기다. 태양광 무인기 개발은 세계 각국이 미래 주력 사업으로 보고 뛰어들 만큼 경쟁이 치열하다. 태양광만으로 오래 버틸 수 있고 사람이 직접 탑승하지 않고도 정확하게 조종할 수 있다면 여러 산업은 물론 군사 목적으로도 활용할 수 있기 때문이다.

2009년 미국항공우주국NASA이 만든 헬리오스Helios가 29킬로미터 비행에 성공했고, 2010년 영국 퀴네틱사가 만든 제퍼

Zephyr가 2주 연속 비행에 성공했다. 구글도 2014년 타이탄 에어로스페이스사를 인수해 태양광 무인기 개발에 뛰어들었고, 소셜 미디어 그룹 페이스북도 어젠타사를 인수해 태양광 무인기를 개발하고 있다. 구글과 페이스북까지 태양광 무인기 사업에 뛰어든 것은 태양광 무인기 기술의 응용 분야가 그만큼 넓다는 것을 보여준다.

우리나라도 태양광 무인기 개발에 힘을 쏟고 있다. 한국항공우주연구원은 2015년 8월 태양광 항공기 EAV-3이 9시간 동안 14킬로미터 높이의 성층권 비행에 성공했다고 밝혔다.

멀리 있는 것을
보고자 하는 열망

　빛 한 점 없는 곳에서 별을 보면, 별들이 쏟아질 것 같은 느낌을 받는다. 그 별들을 연결해 별자리를 그려보는 것도 재미있는 일이다. 매 계절 보이는 밝은 별자리, 큰곰자리의 일부인 국자 모양의 북두칠성과 W 모양의 카시오페이아자리는 상대적으로 알아보기 쉽다. 북두칠성과 카시오페이아자리의 가운데쯤에는 작은곰자리의 가장 밝은 별, 북극성이 있다. 옛 사람들이 캄캄한 밤 북극성을 보며 방향을 잡았을 것을 생각하면 참 신기하다.

　인류는 문명이 태동했을 때부터 밤하늘의 별을 바라보며 계절을 가늠하고 방위를 찾았다. 별을 이어 별자리를 그리던 천문학자들은 맨눈으로는 볼 수 없는 별들을 찾아내기 시작했고, 이제는 별이 보내는 미세한 전파까지 잡아낸다. 천체를 향한 인류의 시야는 어떻게 시작해 얼마나 넓어져왔을까?

고대인들의 천체관측

이집트문명은 '나일강의 선물'이라고 불린다. 워낙 나일강에 의존하다 보니 고대 이집트인들의 가장 큰 관심사는 강이 언제 범람하는지 알아내는 데 있었다. 범람 시기를 예측하기 위해 이집트인들은 별을 관측했다. 하늘에서 가장 밝은 별인 큰개자리의 시리우스가 고대 이집트에서는 '범람 알리미'였다고 한다.

시리우스는 약 70일간 보이지 않다가 나일강이 범람하는 여름 직전이 되면 태양이 뜨기 직전 동쪽 하늘에 떠올랐는데, 이렇게 시리우스가 떠오르는 시기가 이집트인들이 계산하는 한 해의 기점이었다. 지금 태양의 움직임을 기준으로 한 해를 계산하는 것처럼 당시에는 별을 기준으로 삼았던 것이다. 매 계절 밤하늘에 나타나고 사라지는 별들은 고대인들에게 농사지을 시기를 알려주는 달력 역할을 했다. 피라미드의 방향을 맞출 때도 별의 관측값을 이용했다. 고대 이집트뿐만 아니라 바빌로니아, 그리스와 로마 등에서 천문학은 상당한 수준으로 발전했다.[1]

하지만 당시 사람들은 별들의 움직임을 주술적이거나 신적인 것으로 이해했다. 고대 그리스에서는 시리우스에 제물을 바치며 시원한 여름 바람을 보내달라고 기원했다고 한다. 수많은 문화권에서 별로 운명을 점치는 점성술이 발달한 것도 같은 이유일 것이다.

그렇다고 고대인들이 우주의 생김새를 전혀 상상하지 않았던 것은 아니다. 큰곰자리, 카시오페이아자리, 오리온자리 등 우리가 알고 있는 별자리의 원형은 2세기 그리스의 천문학자인 클

- **프톨레마이오스**
2세기 그리스의 수학자이자 천문학자다. 천동설에 기반해 태양과 달, 행성의 운동을 설명하기 위해 지구를 중심으로 천체들이 원운동하는 복잡한 지구 중심 우주 모델을 제안했다.

- **라마단**
이슬람력의 9번째 달을 뜻한다. 선지자 무함마드가 라마단월에 쿠란의 계시를 처음 받았다고 한다. 무슬림은 라마단 동안 동이 틀 때부터 해가 완전히 질 때까지 금식하며 인내를 기르고 믿음을 다진다.

클라우디오스 프톨레마이오스Klaudios Ptolemaios•가 정리한 것이다. 프톨레마이오스가 고안한 48개 별자리가 현재 쓰는 88개 별자리의 기본이 되었다. 프톨레마이오스는 그 이전 철학자들이 주장했던 천동설을 자신의 관측 자료들을 기반으로 수학적으로 수정해 지구 중심의 우주 모델을 구체화한 인물이기도 하다. 항성과 행성의 움직임을 복잡하게 구현해낸 『알마게스트Almagest』는 중세까지도 권위 있는 천문학 교과서로 읽혔다. 물론 이후 천문학자들은 천동설을 산산조각 냈다. 하지만 비록 진실과 거리가 있다고 해도, 그 시기에 널리 받아들여지던 지구 중심 우주론을 복잡한 계산으로 모델화해낸 그의 업적을 우습게 볼 수는 없다.[2]

프톨레마이오스의 천문학은 중세 암흑기에 접어든 유럽 대신 아랍 세계로 전승되었다. 중세 아랍에서 천문학이 발달했던 것은 이곳 사람들에게 하늘을 관찰해야만 하는 종교적·지리적 이유가 있었기 때문이다. 무슬림은 하루 5번 성지 메카를 향해 기도해야 한다. 또한 성월聖月 라마단•을 계산하려면 달력이 있어야 한다. 유럽과 동방을 잇는 아랍 상인들은 캄캄한 밤에 사막과 바다를 건너기 위해 별을 바라보고 방향을 잡았다. 이슬람문명의 전성기였던 8~12세기 천문학이 비약적으로 발달한 까닭이다.3

이슬람 세계에서 별을 체계적으로 관찰하기 시작한 것은 아바스 왕조의 7대 칼리프 알마문Al-Ma'mun의 공이다. 그는 바그다드에 천문대를 세웠고, 학자들이 연구에 전념할 수 있는 연구 기관이자 학술 중심지 '바이트 알 히크마(지혜의 집)'을 만들었다. 걸출한 천문학자들이 이 시기에 숱하게 탄생했다. 9세기의 천문학자 알바타니Al-Battani는 태양력 기준의 1년을 365일 5시간 46분 24초로 계산해냈다. 현재 계산된 정확한 수치와의 오차는 불과 2분 22초로, 몇 세기 뒤의 유럽 천문학자 코페르니쿠스Nicolaus Copernicus의 측정보다도 훨씬 정확하다.

망원경의 탄생

망원경의 발명은 천문학의 큰 전환이지만, 그렇다고 그전의 천문학이 가치가 없었다는 것은 아니다. 16세기 덴마크의 천문학자 티코 브라헤Tycho Brahe는 맨눈으로 수년간 별을 관찰해 방대하고 정확한 기록을 남겼고, 나중에 요하네스 케플러Johannes Kepler가 이 자료를 분석해 행성 운동의 3법칙을 정립했다.

하지만 인간이 맨눈으로 볼 수

● 요하네스 케플러
근대 천문학의 기틀을 다진 독일의 수학자이자 천문학자다. 행성이 태양을 초점으로 타원형 궤도를 돈다는 사실을 발견했으며 이를 포함한 '케플러 행성 운동 3법칙'을 확립했다.

있는 별의 한계는 넉넉하게 잡아야 겉보기 등급 6등급까지다. 기원전 2세기 고대 그리스의 천문학자 히파르코스Hipparchos가 눈으로 보았을 때 가장 밝은 별을 1등급, 가장 어두운 별을 6등급으로 구분한 것이 천체 겉보기 등급의 시초다. 19세기에 6등급 별이 1등급 별보다 100배 어두운 것으로 정리되었다. 사람이 맨눈으로 볼 수 있는 태양계 행성은 수성과 금성, 화성, 목성, 토성까지다. 천왕성은 겉보기 등급 5.32~5.9로 이론적으로는 맨눈으로 관찰이 가능하지만 너무 어두워서 행성인지 구분하기가 힘들다.

망원경의 발명은 맨눈으로 볼 수 없는 어두운 천체를 발견하고 관측할 수 있게 해주었다. 17세기 초 네덜란드 미델뷔르흐의 안경 제조업자 한스 리페르세이Hans Lippershey는 어느 날 아이들이 가게에 있던 렌즈를 갖고 노는 것을 보고, 겹쳐진 2장의 렌즈로 멀리 있는 것을 보면 맨눈으로 보는 것보다 훨씬 크게 보인다는 것을 알게 되었다. 이 일화가 사실인지 거짓인지는 알 수 없으나, 리페르세이는 볼록렌즈의 원리를 이용한 망원경을 처음으로 만들어낸 것으로 기록되었다.

그러나 처음 망원경은 오페라 관람 등에만 쓰였다. 오목렌즈와 볼록렌즈를 단순하게 조합해 만들었기 때문에 배율은 3배 정도에 불과했고 상도 일그러져 보여 신기한 장난감 정도에 불과했다.4 이를 개선해 망원경을 별을 관측하는 데 이용한 인물이 그 유명한 갈릴레오 갈릴레이Galilieo Galilei다. 눈에 대는 부분(접안렌즈)은 오목렌즈, 반대편(대물렌즈)은 볼록렌즈로 구성한

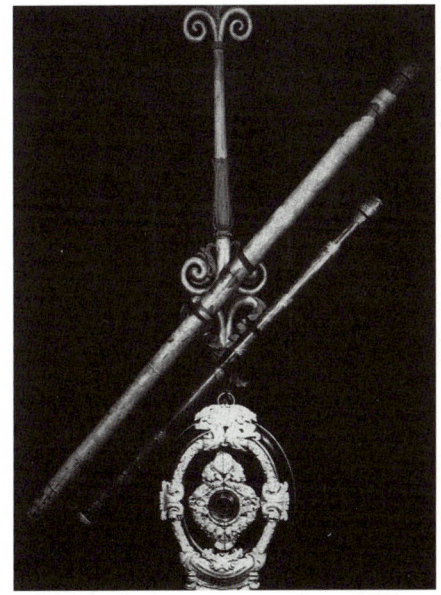
◀ 갈릴레이의 망원경. 갈릴레이는 오목렌즈와 볼록렌즈를 이용해 망원경을 발전시켜 천체관측의 범위를 넓혔다.

것이 갈릴레이식 망원경이다. 갈릴레이는 이 망원경으로 목성을 관측하고 그 주위를 도는 4개의 위성을 발견했다. 갈릴레이는 이오, 에우로페, 가니메데, 칼리스토 등 목성의 위성 중 가장 큰 4개의 위성을 발견했다. 이 위성들은 갈릴레이 위성이라고 불린다. 모든 천체는 지구를 중심으로 돈다고 믿던 시기, 목성의 주변을 도는 위성의 발견은 천문학계의 엄청난 사건이었다. 갈릴레이는 달의 표면을 관찰해 그 모습을 그림으로 남겼고, 금성의 위상 변화를 관찰하기도 했다.

망원경은 육안으로 보이지 않는 작은 별이나 태양 표면에서 나타나는 현상까지 보여준 도구로, 천체관측의 지평을 비약적으로 넓혀주었다. 하지만 갈릴레이식 망원경에도 단점이 있었다. 이를 개선해 천체관측에 용이하게 만든 것은 케플러로, 그는 1611년 접안렌즈와 대물렌즈를 모두 볼록렌즈로 설계한 굴절망원경을 만들었다. 상이 거꾸로 보여서 접안렌즈 앞에 프리즘을 설치해야 했지만 시야가 확실히 넓어졌다. 케플러식 망원경은 지금도 쌍안경 등에 쓰이고 있다.

하지만 굴절망원경은 한계가 뚜렷하다. 빛의 색에 따라 굴절되는 정도가 다르기 때문에 천체의 색이 왜곡되어 보이는 '색수차'가 나타나고, 대형 망원경을 만들기도 어렵다. 현대에는 렌즈를 추가해서 이런 문제를 해결하고 있지만 1600년대에는 쉽지 않았다. 이 문제를 해결하기 위해서 렌즈 대신 오목거울로 빛을 모으는 반사망원경이 등장하기 시작했다. 1668년 뉴턴이 실용적인 반사망원경을 발명했다. 지금은 렌즈와 거울을 혼합한 형태의 망원경을 사용한다.[5]

보지 못하는 것을 보기 위한 도전

초기의 망원경이 멀리 있는 물체를 크게 보게 해주었다면, 현대의 망원경은 육안으로 볼 수 없는 빛이나 전파까지 보여준다. 전자기파 중 인간이 볼 수 있는 파장의 영역을 가시광선이라고 부른다. 가시광선보다 파장이 짧은 영역에는 자외선과 X선, 감마선이 있고 파장이 긴 영역에는 적외선과 초단파, 라디오파가 있다. 인류가 적외선과 자외선을 발견하고, 그 너머에 있는 전파까지 관측할 수 있게 되면서 천체에서 오는 전자기파를 분석해야 할 필요성도 커졌다. 최초의 전파망원경은 1931년 미국의 물리학자 칼 잰스키Karl Jansky가 만들었다. 은하수에서 오는 전파를 탐지하는 데 성공하면서 눈에 보이지 않는 세계를 관측할 수 있게 되었다.

현재 지구 상에서 가장 큰 전파망원경은 미국령 푸에르토리코의 아레시보 천문대에 있는 지름 305미터의 전파망원경이다.6 한국에는 한국천문연구원 산하 대덕전파천문대에서 지름 14미터짜리 전파망원경을 운영 중이며, 한국천문연구원이 서울 연세대학교와 울산 울산대학교, 제주 탐라대학교에 직경 21미터짜리 전파망원경을 배치하고 '한국우주전파관측망'을 운영하고 있다. 전파망원경은 다수의 작은 기기를 일정하게 배열하면 큰 효과를 낼 수 있기 때문에 이 전파망원경들은 지름 500킬로미터짜리 전파망원경과 같은 효과를 낸다.7

중국은 축구 경기장 30개를 합친 것만한 세계 최대 전파망원

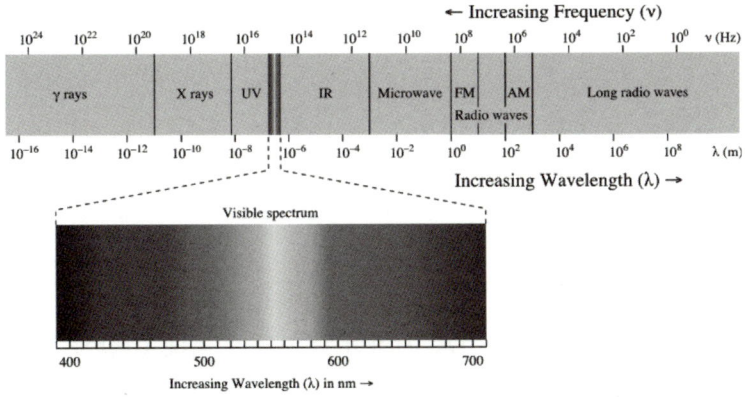

▲ 전자기파 스펙트럼. 왼쪽부터 파장이 짧은 순으로 감마선, X선, 자외선, 가시광선, 적외선, 마이크로파, 라디오파.

경을 2016년 완공하려고 공사에 박차를 가하고 있다. 이 망원경은 지름 500미터, 둘레는 1.6킬로미터나 되고, 1,000광년 이상 떨어진 곳에서 오는 신호까지도 포착할 수 있다고 한다. 중국 천문학회는 "전파망원경이 가동되면 외계 문명을 찾는 데 큰 도움을 줄 것"이라고 했다는데, 이 망원경이 외계 생명체의 신호를 잡아낼 수 있을지 기대해본다.

중력파의 발견으로 천체관측의 범위가 비약적으로 넓어질 것으로 예상하고 있다. 중력파는 아인슈타인이 일반상대성 이론을 설명하며 제시했던 개념인데, 최근 미국 레이저간섭계중력파관측소LIGO가 중력파의 존재를 확인했다. 별이 폭발하거나 블랙홀이 생기는 등 중력이 급격히 변동할 때 휘어진 시공간이 만들어내는 파동을 중력파라고 한다. 중력파의 발견으로 천문학자들은 지금까지 관측할 수 없었던 블랙홀을 관측할 수 있게 되었다. 중력파가 블랙홀 내부의 정보뿐 아니라 베일에 싸여 있던 초기 우주, 빅뱅의 비밀까지 벗겨줄 것이라는 기대가 크다.

망원경, 우주로 나가다

중력파 이야기는 이쯤 하고 전자기파 이야기로 돌아오자. 우주 공간에서 온 전자기파가 모두 지구로 들어오는 것은 아니다. 인체에 치명적인 X선이나 감마선, 자외선 등은 대부분 대기권에서 걸러지고 가시광선과 전파만 대기를 통과해 지상에 도달한다. 덕분에 인간이 안전하게 살 수 있지만, 소중한 정보들을 대기가 흡수해버려 볼 수 없게 된다는 단점도 있다.

▲ 미국 루이지애나주 리빙스턴에 설치된 레이저간섭계 중력파 관측소.

대기 때문에 생기는 문제는 또 있다. 밤하늘의 별은 반짝거리는데, 실제로 별빛이 어두워졌다가 밝아지는 것이 아니라 대기가 흔들리기 때문이다. 기류가 계속 흔들리면서 이동하기 때문에 사람의 시야도 흔들려 반짝거리는 것처럼 보이는 것이다. 대기는 정확한 천체관측을 방해한다. 이런 문제를 해결하기 위해 과학자들은 망원경을 대기 너머, 우주로 올려보내는 것을 생각했다. 우주 망원경은 라이먼 스피처Lyman Spitzer라는 천문학자가 1946년 제안했다.8

냉전 속 우주개발 경쟁이 한창이던 1960~1970년대, 미국항공우주국과 유럽우주국ESA은 우주 망원경 프로젝트를 추진했지만 자금 조달에 상당한 어려움을 겪었다. 말 그대로 '천문학적인' 예산이 들어가는 이 프로젝트에 미국 의회가 예산을 전액 삭감한 적도 있다. 천문학자들은 의회를 상대로 로비를 벌였고 우주 망원경이 꼭 필요하다는 보고서를 쏟아냈다.

재정뿐 아니라 기술적 난관도 컸다. 달을 밟고 돌아오는 달 탐사 프로젝트나 우주왕복선 프로젝트는 당시에도 순조롭게 진행되었지만, 우주에 망원경을 설치한다는 것은 또 다른 문제였다. 누군가 우주 공간에 나가서 망원경을 설치하고 돌아와야 하기 때문이다.

1983년 미국항공우주국과 유럽우주국은 우주 망원경 발사 계획을 수립했다. 망원경에는 우주가 팽창하는 속도를 밝혀낸 미국 천문학자 에드윈 허블Edwin Hubble의 이름을 붙였다. 우리가 잘 알고 있는 허블 우주 망원경 프로젝트의 시작이다. 1986년 챌린저호• 폭발 사고가 일어나면서 발사가 좌절되었고, 1990년에 이르러서야 허블 우주 망원경은 발사되었다. 우주왕복선 디스커버리호의 승무원들이 우주 공간에 망원경을 설치했다.

허블 우주 망원경은 지난 25년간 수많은 사진과 관측 결과를 지구로 보내왔다. 1994년에는 목성을 스쳐간 슈메이커-레비 혜성•의 모습을 담았고, 2005년에는 그동안 알려지지 않았던 목성의 위

● 챌린저호 폭발 사고
1986년 1월 미국항공우주국과 챌린저 우주왕복선이 발사 73초 만에 폭발해 승무원 7명이 숨진 참사. 추운 날씨로 접합용 고무 링이 제 기능을 못해 발생했다. 미국항공우주국은 이 사고 이후 2년 8개월간 우주왕복선 운용을 중단했다.

● 슈메이커-레비 혜성
1993년 발견된 혜성. 목성 근처를 지나던 도중 강한 조석력(潮汐力)으로 수십 조각으로 쪼개진 뒤 일부가 1994년 7월 목성 남반구에 충돌하며 거대한 폭발을 일으켰다.

▲ 허블 우주 망원경이 발사되는 모습.

성 2개를 찍어 보냈다. 2014년에는 130억 광년 거리의 은하를 관측했는데 이는 인류가 발견한 것 중 가장 멀리 있는 은하라고 한다. 목성의 위성 가니메데에 큰 바다가 있었다는 증거도 발견했다. 허블 우주 망원경이 보내온 자료를 이용해 발표된 과학 논문은 2011년 1만 건을 넘었다.

영화 〈그래비티〉에서 샌드라 불럭이 연기한 스톤 박사는 허블 우주 망원경을 고치러 나갔다가 우주 공간에 좌초되었다. 실제로 허블 우주 망원경은 고장과 설비 노후에 시달리고 있다. 미국항공우주국은 허블 우주 망원경을 2017년까지만 유지하고 2018년에는 다음 우주 망원경인 제임스웹 우주 망원경을 발사할 예정이다.[9]

하늘과 우주에 대해 끊임없이 궁금해했던 인류는 눈에 보이는 것뿐 아니라 보이지 않는 것까지 관측해 우주의 비밀들을 풀어냈다. 우리는 이제 별을 보고 여름이 오는지 가늠하지 않고, 방향을 알기 위해 북극성을 찾지 않는다. 하지만 하늘과 우주 속에는 인류가 도전해야 할 과제가 여전히 많이 남아 있다.

2

되풀이되는 비극, 사건 사고의 역사

개인의 욕심과 사회의 무능, 해상 사고

    2014년 봄날, 300명 가까운 희생자를 낸 세월호 참사는 아마 우리 기억 속에서 영영 지워지지 않을 것이다. 희생자의 대다수가 수학여행을 떠나던 고등학생이었다는 사실은 전 세계를 울렸다. 아직 사고의 원인도, 구조가 효율적이지 못했던 이유도, 무엇 하나 명확하지 않은 채 차가운 바닷속에 가라앉아 있는 세월호 참사의 진상이 언젠가 꼭 명확히 규명되길 바란다.
    인류가 배를 만들어 강과 바다를 항해하기 시작한 뒤부터 해상 사고는 인간과 늘 함께했다. 역사를 바꾼 사고도 있고, 그저 안타까운 사고도 있고, 오늘날을 살아가는 사람들에게 묵직한 질문을 던지는 사고도 있다. 역사에 남은 해상 사고에는 무엇이 있을까?

잉글랜드 역사를 바꿔놓은 하얀 배

자유 헌장Charter of Liberties•을 선포한 중세 잉글랜드 노르만 왕조의 왕 헨리 1세에게는 왕비 소생의 아들 하나, 딸 하나가 있었다. 헨리는 승승장구하는 왕이었다. 형제들과 치열한 권력 다툼 끝에 왕좌를 차지한 헨리는, 아버지 윌리엄 1세가 큰형 로버트에게 물려준 프랑스의 노르망디 지역을 되찾기 위해 전쟁을 일으켰다. 노르망디를 정벌한 헨리 1세는 '하얀 배White Ship'라는 이름의 멋진 배를 한 척 선물 받아 아들 윌리엄에게 하사했다. 하지만, 이것이 윌리엄과 노르만 왕조의 비극이 될 줄은 누구도 몰랐다.

전해 내려오는 이야기에 따르면 윌리엄은 선원들과 함께 와인을 잔뜩 마셨다고 한다. 하얀 배를 왕실에 선물한 장본인이기도 한 선장은 선원들에게 "먼저 출발한 왕보다 빨리 잉글랜드에 도착하라"고 명령을 내렸다. 기분 좋게 취한 선장과 선원들은 배에 대한 자부심을 주체하지 못하고 잉글랜드를 향해 전속력으로 내달렸다. 하지만 얼마 지나지 않아 배의 좌현이 암초에 걸리고 말았다.

윌리엄은 작은 구명보트로 옮겨 타고 침몰하는 배를 탈출했지만, 함께 타고 있던 이복 여동생의 울음소리를 듣고 다시 사고 해역으로 돌아왔다. 사고 해역에서 허우

> 🔴 **자유 헌장**
> 1100년 헨리 1세가 잉글랜드 왕위에 오르면서 반포한 헌장으로, 왕실의 권력 남용을 금하며 귀족의 특권과 교회의 재산권을 인정했다. 자유 헌장은 국왕의 권리를 법으로 제한한 대헌장(마그나카르타)의 초석이 되었다.

◀ '하얀 배'의 침몰 장면을 그린 그림.

적대던 사람들은 살기 위해 필사적으로 윌리엄이 타고 있던 보트에 올라타려 했다고 한다. 결국 윌리엄은 사람들과 함께 바닷속에 가라앉아 죽고 말았다. 1120년 11월의 일이다.

외아들을 잃은 헨리 1세는 할 수 없이 윌리엄의 누나이자 유일하게 남은 법적인 딸 마틸다에게 왕위를 물려주려 했다. 하지만 12세기는 여왕을 용납할 수 있는 시대가 아니었다. 1135년 헨리 1세 사후 영국은 격랑에 휩싸였고, 헨리 1세의 조카이자 마틸다의 사촌인 스티븐이 귀족들의 지지를 얻어 왕위를 찬탈했다.

하지만 정통성 없는 왕위가 오래가기는 어렵다. 귀족들을 포섭하느라 왕권은 약화될 대로 약화되었고, 스티븐에 대한 백성들의 지지도 땅에 떨어졌다. 아들을 낳은 마틸다는 아들이 성장하면서 계속 세력을 키워갔다. 스티븐이 통치했던 19년은 사실상 무정부 상태였다는 평가도 있다. 끝내 굴복한 스티븐은 마틸다의 아들인 헨리를 국정에 참여시켰고, 헨리는 스티븐이 죽은 1154년 헨리 2세로 즉위했다.

대항해시대, 수장된 배들과 노예들

항해술의 발전에 힘입어 지중해를 넘어 대양으로 나온 유럽은 아시아와 아프리카, 미주를 식민지로 만들며 신항로를 개척하고 다녔다. 식민지 확보 경쟁이 치열해질수록, 식민지와 본국을 잇는 무역선과 노예선이 늘어날수록 해상 사고도 많아졌다. 이 시기, 유럽인들뿐 아니라 배에 실려 세계 전역으로 끌려다니던 노예들도 수없이 죽어갔다.

1738년 1월 1일, 아프리카에서 출발해 대서양을 항해한 네덜란드 국적의 노예선 뢰스덴호Leusden는 남아메리카 수리남의 마로니강 하구를 항해하던 중 폭풍을 만나 좌초했다. 부족한 구명정을 노예들에게 빼앗길까 두려웠던 선장은 노예들을 갑판 아래 가두고 못질을 해버리라고 지시했다. 아프리카에서 끌려온 사람들을 실은 배가 천천히 어두운 물속으로 가라앉는 동안 선장과 선원들은 구명정 두 척에 나누어 타고 탈출했다. 노예 664명을 수장시킨 이 사건은 대서양 노예무역 역사상 가장 비극적인 사건으로 평가받고 있다.

최근에는 포르투갈 노예선 상 조제호São José의 잔해가 발견되어 주목을 받았다. 노예선의 잔해가 발견된 것은 처음이라고 한다. 400여 명을 태운 이 노예선은 1794년 아프리카 모잠비크에서 브라질로 향하던 중 희망봉을 돌다가 침몰해, 노예의 절반이 사망했다. 이 사건에서는 선장과 선원들이 노예들을 살리려고 애썼다. 노예들은 '비싸게 팔 수 있는 귀중한 화물'이었기 때문이다. 하지만 거센 파도 탓에 구조에 동원된 바지선이 배로 접근하지 못해, 결국 노예 212명은 사망하고 말았다. 노예는 당시 사고 기록에 '사람'으로 표기되지 않았다고 한다. 이 노예선의 잔해는 대서양 노예무역의 흔적을 보여주는 귀중한 사료다.

대항해시대에 침몰한 배는 보물 사냥꾼들이 찾아 헤매는 노다지기도 하다. 당시 배들은 금과 귀금속을 잔뜩 싣고 다녔기 때문이다. 1799년 네덜란드 북쪽 서프리지아 제도에서 폭풍우를 만나 침몰한 루틴호^{Lutine}가 대표적이다. 이 배는 당시 가치로 120만 파운드어치의 금덩어리와 금화를 싣고 있었다고 한다. 현재 가치로 환산하면 무려 1억 500만 파운드(약 1,500억 원)에 달하는

◀ 런던 로이드 거래소 한복판의 루틴 벨.

거액이다. 배에 타고 있던 240여 명 중 단 1명을 빼고 모두 숨졌다.

영국 보험회사 로이드는 이 금 전체에 대한 보험금을 지급했는데, 결국 선체 인양에도 실패하고 금을 건져내지도 못해 손가락만 빨게 되었다고 한다. 로이드 거래소 한복판에는 이 사고를 기억하기 위한 '루틴 벨'이 있다. 바다에 나간 배가 실종되면 종을 울렸다고 한다. 아직도 네덜란드 북쪽 바다에는 엄청난 보물이 잠자고 있을지도 모른다.

아마 이 시대에 좌초한 배들 중 우리나라에서 가장 유명한 배는 네덜란드 동인도회사 소속의 스페르버르호De Sperwer일 것이다. 1653년 대만에서 일본 나가사키로 가던 스페르버르호는 폭풍우를 만나 제주도 부근에서 난파하게 된다. 이 배의 선원이던 헨드릭 하멜Hendrik Hamel이 13년간 조선에 억류되어 생활하며 기록한 책이 바로 『하멜 표류기』다.

선박 사고의 전설로 남은 타이태닉

'절대로 침몰하지 않는 배The Unsinkable Ship'라는 별명이 붙었던 배. 최초이자 최후의 항해를 마지막으로 바닷속에 가라앉은 역사상 가장 유명한 배. 타이태닉호에 대해서는 너무나 잘 알려져 있다. 1912년 4월 10일 영국 사우샘프턴을 출발해 미국 뉴욕으로 향하던 이 배는 나흘만인 14일 밤 빙산과 충돌했고, 2시간 40분 뒤인 15일 새벽 침몰했다.

영화 〈타이태닉〉은 배가 두 동강 나 바닷속으로 빨려 들어가고 사람들이 물에 빠져 얼어 죽는 장면을 아주 생생하게 묘사했다. 당시 승선 명부가 정확하지 않아서 통계에 혼선이 있기는 하지만 탑승자 2,224명 중 1,514명이 사망한 것으로 집계되었다.

왜 이렇게 사망한 사람이 많았던 걸까? 참사의 가장 큰 원인은 구명보트가 부족했기 때문이다. 타이태닉호에는 승객의 절반 정도인 약 1,000여 명을 태울 수 있는 구명정 밖에 준비되어 있지 않았다. 만약 타이태닉호가 탑승 정원인 3,339명을 꽉 채웠더라면 구명정이 태울 수 있는 인원은 전체 승객의 3분의 1밖에 안 되었을 것이다. 더구나 처음에는 많은 구명정이 정원을 채우지도 않은 채 바다에 내려졌다고 한다.

승무원들은 조난 사고에 대한 훈련이 제대로 되어 있지 않았다. 하필 근처에는 구조를 도울만한 선박도 없었다. 타이태닉호가 침몰한 지 1시간 30분 만에야 구조 신호를 받은 배가 도착했다. 사고 현장 바닷물의 온도는 섭씨 영하 2도였다. 물에 빠진 사람 대부분이 15~30분 만에 심장마비로 숨졌다.

슬픈 사실은 타이태닉호의 선실 등급에 따라 사망률이 크게 차이가 났다는 것이다. 일등실 승객 325명 중 202명(62퍼센트)이 살아남은 반면, 삼등실 승객 706명 중에는 528명(75퍼센트)이 사망했다. '여자와 아이를 먼저 구조한다'는 원칙이 있었지만 삼등실 아이의 생존율(34퍼센트)과 일등실 남성의 생존율(33퍼센트)은 크게 다르지 않았다. 갑판 위에 머물렀던 일등실 승객들이 비교적 쉽게 빠져나온 반면 갑판 아래의 삼등실은 사고 직후 바닷물이 차오르기 시작했고, 배에서 나가는 길도 찾기 어려워

생존율이 낮았다고 한다.

전범국의 피란선 빌헬름 구스틀로프

1930년대 나치 독일은 국력을 과시하기 위해 함부르크에서 대형 여객선을 건조했고, 스위스 나치 지도자 빌헬름 구스틀로프Wilhelm Gustloff의 이름을 따서 빌헬름 구스틀로프호라는 이름을 붙였다. 이 배는 체제 선전용이었다. 처음에는 독일노동전선DAF• 노동자들에게 크루즈 여행 같은 여가를 제공하는 용도로 쓰였다. 1939년 제2차 세계대전이 발발하자 이 배는 병원선으로 용도가 바뀌었다.

1945년 1월, 독일이 동부전선에서 패퇴하면서 소련군이 진격해오자 당시 해군 사령관 카를 되니츠Karl Dönitz는 공격에 노출된 민간인과 부상병 등 200만 명을 독일 서쪽으로 옮기는 해상 피난 작전을 실시했다. 발트해에 있던 빌헬름 구스틀로프호도 이 작전에 동원되었다.

승선 정원이 2,000명에 불과했던 이 배에 탑승한 사람은 공식 기록상 6,050명이지만 수많은 사람이 승선 기록을 남기지 않고 배에 탔기 때문에, 이 배에는 최대 1만 582명이 타고 있었을 것으로 추정한다. 피란민들을 태운 배는 어뢰정 1척의 호위를 받으며 현재 폴란드의 도시인 그디니아(당시 이

● 독일노동전선
1933년 나치가 전독일노동총동맹(ADGB)을 강제로 해산한 후 만든 어용 노조로, 노동자들을 통제하는 수단으로 활용했다. 독일노동전선은 자동차 회사 폭스바겐을 운영하기도 했다.

▲ 1939년 9월 촬영한 빌헬름 구스틀로프호. 이전까지는 크루즈 여행 등에 쓰였지만 제2차 세계대전이 발발하자 전쟁에 동원되었다.

름 고텐하펜)를 떠나 독일 북부의 항구 킬Kiel로 향했다. 하지만 발트해를 항해하던 이 배는 곧 소련 잠수함 S-13호에 발각되고 만다.

    소련 잠수함의 어뢰 3발을 맞은 빌헬름 구스틀로프호는 1시간 10분 만에 침몰했다. 한겨울, 북극에 가까운 발트해의 당시 수온은 최저 섭씨 영하 16도였다. 바다 위에는 얼음이 둥둥 떠다니고 있었다고 한다. 현장은 아비규환이었다. 어뢰의 공격으로 폭사한 사람도 있고, 공격을 피한 사람들은 바다에 빠져 죽거나 얼어 죽었다.

    이 침몰 사고로 사망한 사람은 9,343명이다. 인명 피해 규모로 따지면 최악의 해상 사고지만, 전쟁 상황이었던 데다가 이 배에는 군인도 1,000여 명이 타고 있었던지라 국제법 위반으로 간주되지 않았다. 게다가 독일은 전범국이다. 이 사건을 언급하는 것은 독일을 피해자로 호명하는 것과 다르지 않다는 인식이 널리 퍼지는 바람에, 빌헬름 구스틀로프호 폭침에 대해 언급하는 것은 독일 사회에서 금기였다고 한다.

독일의 대표 작가 귄터 그라스Günter Grass는 2002년 『게걸음으로Im Krebsgang』라는 소설에서 빌헬름 구스틀로프호 문제를 끄집어냈다. 나치의 잘못은 말할 수 없이 크지만 엄연한 역사적 사실을 없던 것으로 치부해서는 안 된다는 메시지를 전했다.

난민선의 무덤이 된 지중해

2015년 4월 19일 한밤중. 리비아를 떠나 지중해를 건너 이탈리아로 향하던 난민선이 전복되었다. 배에 탔던 난민들은 승선 정원을 훌쩍 넘긴 700여 명에 달했지만 구출된 사람은 28명뿐이었다. 사고선은 항해가 불가능할 정도로 낙후된 상태였다. 이 사고는 지중해에서 발생한 사상 최대 규모의 해상 사고로 기록되었다. 불과 닷새 전에도 지중해에서 난민선이 침몰해 400명이 물에 빠져 죽었다. 2016년 7월 이 배를 인양한 이탈리아 소방 당국은 "난민들의 시신은 마치 아우슈비츠 열차 속 유대인들처럼 쌓여 있었다"고 말했다. 구조대원은 이렇게 말했다. "승객들은 배가 침몰했을 때 필사적으로 탈출하려고 한 것처럼 보였다. 엄마 품속에 안겨 죽은 아이들의 시신은 차마 떼어놓을 수가 없었다."

지중해가 난민의 무덤이 된 이유는 무엇일까? 전쟁과 빈곤을 피해 고향을 떠난 난민은 제2차 세계대전 이후 최대 규모라고 한다. 그만큼 중동과 아프리카의 여러 나라가 사람이 살 수 없는 곳으로 변해가고 있다는 뜻이다.

아프리카 대륙 출신 난민들이 유럽으로 가기 위해 모여드는 곳은 독재자 무아마르 알 카다피Muammar al Qaddafi 축출 후 질서가 사라진 리비아다. 난민들은 아프리카 각국에서 리비아로 가기 위해 육로를 통해 여러 번 국경을 넘고, 리비아에서 유럽으로 넘어가기 위해 '죽음의 항해'를 하다가 더러 목숨을 잃는다. 목숨을 걸고라도 내전과 가난을 피하기 위해서다. 2015년 한 해 동안 유럽에 들어온 난민은 100만 명, 2016년 1월부터 7월 사이 아프리카와 중동에서 유럽으로 들어온 난민은 26만 2,300명에 이른다.

하지만 유럽으로 넘어간다고 행복할까? 돈을 받고 난민들을 밀항선에 태워주는 밀항업자의 상당수는 인신매매꾼이다. 난민들에게 유럽 일자리를 소개해준다고 속인 뒤 인신매매 조직에 팔아넘기기도 한다. 유럽의회 조사에 따르면 유럽에는 100만 명의 '노예'가 있다고 한다. 이들 중 상당수는 아프리카와 중동에서 지중해를 건너온 난민이다.

난민들이 선택하는 길은 유럽의 정치 상황에 따라 여러 번 바뀌었다. 2015년 7월 유럽연합이 난민선 출발지인 리비아 인근 해역에서 밀입국업자들을 단속하는 해군 작전을 실시하자 난민들은 터키와 그리스를 통해 유럽으로 향하는 '발칸 루트'로 몰렸다. 하지만 발칸 국가들이 장벽을 설치하고 난민 행렬을 막은 데다 2016년 들어 유럽연합과 터키가 난민송환협정을 맺어 터키에서 그리스로 가는 길이 막히면서 다시 지중해가 난민의 무덤이 되었다. 유엔난민기구에 따르면 2015년 지중해를 건너다 사망하거나 실종된 난민은 3,771명, 2016년에는 8월 초까지 집계된 수치만 3,100여 명에 이른다.

미스터리로 남은 항공사고들

2015년 10월 31일, 이집트 해변 휴양지 샤름 엘 셰이크에서 러시아 상트페테르부르크로 향하던 러시아 메트로제트항공 소속 여객기가 시나이반도 상공에서 추락했다. 처음에는 격추 가능성이 낮다는 이유로 단순 사고라는 추측이 많았지만 사고 며칠 만에 미국과 영국 정보기관이 동시에 "비행기에 미리 심어 놓은 폭탄이 있었을 수 있다"는 입장을 내놓으며 상황은 한순간에 뒤집혔다. 폭탄 테러일 리가 없다고 주장하던 러시아도 사건이 발생한 지 18일 만에 항공기 잔해에서 폭발 흔적이 발견되었다며 테러 공격으로 여객기가 추락했다는 것을 인정했다.

가장 유력한 범인은 중동의 극단주의 무장 조직 IS다. 시리아와 이라크에 근거지를 둔 IS의 시나이반도 지부는 사건 초기부터 테러 공격을 저질렀다고 주장했고 자신들이 발간하는 잡지를 통해 여객기를 추락시킨 캔 모양의 폭발물 사진을 공개하기도 했다.[1] IS의 소행으로 강력하게 의심되는 것은 사실이지만, 공식적인 책임 소재를 가리고 실제 테러 감행에 연루된 사람들을 밝혀내기 위해서는 상당한 조사가 필요해 보인다. 러시아는 여객기 폭탄 테러범에 현상금 5,000만 달러를 내걸었다.

러시아 항공기 테러는 미스터리로 얼룩진 항공사고 역사의 한 페이지로 남을 것이다. 분쟁에 휘말려 무고한 희생자와 미스터리를 남긴 항공사고의 역사를 살펴보자.

대한항공 쏜 소련, 이란항공 쏜 미국

냉전 시대에 가장 위험한 곳은 적국의 영공이었다. 1983년 8월 31일, 미국 뉴욕 존 F. 케네디 국제공항에서 이륙한 대한항공 007편은 알래스카 앵커리지 공항에서 급유한 뒤 서울 김포국제공항을 향해 날고 있었다. 다음 날 새벽, 여객기가 조종사와 관제사의 실수로 정상 항로를 이탈해 소련 영공에 들어갔다가 소련의 수호이-15 전투기의 공격을 받고 사할린섬 서쪽에 추락했다. 한국인 승객과 승무원 105명을 포함한 탑승자 269명이 사망했고, 이 사건은 냉전이 만든 가장 비극적인 참사 중 하나로 기록되었다.

아무리 적대국 비행기가 영공을 침범했다고 해도 전투기가 아닌 민항기를 공격하는 것은 있을 수 없는 일이다. 소련은 민항기를 미국 RC-135 정찰기와 혼동했다고 해명했다. 그러나 이 여객기는 보잉 747 기종으로 RC-135의 원형인 보잉 707과는 완

▲ 격추되기 전 대한항공 007편의 모습.

전혀 구분된다는 점을 감안하면 소련의 해명은 믿기 어렵다.

당시 모스크바 AP통신 지국장이었던 스티븐 허스트는 소련 내 다른 소스를 통해 "이 지역에 배치된 주요 레이더 3대 중 2대가 고장 나서 영공에 들어온 비행기가 무엇인지 혼동한 것"이라는 정보를 들었다고 한다.2 소련이 붕괴된 뒤인 1993년 러시아가 한국 정부에 블랙박스를 넘겨주면서 사고 당시 실수로 소련 영공에 들어갔다는 것은 확인했지만 소련이 민항기임을 알고 격추했는지, 정말 미국의 스파이 행위를 의심한 것인지는 아직도 미스터리로 남아 있다. 비행기를 격추한 소련 공군의 겐나디 오시포비치 전 중령은 2003년 『월간조선』과의 인터뷰에서 "여객기인 것을 알았다면 격추 명령에 이의를 제기했을 것"이라며 "아직도 여객기로 위장한 정찰기였다고 생각한다"고 말했다.3

비슷한 참사가 5년 뒤 반복되었다. 이번에 민항기를 쏜 것은 미국이다. 이란-이라크전쟁●이 막바지로 향하던 1988년 7월 3일 이란 테헤란의 메흐라바드 국제공항을 출발해 아랍에미리트연합 두바이 국제공항으로 향하던 이란항공 655편이 호르무즈 해협에 파견되어 있던 미 해군 이지스함● 빈센스함의 미사일 공격으로 추락했다. 탑승객 290명이 모두 사망하는 끔찍한 사고였다.

빈센스함은 이 여객기를 함선을 공격하려는 전투기로 착각했다. 미국은 비행 예정 시간보다 27분 늦었기에 민항기라고 생각하지 못했다고 공식 발표했다. 이 사건은 1979년 이슬람혁명과 테헤란미국대사관인질사건 이후 원수가 된 미국과 이란의 관계를 회복 불능 상태로 만들어놓았다. 미국은 책임자들에게 책임을 묻지 않았고 오히려 훈장을 주었으며, 아직까지도 이란에 이 사건에 대해 공식 사과한 적이 없다.

1996년 국제사법재판소에서 미국은 법적 책임을 면하는 대신 이란에 6,180만 달러의 배상금을 내기로 합의했다. 여전히 많은 이란인에게 이 사건은 반미 감정의 주요 이유 중 하나이자

> ● **이란-이라크전쟁**
> 이란의 이슬람혁명이 확산되는 것을 막기 위해 이라크의 후세인 정권이 1980년 이란을 침공하면서 발발한 전쟁. 미국과 서방이 이라크에 막대한 지원을 퍼부었지만, 이란의 끈질긴 저항으로 8년간 계속되다 승자도 패자도 없이 양측 모두 막대한 사상자만 내고 종료되었다.
>
> ● **이지스함**
> 해전에서 대함 미사일 공격을 방어하기 위해 목표물 탐색부터 교전과 파괴까지 전 과정을 통합한 해상 전투 체계인 '이지스 시스템'을 장착한 해군 군함을 말한다. 우리나라는 2007년 세종대왕함을 진수해 세계 5번째 이지스함 보유국이 되었다.

◀ 이란항공 665편의 경로와 추락 지점.

미국과 관계를 개선할 수 없는 가장 큰 걸림돌이다.4 미국이 일부러 적국 이란의 여객기를 격추시켰다고 믿는 사람도 많다.

네덜란드인과 말레이시아인을 살해한 우크라이나 사태

우리나라 사람들도 많이 이용하는 에미레이트항공의 허브, 아랍에미리트연합 두바이에서 유럽으로 가는 가장 빠른 길은 이라크와 시리아 영공을 거치는 것이다. 하지만 현재 대부분의 민항기는 이곳을 피해 우회하는 경로를 택한다. 전쟁 지역이라 피격당할 위험이 있기 때문이다. 미국 연방항공청FAA은 자국 민항기가 리비아, 에티오피아 북부, 소말리아, 시리아, 이라크, 북한, 우크라이나 동부와 크림반도 상공을 지나지 못하도록 규정하고 있다.5

2014년 초부터 우크라이나 동부에서는 분리 독립을 요구하는 반군이 득세했다. 우크라이나는 오랜 기간 러시아의 한 부분이었으며 특히 러시아와 접경한 동부 지역은 러시아 색채가 강하다. 그러나 유럽과 손을 잡아야 한다는 시민들이 벌인 2013년 유로마이단혁명 후 들어선 새 정권은 러시아와 적대하고 있다. 그러자 러시아 정체성이 강한 동부 지역이 분리 독립을 요구하며 무장투쟁을 시작한 것이다.

우크라이나 동부의 무장 충돌이 격해지자 여러 항공사가 우크라이나 동부를 우회하기 시작했다. 하지만 문제는 돈이다. 우크라이나를 지나는 길은 동남아시아와 서유럽을 잇는 가장 가까운 경로다. 돌아가려면 돈이 더 든다. 게다가 2014년 여름까지 우크라이나 동부 상공은 제한 고도 규정만 지키면 운항할 수 있는 곳이었다.

2014년 7월 17일 네덜란드 암스테르담 스히폴 국제공항을 출발해서 말레이시아 쿠알라룸푸르 국제공항으로 향하던 말레이시아항공 17편은 이륙 3시간여 후 우크라이나 동부 도네츠크 상공을 지나다 폭발한 뒤 추락했다. 제한 고도 위, 무려 1만 미터 상공을 비행하던 여객기에 벌어진 참사다. 비행기에 탑승했던 298명은 전원 사망했다. 네덜란드인이 가장 많았고, 말레이시아인과 호주인이 그다음으로 많았다. 우크라이나 사태와는 전혀 관련 없는 민간인들이 우크라이나 사태에 휘말려 참변을 당한 셈이다.

사고 직후 우크라이나 정보기관은 도청으로 입수한 반군의 통화 내역을 공개했다. 여기에는 이 민항기가 정부군 전투기인 것으로 오인하고 격추했지만, 민항기임을 알고 우왕좌왕하는 대화 내용이 담겨 있었다. 하지만 반군은 "우리에게는 1만 미터 상공

▲ 말레이시아항공 17편 추락 현장의 끔찍한 모습.

에서 비행하는 여객기를 격추시킬 만한 무기가 없다"고 반박했다. 이렇게 높은 고도에서 나는 비행기를 격추하려면 장거리 지대공 미사일이나 전투기에서 쏜 공대공 미사일이 필요하다. 일개 반군이 쉽게 가질 수 없는 최첨단 무기다. 우크라이나 정부는 러시아가 이들에게 지대공 미사일을 제공했고, 이를 다룰 수 있도록 훈련시켰다고 주장했다.

 이 사건으로 가장 많은 이가 희생된 네덜란드 안전위원회는 2015년 10월 말레이시아항공 17편이 러시아산 부크 지대공 미사일에 피격되었다는 조사 보고서를 발표했다.6 누가 미사일을 발사했는지 적시하지 않았지만 사실상 러시아에 책임을 물은 셈이다. 러시아는 여전히 "우리가 미사일을 제공한 것이 아니다"라며 우크라이나 정부가 여객기를 쐈다고 주장하고 있지만 그럴 개연성은 낮아 보인다.

미스터리한 비행기 폭발 사고들

시나이반도에서 추락한 러시아 여객기는 처음에 피격당했을 가능성이 제기되었지만 조사 결과 비행기에 폭탄이 미리 설치되어 있었던 것으로 잠정 결론이 났다. 비슷한 사건이 오래전 있었다. 1972년 6월 15일 캐세이퍼시픽 700Z편은 싱가포르에서 방콕을 거쳐 홍콩으로 향하다 호치민 인근에서 추락했고, 타고 있던 81명은 전원 사망했다. 베트남전쟁이 한창이던 시기, 미군의 오폭인지 베트콩●의 공격인지 추측만 무성했다.

하지만 조사 결과 폭발은 기내에서 발생한 것으로 확인되었다. 기내에 폭발물이 미리 설치되어 있었던 것이다. 나중에 수사기관은 한 남성을 폭파범으로 지목해 체포됐다.7 약혼녀와 딸을 살해한 뒤 보험금을 타내기 위해 약혼녀의 가방에 시한폭탄을 설치했다는 것이다. 하지만 그는 증거 불충분으로 무죄판결을 받았고 나중에 보험회사를 상대로 소송을 벌여 거액의 보상금을 받았다. 아직도 이 폭발의 진상은 밝혀지지 않았다.

1988년 12월 21일에는 영국 런던에서 미국 뉴욕으로 향하던 팬암항공 103편이 스코틀랜드 로커비 상공에서 폭발, 탑승객 259명이 전원 사망하는 사건이 있었다. 역시 비행기 화물칸에서 폭탄이 터졌다. 미국과 영국 합동 수사팀은 카다피 당시 리비아 대통령이 미국의 트리폴리 공습에 대한 보

● 베트콩
베트남전쟁 중 북베트남의 지원을 받아 남베트남과 미군을 상대로 게릴라전을 펼쳤던 무장투쟁 조직인 '남베트남 민족해방전선'을 미군 등이 일컬었던 말이다. 베트남 공산주의자를 뜻하는 베트남어에서 유래했다.

복으로 이 사건을 지시했다는 결론을 내렸다. 이 사건의 용의자로 지목된 압델 바세트 알메그라히는 2001년 무기징역을 선고받았지만 2009년 8월 말기 암으로 석방되어 리비아로 인도되었다.

리비아는 책임을 시인하고 경제제재 해제를 조건으로 27억 달러의 보상금을 유족에게 주기로 했지만 배후로 지목된 카다피 전 대통령은 법적 책임을 지지 않았다. 이 정도 규모의 대형 테러를 알메그라히 한 사람이 실행할 수 있었는지, 왜 카다피 전 대통령 등 다른 사람들의 책임은 묻지 않았는지, 정말 리비아가 배후에 있는 것이 맞는지 등 여러 의문이 제기되었다. 신빙성이 떨어지지만 빈센스함 사건에 대한 보복으로 이란이 테러를 계획했다는 설도 있다.[8] 알메그라히는 2012년 사망했고, 진실은 영원히 미궁 속에 묻혔다.

그 비행기는 왜 사라졌을까?

항공사고 역사상 최악의 미스터리를 한 가지만 꼽는다면 말레이시아항공 370편 실종 사고를 꼽을 수 있다. 2014년 3월 8일 말레이시아 쿠알라룸푸르 국제공항을 출발해 중국 베이징 서우두 국제공항으로 향하던 말레이시아항공 370편은 이륙 2시간 만에 레이더에서 흔적도 없이 사라졌다가 17개월이 지난 2015년 7월 29일 아프리카 마다가스카르 동쪽 해역의 프랑스령 레위니옹섬에서 발견되었다. 그것도 기체 전체가 아니라 일부만 발견되었다. 탑승한 239명의 시신조차 아직 찾지 못했다.

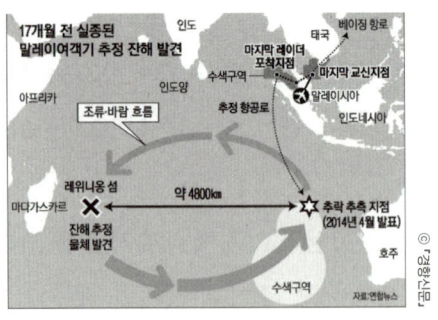

▲ 말레이시아항공 370편 잔해가 발견된 위치.

　유례를 찾아볼 수 없는 실종 사고였다. 항공기 위치를 탐색하는 레이더는 촘촘히 깔려 있기 때문에 민항기가 사라지는 일은 거의 없다. 하지만 말레이시아항공 370편은 말 그대로 감쪽같이 사라졌다. 말레이시아와 중국 등 국제 수색팀은 항공기가 레이더에서 사라진 베트남 남부 해상을 중심으로 수색을 펼쳤다.

　그런데 날이 갈수록 여객기가 항로를 벗어나 다른 곳으로 날아갔다는 증거가 쏟아지기 시작했다. 인도양의 섬나라 몰디브에서 매우 낮게 나는 항공기를 보았다는 언론 보도가 나왔고, 항공기 잔해로 추정되는 위성사진도 나왔다. 나집 라작 말레이시아 총리는 사고 보름 만에 "여객기가 인도양 남부에 추락했을 것"이라고 공식 발표했다. 하지만 레위니옹섬에서 잔해 일부가 나올 때까지 증거를 찾지는 못했다.

　레위니옹섬은 여객기가 교신이 끊긴 지점에서 거의 6,000킬로미터 떨어져 있다. 이곳에서 발견된 잔해는 비행기가 추락한 것으로 예측한 인도양 남측 지점보다도 훨씬 서쪽이다. 추락 예측 지점과 잔해 발견 지점이 다른 이유는 여객기 잔해가 해류를 따라 이동했기 때문이다. 하지만 왜 북쪽으로 향하던 여객기가 기수를 돌려 인도양 남부까지 갔는지, 그 이유는 아무도 모른다.

위조 여권 사용자가 나왔다는 이유로 납치나 테러 가능성도 제기되었고 가정불화에 시달린 기장이 자살 비행을 택했을 수 있다는 주장도 나왔다.[9] 무엇 하나 확실한 것은 없다. 현재 기장이 비행기를 추락시키고 사라지게 한 가장 유력한 용의자인 것은 사실이다. 말레이시아 정부도 기장을 용의자로 지목하고 있다. 하지만 기체의 극히 일부만 발견된 데다 블랙박스를 찾을 수 있다는 희망도 희박하다. 왜 비행기가 남쪽으로 기수를 돌렸는지, 어떻게 사라졌는지는 영영 베일 속에 남게 될지도 모른다.

인류 최초의 항공사고 희생자는 열기구 비행선을 개발한 프랑스의 장 프랑수아 필라트르 드 로지에Jean-François Pilâtre de Rozier다. 그는 1785년 6월 15일 열기구로 도버 해협을 횡단하려다 추락해 동승한 피에르 로맹과 함께 사망했다.

비행기를 기차처럼 타는 현대 사회에서 우리는 잊을 만하면 항공사고들을 접하곤 한다. 사고가 곧 대형 참사인 항공사고의 특성만큼 항공기는 전쟁과 범죄, 테러에 휘말리기 쉽다. 분쟁과 상관없이 평화롭게 여행하던 무고한 이들은 단지 그곳을 날고 있었다는 이유만으로 희생되었다. 모든 희생자의 명복을 빈다.

공멸을 향한 질주, 핵실험

 2016년 1월 6일 북한 조선중앙TV에 한복을 입은 리춘희 아나운서가 등장했다. 올해 72세인 리춘희 아나운서는 조선중앙TV의 간판스타였다. 2006년 북한이 첫 핵실험으로 세상을 놀라게 했을 때, 2011년 김정일이 세상을 떠났을 때도 리춘희 아나운서가 등장해 소식을 전했다.
 김정일의 사망 이후 방송을 떠난 줄 알았던 그가 다시 돌아왔다는 사실은 무언가 중요한 일이 생겼다는 뜻이다. 오랜만에 등장한 리춘희 아나운서는 특유의 격앙된 목소리로 "북한이 처음으로 수소핵폭탄 실험에 성공했다"고 알렸다.
 북한은 2006년과 2009년, 2013년 원자폭탄 실험을 했다. 수소폭탄은 원자폭탄보다 만들기 어렵고 위력도 수천 배나 강하기 때문에 북한이 정말 실험에 성공했는지는 검증이 필요하다.

▲ 1946년 미국이 비키니섬●에서 실시한 핵실험 장면.

성공 여부를 떠나 북한이 여전히 핵무기 개발 의지를 갖고 있다는 사실이 다시 한 번 확인되었다. 유엔 안전보장이사회는 긴급회의를 열었고 새로운 대북 제재 방안을 논의했다. 인류를 공포에 떨게 하는 핵무기는 어떻게 만들어진 것일까? 『워싱턴포스트』는 "1945년부터 2016년 1월 6일까지 총 2,055번의 핵실험이 있었다"고 보도했다.[1] 핵실험의 역사를 알아보자.

> ● 비키니섬
> 서태평양 마셜 제도 북부에 있는 환초(화산섬에 산호가 자란 뒤 고리 모양으로 남은 산호초)로 미국이 1946~1958년 핵실험을 했다. 1946년 루이 레아르가 두 벌로 만들어진 수영복을 선보이면서 핵폭탄처럼 충격을 던지고 싶다는 의미로 '비키니'라는 이름을 붙였다.

세계 최초의 핵실험 트리니티

 세계 최초의 핵실험은 1945년 7월 16일 이루어졌다. 제2차 세계대전이 진행되던 중이었다. 미국이 핵무기 개발에 착수하게 된 가장 직접적인 계기는 아인슈타인의 편지였다. 우리가 아는 바로 그 아인슈타인 박사다. 독일 출신으로 상대성 이론을 발견하고 광전효과 연구로 1921년 노벨물리학상을 수상한 아인슈타인은 나치의 집권을 피해 1933년 미국으로 망명했다.

 아인슈타인은 1939년과 1941년 루스벨트 대통령에게 편지를 보내 빨리 핵무기를 개발해야 한다고 촉구했다. 독일이 핵폭탄을 만들고 있으니 미국이 그보다 빨리 새로운 무기를 만들어야 한다는 내용이었다. 독일의 위력은 세계를 집어삼킬 기세였고 불안한 미국은 '맨해튼 프로젝트'를 가동하기 시작했다. 핵무

▲ 미국이 만든 세계 최초의 핵 폭탄 가제트의 모습.

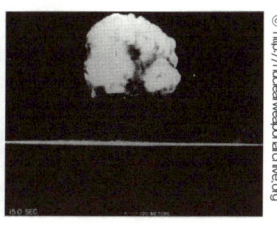

▲ 가제트 폭발 후 0.006초, 0.016초, 15초 경과 모습.

기를 만드는 연구였다. 미국의 저명한 과학자들이 이 프로젝트에 뛰어들었고 나치의 박해를 피해 미국으로 망명한 유대인 과학자들도 힘을 보탰다.

　3년의 노력 끝에 맨해튼 프로젝트팀은 1945년 7월 16일 미국 뉴멕시코주 앨라모고도Alamogordo 사막에서 세계 최초의 핵실험을 실시했다. 모든 것이 비밀이었던 이 핵실험에는 '트리니티Trinity'라는 암호명이, 폭탄에는 '가제트Gadget'라는 이름이 지어졌다. 가제트는 오전 5시 29분 45초에 성공적으로 폭발했다. 인류 최초의 핵폭발은 하늘에 엄청난 섬광을 만들어냈고 12킬로미터 상공까지 버섯구름 기둥을 만들었다. 실험 장소에서 240킬로미터 떨어진 곳에서도 핵폭탄이 만들어낸 빛을 관찰할 수 있었다고 한다. 가제트는 TNT 20킬로톤의 위력을 가진 것으로 증명되었다. 갑작스러운 폭발에 뉴멕시코주는 뭔가 이상한 일이 일어났다는 불안감으로 가득 찼다. 정부는 공

> 🔴 **TNT**
> 고성능 폭탄 트리니트로톨루엔(trinitrotoluene)을 이르는 말이다. 군수품과 파괴용으로 널리 사용되고 있다. 폭발력이 커 폭탄의 위력을 가늠하는 기준으로 쓰인다.

공멸을 향한 질주, 핵실험　**101**

군기지에 있던 탄약 창고가 폭발한 것이라고 속였다.

히로시마와 나가사키에 떨어진 '꼬마'와 '뚱보'

최초의 핵실험은 핵무기가 정말 가능한 것인지, 그 위력은 어느 정도인지를 확인하는 실험이었다. 최초의 핵실험이 트리니티였다면 핵무기가 인류에 신고식을 한 곳은 일본 히로시마였다.

제2차 세계대전에서 독일은 1945년 5월 7일 항복을 선언했지만 일본은 끝까지 연합군과 대치했다. 미국은 새로 발명한 핵무기를 1945년 8월 6일 일본 히로시마 상공에 투하했다. '리틀 보이Little Boy'라는 이름의 이 폭탄은 히로시마 600미터 상공에서 폭발했다. 폭발 당시 사망자만 8만 명, 이후 방사능 오염으로 사망한 사람은 수십만 명에 달했다.

사람들은 단 한 번의 폭발로 도시 하나를 사라지게 할 수 있는 폭탄이 존재한다는 것을 알게 되었다. 미국의 트루먼 대통령은

▲ 일본 히로시마(왼쪽)와 나가사키(오른쪽)에 핵폭탄이 투하된 뒤 피어오른 버섯구름.

▲ 나가사키에 떨어진 '팻 맨'의 실물 크기 모형.

"우리는 인류 역사상 가장 큰 과학적 도박을 했다"며 성공적인 핵폭발을 자축했다. 1945년 8월 9일에는 일본 나가사키에 두 번째 핵폭탄 '팻 맨Fat Man'이 투하되었다. 나가사키에서 첫 넉 달 동안에만 6~8만 명이 목숨을 잃었다. 일본은 그해 8월 15일 항복을 선언했다.

　제2차 세계대전을 끝낸 일등 공신이 '꼬마'와 '뚱보'라는 점은 부인하기 어렵다. 그러나 핵폭탄의 사용이 적절했는지에 대해서는 여전히 논란이 있다. 사망자 대부분이 민간인이었고, 현장에서 살아남은 사람들조차도 평생 후유증으로 고통받았기 때문이다. 핵폭탄이 전쟁을 빨리 끝내긴 했지만 전쟁이 몇 년 더 지속되었다고 해서 원자폭탄만큼 많은 사람이 희생되었을까 하는 의문도 든다.

특히 미국이 나가사키에 두 번째 핵폭탄을 떨어뜨린 것은 전쟁을 끝내기 위해서라기보다 두 번째 핵폭탄의 위력을 시험해 보고 싶었던 것 아니냐는 비판이 많다. 핵폭탄의 위력이 사망자 수로 증명된 인류 역사상 가장 비극적인 핵실험이었다.

최초의 수소폭탄 아이비 마이크

원자폭탄이 우라늄 원자핵을 분열시키는 과정에서 나오는 열에너지를 이용한 것이라면 수소폭탄은 수소 원자핵의 융합반응을 이용한다. 핵융합 과정에서 엄청난 에너지가 방출되며 수소폭탄의 위력은 원자폭탄의 수백에서 수천 배에 달한다.

수소폭탄은 미국에 귀화한 헝가리의 물리학자 에드워드 텔러 Edward Teller가 1951년 폴란드 수학자 스타니스와프 울람 Stanisław Ulam의 구상(분열폭탄을 핵융합을 위한 기폭제로 쓸 수 있다는 것)을 토대로 만든 '텔러-울람' 설계에 바탕을 두고 만들어졌다.

최초의 수소폭탄 이름은 '아이비 마이크 Ivy Mike'다. 첫 실험은 1951년 태평양의 산호초 섬 에네웨타크 Enewetak Atoll에서 진행되었다. 아이비 마이크의 위력은 TNT 1,040만 톤으로 나가사키에 떨어진 원자폭탄의 450배에 달했다.

원자폭탄에 이어 수소폭탄까지 만드는 데 성공하면서 미국은 세계에서 '가장 힘 있는 나라'가 되었다. 원자폭탄과 수소폭탄을 가진 나라이자 유일하게 핵폭탄을 써본 나라인 미국은 무서운 속도로 핵무기 수를 늘려나갔다.

미국 핵실험 사상 가장 위력이 컸던 것은 1954년 3월 실험한 수소폭탄 캐슬 브라보Castle Bravo였다. 실험 당시 섭씨 5만 5,000도의 열풍이 만들어졌고 200킬로미터 거리까지 충격파가 전해졌다고 한다. 미국은 1962년 한 해에만 96번의 핵실험을 했다.

질 수 없다, 소련의 폭주

냉전 시대의 또 한 축이었던 소련도 핵무기 개발에 욕심을 냈다. 미국이 1945년 핵무기를 가졌다는 사실이 확인된 뒤 소련의 마음이 급해졌다. 소련은 나치 정권에서 핍박받았던 독일의 유대계 과학자들을 납치하다시피 데려와 핵무기 개발에 투입시켰다.

소련은 1946년부터 원자로 건설을 시작했고 1949년 8월 29일 카자흐스탄의 초원에서 처음으로 원자폭탄 실험에 성공했다. 소련은 첫 핵폭탄RDS-1은 첩보 활동을 통해 입수한 미국의 플루토늄폭탄 설계 도면을 복사해 만든 것이라고 한다.[2]

원자폭탄은 미국의 것을 베낀 것이었지만 수소폭탄은 자체 기술로 완성했다. 미국이 만든 수소폭탄은 습식폭탄이었다. 폭탄의 원료인 중수소를 액상으로 보존하기 위한 별도의 냉각장치가 필요하기 때문에 무기로 상용화하기에는 한계가 있었다.[3]

소련은 이런 단점을 보완한 건식수소폭탄을 만드는 데 성공했다. 소련은 1953년 TNT 40만 톤 급의 건식수소폭탄 RDS-6s를 만들었다. 1955년 만든 수소폭탄은 1.6메가톤 급의 위력을 보였다. 당시 폭발의 위력이 너무 커서 폭발 지점에서 수십 킬로

▲ 지금까지 인류가 실험한 수소폭탄 중 가장 강력한 것으로 기록된 차르 봄바의 폭발 장면.

미터 거리에 떨어져 있던 병사 1명이 폭발로 파괴된 건물에 깔려 숨졌고, 실험 장소 외곽의 작은 마을에 있었던 2세 소녀도 대피소 밖에서 놀다가 변을 당했다고 한다.4

1961년 소련이 만든 수소폭탄 '차르 봄바Tsar Bomba'는 인류 역사상 가장 강력한 폭탄으로 기록되었다. 차르는 황제, 봄바는 폭탄이라는 뜻이다. 1961년 10월 30일 북극해에 위치한 노바야제믈랴제도에서 실행된 이 핵실험은 '폭탄의 황제'라는 이름값을 보여주었다. 위력은 무려 TNT 5,800만 톤에 달했다. 1,000킬로미터 떨어진 곳에서도 폭발하는 모습을 볼 수 있었고 폭탄이 만든 지진파는 지구를 세 바퀴나 돌았다. 실험 장소에서 1,000킬로미터 떨어진 핀란드에서 차르 봄바의 위력에 유리창이 깨질 정도였다고 한다. 차르 봄바의 힘은 미국이 히로시마에 떨어뜨린 원자폭탄의 3,800배였다.

핵실험을 한 나라들

미국과 소련에 이어 3번째로 핵실험에 성공한 나라는 영국이다. 영국은 독일과 제2차 세계대전을 치르느라 핵무기 개발에 몰두하기 어려웠다. 영국은 자체적으로 개발하던 정보를 미국에 넘기고 대신 핵무기 정보를 공유하기로 했다. 그러나 미국에게서 정보를 건네받는 데는 한계가 있었다. 영국이 직접 핵실험을 한 것은 1952년 10월 2일이었다. 영국은 호주의 몬테벨로섬에서 처음으로 핵실험을 했다. 위력은 25킬로톤으로 비슷한 시기 미국과 소련이 보유한 핵무기와 비교하면 힘이 많이 떨어졌지만 영국은 독자 개발했다는 데 의미를 두었다. 1957년에는 수소폭탄 실험도 성공했다.

프랑스의 핵실험은 영국보다 늦은 1960년 2월 13일 알제리 남부 사하라 사막에서 처음 실시되었다. 첫 번째 폭탄의 이름은 '푸른 날쥐Gerboise Bleue'였다. 원자폭탄이었고 위력은 70킬로톤이었다. 1968년에는 수소폭탄 실험에도 성공했다.

중국도 제2차 세계대전 이후 핵무기 개발에 몰두했다. 첫 실험은 1964년 10월 16일 위구르 지역의 소금 호수인 뤄부포(로프노르) 호수에서 실시했다. 원자폭탄이었고 위력은 22킬로톤이었다. 미국, 소련, 영국, 프랑스보다 많이 뒤졌고 위력도 약한 편이었지만 중국은 세계에서 5번째, 아시아에서는 처음으로 핵무기를 가진 나라가 되었다. 3년 뒤인 1967년에는 수소폭탄 실험도 성공했다.

다섯 나라 외에도 인도가 1974년과 1998년 핵실험을 했고 파키스탄도 1998년 2번의 핵실험을 한 것으로 알려졌다. 핵실험을 했다는 것이 곧 핵무기를 보유했다는 뜻은 아니다. 이스라엘도 수소폭탄을 가진 것으로 추정하지만 이스라엘 정부는 공식적인 입장을 내놓은 적이 없다. 북한은 2006년과 2009년, 2013년 원자폭탄 실험을 했다.

핵은 정치적 무기

북한이 수소폭탄 실험을 했다고 발표한 날 『워싱턴포스트』는 71년 동안 인류가 행한 핵실험을 정리해 발표했다. 『워싱턴포스트』에 따르면 1945년부터 2016년 1월까지 8개 국가가 총 2,055번의 핵실험을 했다.

가장 많은 핵실험을 한 나라는 미국으로 1945년부터 1992년까지 1,032번의 핵실험을 했다. 소련은 1949부터 1990년까지 715번의 핵실험을 했다. 3번째는 1960부터 1996년까지 198번의 핵실험을 한 프랑스였다.

영국은 1952년부터 1991년까지, 중국도 1964년부터 1996년까지 45번 핵실험을 했다. 제2차 세계대전 후 경쟁적으로 핵폭탄을 개발하던 나라들은 1996년 유엔 산하 포괄적핵실험금지조약CTBT에 서명하고 추가 핵실험을 하지 않겠다고 약속했다. 현재 포괄적핵실험금지조약에 서명한 나라는 183개국이다. 북한과 인도, 파키스탄은 이 조약에 서명하지 않았고 미국과 중국은 서명은 했지만 비준은 하지 않았다. 북한은 21세기에 핵실험을 한 유일한 나라다.

핵을 가진 인류의 미래는 어떻게 될까? 제2차 세계대전 후 세계가 정면충돌하지 않고 21세기를 맞은 것은 열강들이 서로 갖고 있는 핵무기의 힘을 너무 잘 알고 있기 때문이라는 분석도 있다. 국제원자력기구IAEA●에서 일한 안준호 박사는 『핵무기와 국제정치』라는 책에서 "인류를 전멸할 수 있는 핵무기의 위력을 잘 알고 있었기에 핵무기를 서로 보유하고 있다는 이유만으로도 핵전쟁을 억제할 수 있는 효과가 있었고 그래서 그렇게 오랫동안 유럽에 평화가 유지되었는지 모른다"고 했다.

> ● **국제원자력기구**
> 제2차 세계대전 후 핵무기 확산을 방지하고 원자력의 평화로운 이용을 관리하기 위해 만들어진 국제기구다. 미국 아이젠하워 대통령의 제안으로 1957년 발족했다. 2016년 2월 기준으로 168개국이 가입했다. 핵무기 개발·보유·이용을 사찰할 수 있다.

『뉴욕타임스』는 북한 핵실험 발표 후 "가난하고 고립된 나라들은 종종 리더십을 강화하거나 국제사회의 원조를 쥐어짜내기 위해 '핵 위협'을 무기로 쓰곤 한다"고 비판하기도 했다. 핵무기가 군사 무기가 아니라 정치적 무기가 되었다는 뜻이다.

그러나 언제까지 핵무기가 각 나라의 창고에 저장되어 있기만 할지, 핵무기가 안전하게 관리될 것인지는 확신하기 어렵다. 세계는 테러와 전쟁의 위협에 휩싸여 있고 돈과 무기는 여전히 각 나라의 힘을 가장 쉽게 과시할 수 있는 수단이다. 언젠가는 내가 먼저 핵무기를 폐기했다고 자랑하며 경쟁하는 평화의 시대가 올 수 있기를 기원해본다.

역사를 바꾸어놓은 전염병

2015년 여름 한국을 공포에 떨게 했던 중동호흡기증후군(메르스), 2014년 전 세계를 패닉 상태로 몰아넣었던 에볼라 바이러스, 인류 최초의 전염병이라고 불렸다가 지금은 사라진 천연두와 역사의 물꼬를 완전히 바꾸어놓은 흑사병, 저개발의 상징 에이즈까지, 인류의 역사는 전염병 없이 쓸 수 없다. 인류 역사의 어느 페이지에 어떤 전염병이 남아 있는지 알아보자.

아테네를 무너뜨린 장티푸스, 중세를 끝장낸 흑사병

고대 그리스 도시국가 아테네와 스파르타가 이끄는 연맹이 역내 패권을 두고 벌인 펠로폰네소스전쟁 중, 아테네가 승기를 잡아가던 전쟁 2년째인 기원전 430년, 의문의 역병이 아테네를 휩쓸었다. 질병의 유입 경로는 아테네의 유일한 음식과 물자 공급로였던 피레우스 항구였다. 이 역병으로 숨진 사람은 7만 5,000명에서 10만 명, 아테네 전체 인구의 25퍼센트로 추산된다. 전쟁을 이끈 아테네의 영웅 페리클레스Perikles●도 이 병에 감염되어 숨졌다.1 투키디데스Thucydides의 『펠로폰네소스 전쟁사』를 통해 이 참상은 생생히 전해졌다. 역사를 바꾸어놓은 전염병으로 기록된 첫 사례가 아닐까 한다. 현대에 와서야 이 병의 정체가 장티푸스였다는 것이 밝혀졌다.

역사를 바꾸어놓은 질병으로 가장 유명한 것은 중세를 무너뜨린 흑사병이 아닐까 한다. 1347년 시칠리아에서 항해를 마치고 당도한 선원들이 괴질로 죽어갔다. 중앙아시아에서 발원한 것으로 추정되는 흑사병이 교역로를 타고 유럽에 진입한 순간이다. 당시 유럽에서는 선박 기술이 발달해 지중해를 사이에 둔 무역이 활발했지만, 당연하게도 방역 시스템은 전무했다. 유럽 전역에 흑사병이 퍼지는 데 불과 수년밖에 걸리지 않았다. 비슷한 시기 중동에도 흑사병이 창궐했다. 중세 아랍의 저명한 여행가 이븐 바투타Ibn Battutah●는 다마스쿠스에서 매일 2,000명

● 페리클레스
고대 아테네의 황금시대를 이끈 정치가이자 군인이다. 페르시아전쟁 뒤 아테네를 중심으로 페르시아에 대항하는 델로스 동맹을 이끌었고 민주주의를 확립했다. 그리스를 대표하는 유적인 파르테논 신전도 페리클레스의 지시로 세워졌다.

● 이븐 바투타
모로코 탕헤르에서 태어난 중세 아랍의 법관이자 학자, 여행가. 이슬람 세계는 물론 아프리카, 인도, 중국까지 30여 년간 12만여 킬로미터를 여행했다. 긴 여행과 여행지에 대해 섬세하고 사실적인 기록으로 중세 아랍의 가장 위대한 여행가로 꼽힌다.

▲ 아테네 역병 당시 사망한 시신들 사이에서 발견된 소녀의 유골을 토대로 복원한 흉상. 이 소녀에게는 '미르티스'라는 이름이 붙었다.

이 죽어갔다는 이야기를 여행기에 남기기도 했다.

흑사병이 위세를 떨쳤던 5년간 나온 사망자 수는 적게 잡아도 2,000만 명 이상으로, 유럽 인구의 3분의 1이 죽어 나간 것으로 추정된다.[2] 1338년 11만 명이 넘던 피렌체 인구는 1351년 5만 명까지 줄어들었다. 10만 명가량이던 파리 인구도 절반으로 줄었고, 1350년경 17만 가구가 살았던 독일에는 100년 후 4만 가구만 남았다고 한다. 19세기까지 간헐적으로 창궐했던 흑사병으로 죽은 사람을 모두 합하면 7,500만~2억 명에 달한다.

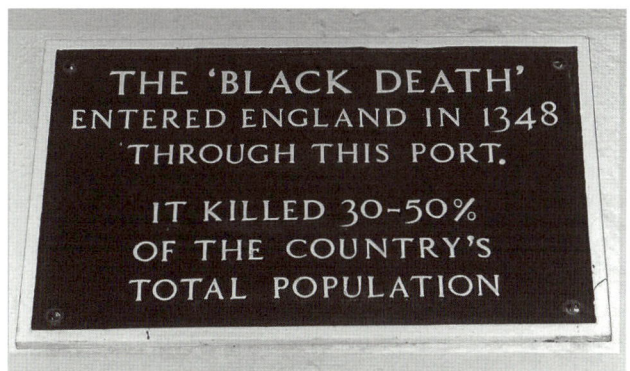

▲ 영국 웨이머스 지방의 흑사병 희생자들을 기리는 동판.

　전 유럽은 극도의 혼란에 빠졌다. 늘 정결함을 유지해야 한다는 교리 때문에 손발을 열심히 씻던 유대인들이 병에 잘 걸리지 않자, 유대인이 우물에 독을 풀었다는 헛소문이 퍼지고 제노사이드●가 잇따랐다. 사람들이 점성술 같은 미신에 기대면서 병의 원인을 설명하지 못했던 교회는 권위를 크게 잃었다. 무엇보다 계층별 인구구성이 변하며 사회구조도 극적으로 변했다. 사망자의 대부분이 질병에 취약한 하층계급이었기 때문에 노동력이 심각하게 부족해져 노동자 임금이 천정부지로 오르게 된 것이다. 농노들이 영지를 떠나 도시 노동자가 되거나 더 후한 조건을 부르는 영주에게로 떠나버리는 일이 잦아지며 영주의 권력이 약해졌다. 흑사

> ● 제노사이드
> 특정 민족·종족·인종·종교 집단을 파괴하기 위해 의도적으로 해당 집단을 살해하거나 심각한 위해를 가하는 것을 이른다. 제2차 세계대전 당시 나치의 유대인 학살, 르완다 내전 당시 후투족의 투치족 학살 등이 대표적이다.

병이 중세 농노제의 해체와 도시의 발전에 기여한 셈이다.

제1차 세계대전보다 무서운 스페인독감

흑사병보다 짧은 시간에 많은 사람을 죽인 질병은 스페인독감이다. 감기 증상을 보이다가 폐렴으로 발전하는 이 신종 인플루엔자로 1918년부터 1919년까지 사망한 사람은 5,000만~1억 명으로, 전 세계 인구의 3~6퍼센트에 달한다. 당시 유럽을 휩쓸었던 제1차 세계대전 사망자보다 최소 3배 이상 많다. 세계적 베스트셀러가 된 좀비 소설 『세계대전 Z』도 이 병을 모티프로 삼았다고 한다. 남태평양의 섬부터 북극까지 전 세계에 스페인독감이 닿지 않은 곳이 없었다. 유일하게 이 병이 퍼지지 않았던 곳은 브라질 아마존강 삼각주의 마라주섬Ilha de Marajó 한 군데뿐이었다고 한다. 우리나라에서는 무오년戊伍年 독감이라 불렸고, 14만 명이 숨졌다.

스페인독감의 발원지는 스페인이 아니라 미국 시카고 부근이다. 스페인에서만 특별히 유행했던 것도 아니다. 그런데 왜 이런 이름이 붙었을까? 스페인은 제1차 세계대전 참전국이 아니었다. 전시 보도 검열에 나섰던 독일과 영국, 미국 등 참전국이 이 병에 대해 거의 보도하지 못하고 있는 동안 스페인 언론만 자유롭게 질병 피해 상황을 보도할 수 있었다. 이런 이유로 스페인에 이 병이 특별히 많이 퍼졌다는 오해가 생겼고 스페인독감이라는 이름까지 붙은 것이다.

스페인독감의 치명적인 대유행도 제1차 세계대전의 영향이라는 설이 있다. 원래 바이러스는 조금 덜 심각해야 전파력이 강하다. 많이 아픈 사람은 운신하지 못하기 때문에 바이러스를 덜 전파하지만, 조금 덜 아픈 사람은 바깥을 돌아다니며 병을 옮길 수 있기 때문이다. 하지만 전시에는 상황이 뒤집힌다. 스페인독감을 약하게 앓은 사람은 부대에 그대로 머물러 있었지만 상태가 심각해진 사람은 붐비는 열차에 실려 환자가 가득 찬 병원으로 옮겨졌고, 병은 쉽게 전파되었다. 이런 이유로 치사율이 높은 변종 바이러스가 쉽게 퍼지게 되었다는 것이다.[3]

이 병의 또 다른 특징은 젊은이가 많이 희생되었다는 것이다. 인플루엔자는 원래 어린아이나 노인처럼 면역력이 약한 사람에게 치명적이지만, 1918~1919년 미국의 스페인독감 사망자 99퍼센트는 65세 미만이었고 감염자의 절반은 20~40세 사이였다고 한다.[4]

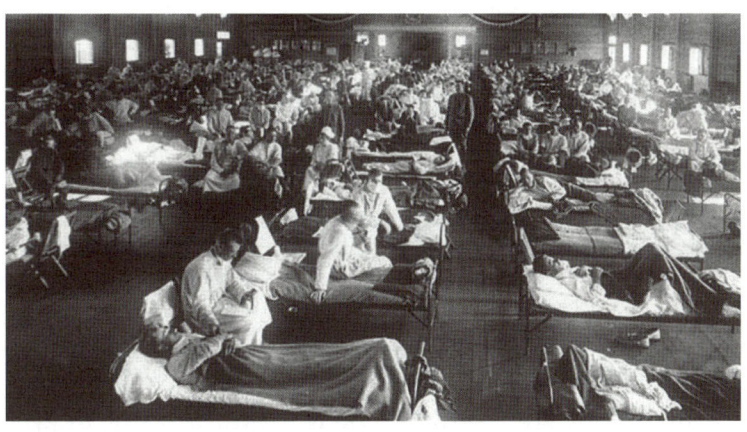

▲ 1918년 미국 캔자스주의 펀스톤 캠프에서 치료받고 있는 스페인독감 감염 병사들.

현대 연구자들은 스페인독감이 체내에서 사이토카인 폭풍 Cytokine Storm을 일으켰기 때문이라고 추정한다. 인체가 외부에서 침투한 바이러스에 대항하기 위해 면역 물질인 사이토카인을 과다 분비해 대규모 염증을 일으키는 현상이다. 면역력이 강한 젊은 사람이 스페인독감에 더 취약했던 것은 이런 이유 때문이다.

신대륙에 내린 재앙, 유럽발 천연두

천연두는 '신세계' 사람들을 죽인 '구세계'의 전염병이다. 천연두는 '인류 최초의 전염병'이라고 불린다. 기원전 1500년 고대 인도에서도 발병했고 기원전 1145년 사망한 이집트 파라오 람세스 5세의 미라에서도 천연두의 흔적인 곰보 자국이 발견되었다. 유럽에서 천연두는 흔한 질병이었다. 하지만 바깥 세계 사람들과 접촉이 없었던 남미의 원주민들은 천연두를 만난 적이 없었다.

1519년 스페인의 정복자 에르난 코르테스Hernán Cortés가 현재의 멕시코 땅에 있던 아스테카제국에 도착했다. 코르테스가 데려온 군대는 아즈텍 원주민 군대보다 수적으로 열세였지만, 그 중에는 천연두에 전염된 군인이 1명 있었다. 코르테스는 전쟁에 천연두로 죽은 사람의 시체를 가져갔다.

아스테카제국이 천연두로 황폐해지는 데는 오랜 시간이 걸리지 않았다. 2년 만에 아즈텍 군인 대부분이 죽었고 인구의 25퍼센트가 사망했다. 스페인 수도사 모톨리니아Motolinia는 이 참상을 기록으로 남겼다. "질병 치료법을 몰랐던 원주민들은 마치

빈대처럼 떼로 죽어갔다. 한 가구가 전부 죽었는데 묻을 곳이 없어서 집을 봉쇄하기도 했다. 집은 그대로 이들의 무덤이 되었다."[5] 천연두에 걸려 죽어간 사람들의 시체를 밟지 않고는 지나다닐 수도 없었다고 한다. 인류 최초의 화학전으로 원주민을 학살한 코르테스는 아스테카제국을 무너뜨리고 수도 테노치티틀란에 진입했다.

잉카제국에는 스페인 정복자들이 도착하기도 전에 천연두 바이러스가 퍼졌다. 잉카인들이 건설해놓은 효율적인 도로 시스템은 바이러스 역시 효율적으로 퍼뜨렸다. 잉카제국의 황제와 황실 가족들, 원주민 약 20만 명이 천연두로 죽었다. 잉카 인구의 60~90퍼센트가 천연두에 쓰러지면서 잉카제국은 몰락의 길을 걷게 되었다. 이후 천연두는 아메리카 대륙 전체, 지금의 칠레부터 북쪽 끝 알래스카까지 번졌고 19세기까지 천연두 대유행이 여러 차례 일어났다.

음모론과의 전쟁

"에이즈는 미국중앙정보국CIA의 음모다"라는 말을 들어본 적이 있을지도 모른다. 전염병만큼 음모론에 활용하기 좋은 소재도 없다. 미국중앙정보국이 동성애자와 흑인을 살해하려 에이즈를 퍼뜨렸다는 음모론은 여전히 건재하다. 전염병이 저개발국과 가난한 사람들에게 주로 퍼지고 거대 제약 회사들이 엄청난 이윤을 올리는 현실이 음모론을 부추긴다.

때로는 음모론 때문에 전염병 퇴치가 난관에 빠지기도 한다.

2000년대 초반, 나이지리아 북부에서는 백신이 여성들을 불임으로 만들거나 에이즈를 유발한다는 소문이 퍼지기 시작했다. "소아마비 백신을 돼지고기로 만든다"는 소문도 돌았다. 나이지리아 북부는 돼지고기를 금기로 여기는 무슬림이 많이 사는 곳이다. 소문은 삽시간에 퍼졌고 백신을 거부한 나이지리아는 순식간에 소아마비를 주변 국가에 퍼뜨리는 바이러스의 온상이 되었다. 소아마비는 백신만 맞으면 예방이 가능하지만 사람들이 백신을 거부하니 속수무책이었다. 심지어 북서부 카노주에서는 한때 주지사가 나서서 1년 동안 소아마비 백신 접종을 금지하기까지 했다.

나이지리아를 비롯한 전 세계는 10년 넘게 소아마비 음모론과 싸웠다. 세계보건기구WHO는 이슬람권 국가인 인도네시아에서 만든 백신을 공급했고, 사우디아라비아의 이슬람 학자들은 나이지리아로 날아와 "백신은 할랄(이슬람교도들에게 허용된 것)이다"라며 종교 지도자들을 설득했다. 빌 게이츠•도 직접 나이지리아의 이슬람 최고 지도자를 만나 설득했다. 질병 통제 센터 7곳이 세워졌고 휴대전화로 백신 접종 상황을 공개적으로 추적했다. 결과는 성공적이었다. 나이지리아는 2014년 7월 이후 소아마비 발병이 멎은 상태다.6

파키스탄과 아프가니스탄이 소아마비에 취약한 나라가 된 것도

● 빌 게이츠
마이크로소프트의 창업자. 2000년 아내와 함께 설립한 빌 앤 멜린다 게이츠 재단을 통해 저개발국의 질병과 빈곤 퇴치, 교육 접근성 향상을 위해 자선활동을 펼치고 있다.

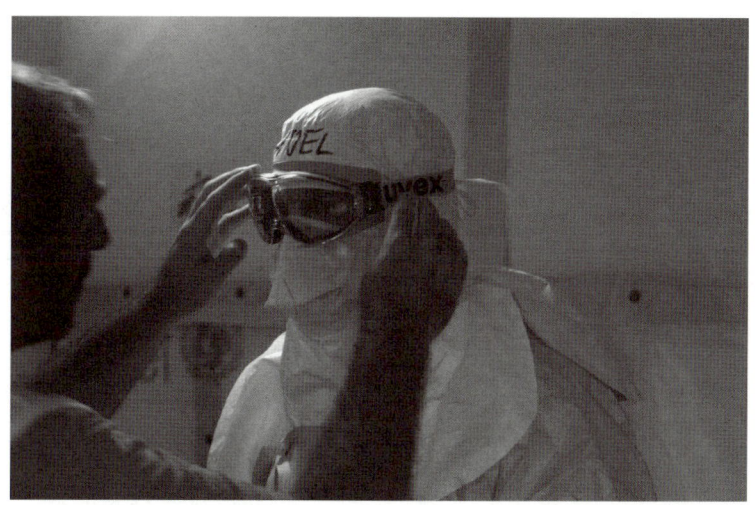
▲ 미국의 질병통제예방센터(CDC) 직원이 2014년 8월 라이베리아의 에볼라 치료 센터로 들어갈 준비를 하고 있다.

음모론 때문이다. 더 큰 문제는 이 음모론이 어느 정도 사실인데다 미국이 자초했다는 데 있다. 미국중앙정보국은 파키스탄에 숨어 있는 것으로 알려진 오사마 빈라덴을 잡기 위해 어린이들에게 B형 간염 백신을 접종한다며 피를 뽑은 뒤 빈라덴의 DNA와 대조해보는 '가짜 백신 작전'을 벌였다. 이 작전은 효과가 있었고 빈라덴은 붙잡혀 사살되었다. 하지만 미국이 이런 작전을 추진했다는 사실이 밝혀졌고 파키스탄과 아프가니스탄에서는 백신에 대한 불신이 걷잡을 수 없을 정도로 커졌다. 파키스탄 탈레반 등 무장 단체들은 백신 접종 금지에 나서기도 했다.7

2014년 서아프리카를 강타한 에볼라 바이러스 사태 당시 음모론이 퍼진 것은 가난이 만든 무지 때문이다. 에볼라가 창궐한 기니와 라이베리아, 시에라리온은 아프리카에서도 경제 상황이 열악하고 문맹률이 60~80퍼센트에 달할 정도로 교육 수준이 낮다. 주민들은 전염병이 무엇인지 이해조차 하지 못할 정도다. 이곳 주민들은 우주복 같은 이상한 방호복을 입은 백인 의료진이 나타나면 사람들이 죽어가는 모습을 지켜보다가 "저 사람들이 병을 갖고 온다"고 믿어버렸다. 원인과 결과를 거꾸로 이해한 것이다. 병에 걸린 사람들이 의료진을 피해 도망치면서 바이러스는 더욱 확산되었다.

전염병과의 싸움 이후

천연두는 인류가 퇴치한 유일한 전염병이기도 하다. 19세기 말 예방접종이 보편화되고 1960년대 세계보건기구가 대규모 방역을 시행한 뒤 천연두는 거의 사라졌고 천연두 바이러스는 야생 상태에서 멸종했다.

1980년 공식적으로 천연두 근절이 선언된 뒤 전 세계 보건계는 실험실에서 연구 목적으로 보관했던 바이러스를 어떻게 해야 할지 고민에 빠졌다. 일단 전 세계에 남은 모든 천연두 바이러스는 미국 애틀랜타의 질병통제예방센터와 러시아 모스크바의 국립벡터연구소 두 군데로 모였다. 이후 20여 년 동안 세계보건기구는 수차례 천연두 바이러스를 폐기하라고 권고했지만 미국과 러시아는 반대했다. 2002년 세계보건기구 총회에서는 연구 목적으로 바이러스를 보관하기로 결론 내렸고, 아직까지 이 두 실험실에는 천연두 바이러스가 남아 있다.

천연두 바이러스 폐기 논쟁은 계속 진행 중이다. 미국과 러시아를 필두로 한 보존파는 연구 목적으로 바이러스를 남겨두어야 한다고 주장한다. 극지방의 얼음 속이나 땅속에 깊이 묻힌 미라 속에서 천연두 바이러스가 다시 등장하거나, 테러 집단이 생화학전을 위해 천연두 바이러스를 합성한다면 이에 대처해야 한다는 논리다. 실제로 시신이나 미라 안에 천연두 바이러스가 남아 있을 가능성은 충분하다. 캐슬린 시벨리어스 미국 보건부 장관이 2011년 『뉴욕타임스』에 기고한 글의 한 대목을 보자.

"세계보건기구가 천연두 바이러스를 폐기하라고 했지만 과연 모두 폐기되었을지는 알 수 없다. 알려지지 않았거나 어딘가에 보관된 채 잊힌 천연두 바이러스가 여전히 존재할 가능성이 있다. 천연두 바이러스를 파괴하는 것은 또 다른 위험을 불러올 수 있다."[8]

반면 한편에서는 천연두가 멸종된 만큼 한시라도 빨리 미국과 러시아가 천연두를 폐기해야 한다고 목소리를 높인다. 어딘가에 숨어 있던 천연두 바이러스가 갑자기 나타날 가능성보다 우발적 사고로 실험실에 보관되어 있던 바이러스가 바깥으로 빠져나갈 위험이 크다는 논리다. 하지만 세계보건기구가 바이러스 폐기를 결정하더라도 미국과 러시아가 천연두 바이러스를 모두 폐기할지, 바이러스 샘플을 다른 곳에 저장해둘지 알 길은 없다. 35년 전 자연 상태에서 멸종한 천연두 바이러스는 실험실 안에서 한동안은 더 명맥을 유지할 것으로 보인다.

인간이 만든
환경 재앙

    2015년 8월 12일 중국의 석유화학 산업 단지이자 수출 기지인 톈진에서 폭발 사고가 일어났다. 기업의 무책임, 고속 성장으로 달려가면서 안전은 등한시해온 정부의 무사안일주의와 부패가 도마 위에 올랐다. 톈진 사고는 중국 압축 성장의 민낯을 보여준 참사였다는 지적도 나왔다.

    150여 명이 목숨을 잃은 것으로 집계되었지만, 인명 피해만큼이나 환경에 미칠 장기적인 영향도 걱정된다. 폭발 사고 현장 부근의 강에서 떼죽음을 당한 물고기 사진들이 중국판 트위터인 웨이보에 올라왔고,[1] 국영 CCTV는 현장에서 신경성 독가스가 검출되었다고 보도했다. 더 큰 재난이 물밑에 숨어 있는 것은 아닌지 걱정된다.

    생명보다 이익을 앞세우는 기업들이 사람과 자연에 엄청난 피해를 미친 사건은 많았다. 그중 피해 규모가 컸던 것들, 세계적인 파장을 일으켰던 사건들의 역사를 정리해보았다.

여전히 고통받는 보팔의 피해자들

두 차례 연쇄 폭발이 일어난 톈진의 물류 창고에 얼마나 많은 유독 물질과 화학물질이 있었는지 분명하지 않다. 그동안 알려진 것으로는 독극물인 시안화나트륨 700톤이 보관되어 있다가 일부 유출되었다는 보도가 있었다. 그 외에 톨루엔, 카바이드 같은 화학물질도 있었다고 한다.

카바이드라는 단어를 보면서 보팔을 떠올리지 않을 수 없었다. 31년 전 인도 중부 마디아프라데시주의 주도인 보팔Bhopal에서 수많은 이를 죽음으로 내몰고, 지금까지도 후유증이 가시지 않은 가스 누출 사고가 일어났는데 그 사건의 주범인 기업 이름이 유니언 카바이드였기 때문이다.

보팔 참사는 기업이 일으킨 환경 참사의 대표적인 예다. 1984년 12월 2일 밤, 미국 석유화학 기업인 유니언 카바이드가 보팔에 세운 살충제 공장에서 유독성인 아이소사이안화 메틸 가스 40톤이 누출되는 사고가 발생했다. 즉사한 사람만 2,259명에 달하고, 사고 후유증으로 지금까지 2만여 명이 더 사망한 것으로 알려져 있다.

2015년 8월 말 'First to Know'라는 웹사이트에 참사 당시 피해자들의 모습을 담은 사진들이 올라왔다. 몹시 충격적인 장면들이 들어 있으니 슬라이드 쇼를 보기 전 주의하라는 경고문이 붙어 있었다. 30년 넘게 지난 일이지만, 여전히 사진들은 충격적이어서 넘겨 보기가 힘들었다.

보팔 주민들의 고통은 아직도 끝나지 않았다. 안타깝지만 주민들이 구체적으로 건강에 어떤 위험을 안고 살아왔고, 어떤 피해를 입었는지조차 10년 동안 제대로 조사·공개되지 않았다. 인도의학연구위원회ICMR가 조사했지만 내용을 공개하지 못하도록 1994년까지 인도 정부가 막았기 때문이다.

보팔 참사를 조사한 스웨덴 의료전문가 잉그리드 에커만Ingrid Eckerman에 따르면 52만 명이 유독가스의 영향을 받았고, 그중 20만 명이 15세 이하 어린이였으며 3,000명은 임신부였다. 정부는 공식적으로 2,259명이 사건 직후 숨졌고 1991년까지 총 3,928명이 사망했다고 밝혔지만, 에커만은 가스 누출 2주 안에 8,000명 이상이 숨진 것으로 추정했다.[2]

인도 정부는 보상금으로 33억 달러(약 3조 5,800억 원)를 요

◀ 보팔 참사 피해자들이 2006년 9월 유니온 카바이드(현 다우 케미칼)의 전 경영자 앤더슨을 처벌하라며 시위하고 있다.

구했지만, 유니언 카바이드는 기나긴 협상 끝에 1989년 4억 7,000만 달러(약 5,100억 원)를 지불하는 데 그쳤다. 사고 당시 유니언 카바이드의 경영자였던 워런 앤더슨과 회사 측이 보팔 법원에 기소되었지만, 처벌은 미약하기만 했다. 2010년 6월 앤더슨을 포함한 경영진 7명은 직무 태만 혐의가 인정되어 사망자 1인당 2,000달러씩 배상하라는 판결을 받았다. 수많은 이를 숨지게 한 앤더슨은 2014년 미국 플로리다주 비로비치의 요양소에서 92세의 나이로 편안한 죽음을 맞았다.3

경영진 처벌 문제와는 별개로, 피해자들이 겪어야 하는 후유증이 계속되면서 추가 보상을 위한 싸움은 여전히 계속되고 있다. 인도 정부는 12억 달러의 추가 보상을, 보팔의 정의를 위한 국제 캠페인International Campaign for Justice in Bhopal이라는 피해자 권익 옹호 단체는 81억 달러 규모의 추가 보상을 요구하고 있다. 그러나 유니언 카바이드는 2001년 미국 최대의 화학 기업 다우 케미칼에 인수되었고, 추가 보상 논의는 지지부진하다. 현장 정화 작업조차 아직 완전히 끝나지 않았다. 사고 현장에는 8,000톤

◀ 보팔 사고 당시의 참상.

이 넘는 독성 물질이 남아 있고, 주민들은 20년 넘게 독성 물질에 오염된 물을 마셔왔다.

2015년 8월 31일 보팔의 수도 시설에서 염소가스가 누출되었다고 NDTV가 보도했다. 보팔 사건과 관련은 없지만, 그리고 인명 피해는 없었다지만, 주민들은 오래전 사건을 떠올리며 공포에 떨었던 모양이다. 당국은 여전히 보팔 참사의 교훈을 뼈에 새기지 못한 것 같다.

켄 사로위와, 세계에 외치다

몇 해 전 나이지리아의 경제 중심지인 라고스를 방문한 적 있다. 화려한 쇼핑몰의 서점에 들어가보니 켄 사로위와Ken Saro-Wiwa의 전기가 매장 맨 앞에 있었다. 같은 이름을 가진 사로위와의 아들이 쓴 것이었다.

사로위와가 누구인지 알려면, 세계에 경각심을 불러온 셸의 니제르 델타 석유 누출 사건을 먼저 설명해야 한다. 니제르 델타는 나이지리아 남부의 유전 지대다. 니제르강이 바다와 만나는 곳에 형성된 삼각주여서 그런 이름이 붙었다.

셸은 1970년대부터 20여 년간 니제르델타의 오고니족 원주민 거주 지역에서 원유를 채굴하면서 나무를 베어내고 환경을 파괴했다. 1993년에는 파이프라인을 만든다며 40일 동안 원유가 새어나가는 데도 방치했다. 원주민 운동가이자 시인, 저술가인 사로위와는 셸에 항의하며 오고니 지역 내 채굴 중단을 요구하는 캠페인을 벌였다. 오고니족의 투쟁이 세계에 알려지면서 셸에 국제적인 비난이 쏟아졌다.

그러자 사니 아바차Sani Abacha 장군이 이끄는 군사독재 정권은 기업의 횡포에 맞서 자국민을 보호하는 대신, 오히려 오고니족 탄압에 나섰다. 사로위와는 5명의 동료와 함께 군인들에게 체포되었고 처형되었다. 그의 가족은 미국으로 도망쳤다가 1999년 아바차 정권이 무너진 뒤에야 귀국할 수 있었다. 사로위와의 법정 최후진술을 한 구절 인용해본다. 미국 콜로라도대학 인터넷 아카이브에 올라와 있는 내용이다.

"우리는 역사 앞에 서 있습니다. 나는 평화의 사람, 생각을 가진 사람입니다. 나는 풍요로운 땅에서 살아가는 내 민족의 명예를 떨어뜨리는 가난에 충격받고, 내 민족이 정치적으로 주변화되고 경제적으로 목이 졸리는 현실에 고민하고, 땅과 유산이 파괴되는 것에 분노하고, 부끄럽지 않은 삶을 영위할 권리를 지킬 수 있기를 바라고, 이 나라가 모든 민족 집단의 모든 사람을 보호하며 인류 문명에 이바지하는 공정하고 민주적인 체제를 갖추게 하고자는 결심에서 나섰습니다. 내 지성과 물질적 자원과 인생 그 자체를, 아무도 훼손하거나 겁박할 수 없는 신념을 위해 모두 바치기로 한 것입니다. 나와 나를 믿는 사람들이 가는 길에 어떤 시험과 고난이 있을지라도 결국에는 성공하리라는 것을 나는 의심하지 않습니다. 감금도, 죽음도 우리의 궁극적인 승리를 막을 수는 없습니다."

사로위와는 이 진술을 마친 뒤 처형되었다. 이 사건은 환경 파괴와 함께, 독재 정권과 결탁해 현지 주민들을 억압하고 원주민들에게 모든 피해를 떠넘기는 대기업의 횡포를 부각시켰다. 파키스탄 등 남아시아에서 어린아이들의 피땀으로 만들어진 '스웻숍sweatshop(노동 착취형 공장)' 축구공이 한참 논란되던 때였다. 니제르 델타 문제는 나이키·아디다스 등의 아동 노동 착취와 함께, 거대 다국적기업이 저지르는 나쁜 짓을 상징하는 사건이 되었다.

셸은 사로위와가 처형되는 과정에 자신들은 개입하지 않았으며 순전히 나이지리아 당국이 한 일이라고 주장했다. 그러나 2001년 그린피스가 "셸이 군정에 돈을 댔다"는 현지 관리들의 증언을 폭로하면서 거짓이 탄로 났다. 이어 나이지리아군이 사로위와 등을 체포할 때 셸의 헬기를 타고 밀림에 들어간 사실이 드러났고, 셸이 소송에서 이기기 위해 증인들을 매수하려 했던 것까지 폭로되었다.

2003년 셸 나이지리아 법인은 "고의적인 것은 아니었지만 우리의 행동이 현지 분쟁에 영향을 주었을 수 있다"고 일부 책임을 시인했다. 2009년 6월 셸은 미국에서 제기된 사로위와 처형에 관한 소송에서 일부 책임을 인정하고 1,550만 달러(약 200억 원)를 내기로 합의했다. "소송을 끝내기 위한 것이지 모든 책임을 인정하는 것은 아니다"라고 주장하긴 했지만 말이다.

사로위와 사건은 일단락되었지만, 니제르 델타 환경 파괴는 여전하다. 셸이나 셰브론 같은 기업들은 나이지리아에서 막대한 이득을 챙기지만 주민들은 가난하다. 2000년대 중반에는 니제르델타해방운동MEND 같은 현지 원주민 조직들이 정부군과 에너지 기업들에 맞서 무장투쟁을 벌이기도 했다. 사로위와 사건 이후로도 셸의 파이프라인 유출은 오랫동안 계속되었다. 셸은 오고니 땅을 깨끗이 치우겠다고 했지만, 현지 정부와의 마찰을 이유로 약속한 기금을 마련하는 것을 계속 미뤘다. 10억 달러 규모의 환경 기금을 마련하는 데 완전히 합의한 것은 2015년 7월에 이르러서였다.[4]

엑손 밸디즈와 딥워터 허라이즌 사건

미국 최악의 환경 재앙으로 꼽혀온 것은 1989년 알래스카주에서 일어난 유조선 엑손 밸디즈호 침몰 사건이다. 엑손모빌이 보유한 엑손 밸디즈호는 그해 3월 24일 프루드호Prudhoe만 유전에서 퍼낸 원유를 싣고 캘리포니아주 롱비치를 향해 가고 있었다. 그러다가 프린스윌리엄 해협의 산호초에 부딪쳤고, 최소 26만 배럴의 원유가 이삼일 새에 바다로 흘러나갔다. 미국뿐 아니라 세계에서도 사례가 드문 대규모 석유 유출 사고였다.

사고가 난 해역은 알래스카 오지에 있어서, 헬기와 비행기와 배가 진입하기 어려웠다. 연어와 해달, 물개와 바닷새가 많이 사는 청정 해역의 해안선 2,100킬로미터 정도가 기름에 덮였다. 면적으로 따지면 기름 장막이 바다 위 2만 8,000제곱킬로미터를 덮었다고 한다.

이 사건을 넘어서는 환경 파괴를 일으키며 '미국 최악의 환경

▲ 폭발 뒤 불타오르는 딥워터 허라이즌호.

'참사' 기록을 갈아치운 것은 딥워터 허라이즌 사건이다. 2010년 2월 15일, 영국 에너지 회사 BP가 운영하던 멕시코만의 해저 유정에서 기름이 흘러나오기 시작했다. 유출량이 갈수록 늘어나자 두 달 뒤인 4월 19일 보비 진덜 Bobby Jindal 루이지애나 주지사는 유출 해역에 비상사태를 선포했다. 그러나 이튿날 시추선 딥워터 허라이즌호가 폭발해버렸고, 현장에서 작업하던 노동자 11명이 목숨을 잃었다.

이 사고로 멕시코만 해역의 생

● 딥워터 허라이즌호
미국 루이지애나주 멕시코만에 세워진 석유 시추 시설로, 현대중공업이 제조했다. 긴 파이프가 해저 유정에 연결되어 있는데, 가스가 유정에 새어들면서 2010년 4월 20일 폭발해 미국 최악의 해상 기름 유출 사고를 일으켰다.

태계가 파괴되고 어업이 중단되었다. 기름을 걷어내고 시추공을 막는 데만 반년 가까이 걸렸다. BP는 사고 뒤 245만 배럴의 원유가 새어 나왔다고 발표했지만 미국 정부 전문가들은 490만 배럴 가까이 유출된 것으로 보았다. 환경보호를 내세워온 오바마 정부는 곤혹스런 처지가 되었다. 전임 부시 행정부를 궁지에 몰아간 허리케인 카트리나● 사태에 빗대 '오일 카트리나'라는 말까지 나왔다.

> ● **카트리나**
> 2005년 8월 말 미국 남부를 강타한 초강력 허리케인으로 1,200~1,800명이 숨지고 당시 기준 1,000억 달러 이상의 재산 피해를 냈다.
>
> ● **징벌적 손해배상**
> 기업 등의 의도적인 태만 행위나 불법이 드러났을 때, 피해자가 입은 손해의 원금과 이자만이 아니라 징벌의 의미를 띤 거액의 배상금을 물리는 제도다. 미국은 민사재판에서도 기업의 범죄적인 행위를 응징할 수 있도록 이 제도를 도입하고 있다.

그해 6월부터 민·형사재판이 시작되었는데, 법적 절차는 아직도 끝나지 않았다. 2012년 11월 BP는 형사재판에서 45억 달러를 지불하기로 합의했다. 그런데 2014년 9월 뉴올리언스 지방법원이 BP의 '포괄적 부주의'를 인정한 판결을 내렸다. 법원은 BP가 "작업의 위험성을 알면서도 고의적으로 무시하는 등 총체적 태만Grossly Negligent을 저질렀다"고 판결했다. 칼 바비어 판사는 153쪽에 이르는 판결문에서 사고가 "유정의 안전보다는 시간과 돈을 절약하겠다는 욕심을 우선시한 결과"였다고 지적했다.

사상 최악의 기름 유출 사고를 일으킨 기업에 사상 최대의 징벌적 벌금●을 부과하는 판결이 나오자 미국 언론들은 "환경법

▲ 2010년 5월 6일 딥워터 허라이즌호 폭발로 새어나온 기름이 바다 위를 덮고 있는 모습.

의 역사에 이정표가 되는 재판"이라고 환영했다. 하지만 이것으로 끝은 아니다. 정확한 기름 유출량과 최종적인 벌금 액수를 놓고 재판이 계속되고 있기 때문이다.[5]

미국 청정수질법에 따르면 단순 태만이 아닌 '총체적 태만'이면 벌금이 4배로 뛰어오른다. 그러면 BP는 180억 달러의 추가 벌금을 내야 할 수도 있다. 영국 BBC에 따르면 BP가 루이지애나 판결 이전까지 사고 수습과 피해 보상 등에 썼거나 지불하기로 합의한 금액은 430억 달러에 이른다. 여기에 최대 180억 달러의 추가 벌금을 합치면 BP는 총 610억 달러(약 62조 5,000억

원)를 쓰는 셈이 된다. 이 사고와 관련해 지금까지 제기된 소송만 해도 36개국에서 94만 7,000건이 넘었다. 2015년 8월 27일에도 사고 현장에서 기름 제거 작업을 했던 노동자가 BP를 상대로 건강상의 피해를 입었다며 소송을 제기했다.

옆으로 자라는 후쿠시마의 전나무들

2011년 3월 11일 동일본 대지진이 일어났다. 쓰나미로 센다이 등지에 엄청난 피해가 났지만, 두고두고 지속될 재앙이 벌어진 곳은 도쿄 동북쪽의 후쿠시마였다. 도쿄전력이 운영하던 후쿠시마 제1원전에서 방사성물질이 유출된 것이다. 원자로 노심 '폭발'은 간신히 피했지만 이 일대는 사람이 머물 수 없는 지역이 되었다. 주변에서 자란 채소와 쌀, 수돗물, 근처 축산 농가에서 키운 쇠고기, 주변 해안의 해산물 방사능 오염이 잇달아 보고되었다.

사고 자체도 컸지만, 그 뒤처리 즉 일본 정부의 대응 태도가 더 문제였다. 사고 뒤 벌어진 일련의 일들을 살펴보자. 일본 정부는 2011년 12월에 "사고가 수습되었다고 판단할 수 있다"고 밝혔고, 이후에도 국민을 안심시키기에 급급했다. 물밑으로 가라앉는 듯했던 후쿠시마 원전 방사성 물질 누출이 수습 불능 상태로 가고 있었다는 사실이 확인된 것은 2013년에 이르러서였다. 먼저 방사성 물질 누출이 건강에 위협이 되는 것이 현실로 나타났다. 후쿠시마 청소년 22만 6,000명 가운데 26명이 갑상샘암에 걸린 것으로 확진되었고, 33명이 암 의심 상태인 것으로

드러났다. 10만 명당 11.5명이 암에 걸린 것으로, 옛 소련 체르노빌 원전 사고를 넘어서는 수치였다. 물론 당국은 원전 사고와 청소년 갑상샘암을 직접 연결할 근거는 없다고 주장한다.

그해 여름이 되자, 원전에서는 방사성물질에 오염된 냉각수가 계속 새어나가 땅으로 스며들면서 말 그대로 통제 불능으로 치달았다. 도쿄전력은 사고 20일 뒤 지하 갱도와 터빈 사이의 틈새를 차단하겠다며 오염수 유출 예방 대책을 발표했는데, 바다 쪽에 콘크리트와 자갈로 임시 공사만 했을 뿐 2년 이상 본 공사에 착수하지 않았다는 사실이 드러났다. 원전이 폭발할까봐 바닷물을 끌어들여 식혔는데, 그 오염된 냉각수를 저장해둔 철제 탱크가 새면서 오염된 물 수백 톤이 땅속으로 스며들었다. 국제원자력기구가 '심각한 사태'로 규정하면서 국제적인 환경 재앙으로 비화했지만, 이 사고 뒤처리조차 제대로 하지 않은 일본은 지금 원전을 재가동하고 있다.

참사가 일어난 지 어느새 3년 반이 지났을 때, 후쿠시마 원전 부근 전나무들이 비정상적으로 자라고 있다는 보도가 나왔다. 일본 방사선의학종합연구소가 원전 주변에서 80종류의 야생 동식물을 조사했는데, 전나무 줄기가 위로 뻗지 않고 옆으로 자라는 이상 현상이 높은 비율로 나타났다는 것이다. 이 지역은 '귀환 곤란 지역'으로 지정되어 사람이 살지 않는 곳이다. 이상이 발생한 전나무의 비율은 원전에서 3.5킬로미터 떨어진 곳에서는 무려 98퍼센트에 이르렀다. 8.5킬로미터 떨어진 곳은 44퍼센트로, 15킬로미터 떨어진 곳은 27퍼센트로 집계되었다.

▲ 비정상적으로 자라는 후쿠시마 부근의 전나무. A가 정상적으로 자라는 나무. B와 C는 이상 성장을 보여준다.

당국이 정밀 조사를 하고 있다는데, 과연 이 사고로 인한 환경 피해가 언제까지 여파를 미칠지 걱정스럽다. 체르노빌은 사고가 난 지 30년이 되어가지만 여전히 사람이 살 수 없는 버려진 땅으로 남아 있다.

앞서 살펴보았듯이 대형 환경 참사의 원인은 여러 가지다. 기름 유출도 있고, 지진도 있고, 폭발도 있다. 공통점은 영리를 위해 움직이는 기업을 정부가 제대로 감시하지 않았으며 오히려 기업과 정부가 결탁했다는 것이다. 피해는 온전히 주민들 몫이었다. 특히나 정치적으로 힘없고 약한 이들의 짐이 되었다. 책임을 묻는 작업이 지지부진하다는 것도 비슷하다. 재앙을 되풀이하지 않으려면 국가의 규제와 함께, 국가를 움직일 시민사회의 감시와 목소리가 필요하다는 것이 결국 가장 큰 교훈인 듯하다. 문득 궁금해진다. 태안 기름 유출 사건은 어떻게 처리되었을까?

숨 막히는 인공 재해, 스모그

뿌연 하늘을 보면 마음도 답답하다. 하지만 연기라는 뜻의 스모크Smoke와 안개라는 뜻의 포그Fog가 합쳐진 말인 스모그Smog는 마음만 상하게 하는 게 아니다. 전 세계에서 많은 사람이 스모그 때문에 목숨을 잃었다. 스모그는 호흡기와 심장, 피부에 이상을 일으키고 심하면 암을 유발한다. 임신과 출산에도 악영향을 미친다.

스모그의 주범은 사람이다. 산업혁명 이후 석탄과 석유 사용량이 늘고 공장과 교통수단에서 매연을 뿜어내면서 대기는 오염되기 시작했고, 스모그라는 '인공 재해'를 만들어냈다. 우리나라도 날씨 예보를 할 때 미세 먼지 농도를 중요하게 알려주고 있다. 온난화와 함께 지구도 사람도 아프게 만든 스모그 재난의 역사를 알아보자.

▲ 카자흐스탄 알마티의 스모그. 기온역전층● 부근의 경계가 선명하다.

벨기에 뫼즈 계곡의 비극

1930년 12월 1일 벨기에의 하늘이 뿌옇게 변했다. 특히 뫼즈 계곡의 안개가 심상치 않았다. 뫼즈강은 프랑스에서 시작해 벨기에와 네덜란드를 거쳐 북해로 흘러가는데, 뫼즈 계곡에는 공장 밀집 지역이 있었다. 2~3일 만에 스모그로 60명이 목숨을 잃었다. 사망자 나이는 20~89세, 평균 나이는 62세였고 주 사망 원인은 호흡곤란이었다.[1] 노인일수록 나쁜 공기에 취약했던 것이다.

과학자들은 공장에서 뿜어져 나온 불산 가스가 스모그의 원인이라고 밝혀냈다. 가장 많은 사망자(56명)가 발생한 동부 엥기스 지

● **기온역전층**

높이 올라갈수록 기온이 올라가는 대기층. 대류권 내 공기층 온도는 올라갈수록 내려가지만 기온역전층에서는 반대 현상이 나타난다. 기온역전층이 지표면에 가까울수록 대기오염 물질이 쌓이게 되어 스모그현상이 발생한다.

역에는 2000년 12월에서야 스모그로 목숨을 잃은 사람들을 위한 추모비가 세워졌다.

로스앤젤레스의 숨 막히는 자동차

1943년 7월 26일 새벽, 로스앤젤레스 시민들은 매캐한 냄새를 맡으며 잠에서 깼다. 제2차 세계대전 중이라, 시민들은 일본군이 쳐들어왔다고 생각했다.2 숨을 못 쉴 정도로 답답한 공기는 '전쟁의 포화' 말고는 상상하기 힘들었기 때문이다. 그러나 총과 대포가 아니라 그저 하늘이 뿌옇다는 것을 알게 된 시민들은 더 큰 두려움에 휩싸였다. 가슴 통증을 호소하는 사람들과 눈병 환자가 급증했다. 지역 대표 언론인 『LA타임스』가 나서서 원인을 조사하기 시작했다.

네덜란드 출신의 과학자 아리에 장 하겐스미트Arie Jan Haagen-Smit 박사가 원인을 알아냈다. 하겐스미트 박사는 자동차 배기가스에서 나온 오염 물질이 완전히 분해되지 않고 공중에 쌓여 있다가 스모그를 만들어냈다고 주장했다.

미국 최대의 자동차 회사 포드는 자동차 배기가스는 배출되는 순간 사라지기 때문에 대기 오염의 원인이 될 수 없다고 반발했다. 그러나 하겐스미트 박사는 자동차 배기가스에 포함된 탄화수소, 이산화질소가 대기 중에 번지고 자외선까지 더해지면 광화학반응이 일어나 유독성 화학 스모그가 만들어진다는 것을 입증했다. 로스앤젤레스 시민들은 미국의 자랑이자 문명의 이기인 자동차가 바로 내 가족의 생명을 위협하는 존재라는 것을 깨

▲ 1948년 1월 6일 스모그에 뒤덮인 로스앤젤레스 시내 전경.

달았다.

 1948년 10월에는 미국 펜실베이니아주에 있는 도노라에서 닷새 동안 스모그가 발생했다. 당시 도노라 시는 황산 제련 공장 등이 있는 공장 밀집 지역이었다. 바람이 멈추고 안개가 내려오자 공장에서 배출된 매연은 먼지로 뭉치기 시작했고 하늘은 까매졌다. 이 사건으로 최소 20명이 숨졌고 6,000명 이상이 질환으로 고통받았다.3 1955년 9월에는 이틀 동안 65세 이상 노인 400명 이상이 호흡기 계통 질환으로 숨지는 사건이 발생했다.

 대기오염 물질 배출을 규제하자는 움직임이 일었지만, 자동차·석유 업계의 로비도 만만치 않았다. 결국 스모그의 원인을 밝혀낸 지 27년 만인 1970년에서야 대기오염 물질 배출 기준을 정한 대기오염방지법Clean Air Act이 제정되었다.4

1만 2,000명의 목숨을 앗아간 런던 스모그 Great Smog

1952년 12월 5일 낮까지만 해도 런던의 하늘은 평소와 비슷했다. 워낙 흐린 날씨에 익숙한 런던 시민들은 "오늘도 안개가 낀 날이네"라고 생각했다. 밤이 되면서 안개는 눈에 띄게 짙어졌다. 몇 미터 앞도 제대로 볼 수 없을 정도였다.

그렇게 9일까지 런던은 온통 잿빛이었다. 짙은 안개와 먼지가 세상을 온통 뒤덮었고 사람들은 제대로 걸어 다닐 수도, 숨을 쉴 수도 없었다. 들판의 소들도 맥없이 쓰러졌다. 스모그가 할퀴고 간 상처는 처참했다.5

런던 기상청은 초기 조사에서 스모그 때문에 최소 4,000명이 숨졌다고 밝혔지만, 몸속으로 파고든 오염 물질은 스모그가 눈에서 사라진 후에도 사람들을 아프게 했다. 1만 2,000명 이상이 스모그 때문에 고통받다가 숨진 것으로 조사되었다.

왜 이렇게까지 강력한 스모그가 발생한 것일까? 제2차 세계대전 후 1950년대 영국은 다시 개발의 속도를 높이고 있었다.

◀ 1952년 런던 스모그 당시 트래펄가 광장의 넬슨 기념탑을 찍은 사진.

가정에서는 석탄으로 난방을 했는데, 추운 12월 런던의 주택에서는 많은 양의 석탄을 소비했고 석탄을 태운 연기는 런던의 축축한 안개와 뭉쳐 공중으로 흩어지지 않은 채 쌓였다.

> 🔸 **천연가스**
> 지하에 기체 상태로 매장된 화석연료로 생산 공정이 간단하고 연소할 때 공해 물질이 거의 발생하지 않아 청정 연료로 각광받고 있다. 도시가스와 시내버스 등의 연료로 사용되고 있다.

런던 시민들이 스모그로 고통받은 것은 그때가 처음은 아니었다. 1813년과 1873년, 1880년, 1882년, 1891년과 1892년에도 심각한 스모그가 발생해 희생자가 나왔다. 그러나 단 며칠의 스모그로 1만 명 이상이 숨진 후에야 런던은 행동에 나섰다. 석탄 사용을 줄이고 난방 연료를 천연가스●로 대체해야 한다는 목소리가 높아졌다.6

스모그 사건 다음 해인 1953년 정부는 진상조사위원회를 열어 실태를 점검했고 흑연Black Smoke의 배출을 금지하는 대기오염방지법을 통과시켰다. 그럼에도 1962년 또 한 번의 심각한 스모그로 런던에서 750명이 숨졌다. 하늘을 깨끗하게 만드는 데는 꾸준한 노력이 필요하다는 것을 다시 한 번 일깨워 준 사건이었다.

세계에서 가장 오염된 하늘을 가진 나라, 인도

21세기로 넘어와 보자. 세계보건기구WHO는 2014년 보고서에서 세계에서 가장 대기오염이 심각한 나라는 인도라고 밝혔다.7 특히 뉴델리의 대기오염 정도는 세계 1,600여 개 도시 중 가장 심각한 것으로 나타났다.

　인도에는 매년 스모그 때문에 목숨을 잃는 사람이 1만 500명인 것으로 조사되었다. 정말 '살인적인 스모그'다. 뉴델리는 인도에서 세 번째로 나무가 많은 도시지만, 나무들로도 감당이 되지 않을 만큼 많은 자동차와 오토바이에서 매연이 뿜어져 나와 대기를 오염시키고 있다.

　1996년 인도 정부는 진상 조사와 함께 오염 물질 배출을 규제하는 법을 만들기 시작했다. 1998년에는 인도의 대중교통 차량에 청정연료인 CNG Compressed Natural Gas(압축천연가스)를 사용하도록 의무화하는 법이 만들어졌다. 그 결과 뉴델리의 하늘은 눈에 띄게 맑아졌고 2003년에는 미국 에너지부가 개최한 세계 친환경도시대회에서 1등을 하기도 했다.

　그러나 경제개발에 속도를 내면서 인도의 하늘은 다시 급속도로 오염되기 시작했다. 인도 정부는 배기량 2,000세제곱센티미

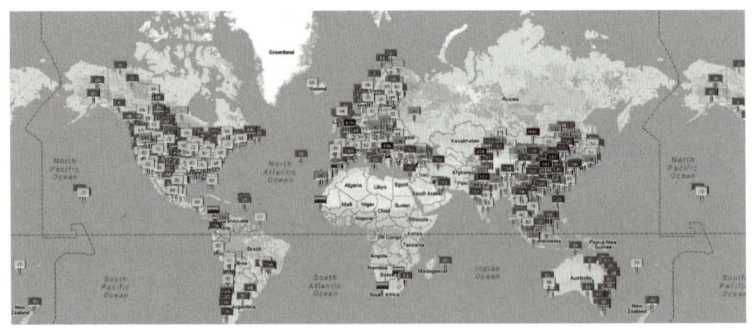

▲ 세계의 대기오염 상황을 실시간으로 알려주는 사이트(http://aqicn.org/map/world/). 팻말의 숫자가 높을수록 대기오염 상태가 심각하다는 뜻이다.

터 이상 디젤 차량의 등록 수를 제한하고 차량 홀짝제를 실시하며 대기오염을 줄이기 위해 노력하고 있지만, 오염 수준과 비교하면 노력이 부족하다는 비판이 나오고 있다.

인도의 과학환경센터CSE는 2013년 『파이낸셜타임스』와의 인터뷰에서 "인도 사람들은 매일 차에서 뿜어나오는 치명적인 오염 물질 칵테일을 들이마시고 있다"고 비판했다. 인도 열대기후연구소가 과학 전문지 『뉴사이언티스트』에 발표한 보고서를 보면 뉴델리의 태양광 지표 도달률은 1981년 이후 25년 동안 5퍼센트나 줄어들었다. 지구온난화 속에서도 뉴델리의 하늘은 햇빛조차 내려오지 못할 만큼 두꺼운 대기오염 물질에 막혀 있다.

세계의 공장 베이징의 먹구름

다른 나라들이 저성장의 늪에서 허덕일 때도 매년 높은 경제성장률을 보이는 중국의 발목을 잡고 있는 것도 바로 스모그다. 2016년 1월 28일 중국 『신화통신』에 따르면 베이징 국립암센터 천완칭陳萬靑 박사팀은 미국의 암학회 학술지 『임상의학의를 위한 암 저널』에 충격적인 결과를 발표했다. 지난해 중국에서 암으로 하루 평균 7,500명이 사망했는데, 주요 사망 원인이 대기오염과 흡연으로 인한 폐암이라는 것이었다.

베이징을 비롯한 중국 주요 도시는 치명적인 스모그로 악명이 높다. 세계보건기구가 2013년 인도 뉴델리의 대기오염이 심각하다는 보고서를 발표할 때 한 인도 언론의 헤드라인은 "베이징이 더 낫다"였다. 스모그가 심각하기로 유명한 베이징보다 뉴델

▲ 맑은 날의 베이징(왼쪽)과 스모그가 가득한 베이징(오른쪽).

리가 심각하니 얼마나 나쁘냐는 강조법이었다.

　세계의 공장이 매연을 뿜어댄다는 것은 중국뿐 아니라 전 세계의 대기오염을 악화시킨다는 뜻이기도 하다. 도덕적 책임도 문제지만, 아직 더 많은 투자를 바라는 중국은 당장 경제적 손실로 이어지지 않을까 걱정하고 있다. 이제 환경문제는 경제적 문제이기도 하다.

　중국의 인구는 약 13억 6,748만 명(2015년 7월 기준)으로 세계 1위다.[8] 산업 활동도 활발해서 중국인이 이용하는 탄소에너지 양만 해도 어마어마하다. 중국 정부는 대기오염 경보를 발동하고 차량 홀짝제도 실시하고 있지만, 이것만으로는 부족하다.

　중국 정부는 스모그를 없애기 위해 2016년부터 2조 5,500억 위안을 투입하겠다고 밝혔다. 또 2020년까지 국내총생산GDP 단위 기준당 이산화탄소 배출량을 2005년 대비 40~50퍼센트 감축하고 청정에너지 비중도 15퍼센트 가량 높이기로 했다.

마피아의 탄생부터 파문까지

"악을 숭배하고 공동선을 경멸하는 행위를 중단하십시오. 하느님 대신 돈을 숭배하는 사람은 악의 숭배자로 전락하고, 불의와 폭력에 의지해 살게 됩니다.……마피아 단원들처럼 악의 길을 따르는 자들은 신과 교감하지 않습니다. 마피아 단원들은 파문되었습니다."

2014년 6월, 이탈리아 남부 칼라브리아주 카사노알리오니오를 방문해 미사를 봉헌하던 프란치스코 교황의 선언이다. 원고에도 없는 즉흥적인 연설이었다. 교황이 마피아에게 '파문'을 선언한 것은 역사상 처음 있는 일이라고 한다.

칼라브리아는 이탈리아의 3대 마피아 조직 중 하나인 은드란게타Ndrangheta의 본거지다. 교황이 이곳을 방문하기 몇 달 전 세

살배기 아이가 할아버지와 함께 마피아 조직범죄에 휘말려 숨지는 끔찍한 사건이 벌어졌다.1 교황은 마피아의 자금 세탁 창구로 의심받는 바티칸 은행● 개혁을 추진하며 이미 마피아들의 공적이 되어 있었다. 파문 선언 후 교황이 마피아의 암살 표적이 되었다는 우려도 나왔다.

● 바티칸 은행
로마 교황청의 자금 관리와 운영을 담당하는 조직으로, 예금자와 자금 흐름이 외부에 공개되지 않아 마피아 등의 돈세탁과 검은돈 거래의 진원지로 이용된다는 비판을 받아왔다. 프란치스코 교황은 경영진을 교체하고 일부 계좌를 폐쇄하는 등 개혁에 돌입했다.

마피아라는 단어는 영화 〈대부〉나 학창 시절 친구들과 했던 '마피아 게임'으로 익숙하다. 마피아는 원래 19세기 이탈리아 시칠리아에서 탄생한 범죄 조직이다. 미국에서 활동하는 이탈리아계 범죄 조직과 이탈리아 내에 퍼져 있는 범죄 조직들을 마피아라고 부르지만, 마피아가 워낙 유명해지면서 범죄 조직을 가리키는 일반명사로 쓰이기도 한다. 러시아 범죄 조직은 '러시아 마피아', 일본 야쿠자는 '일본 마피아'라고 부르는 식이다. 관료와 마피아의 합성어인 '관피아', 재무부MOF(현 기획재정부)와 마피아의 합성어인 '모피아'와 같이 인맥과 직책을 이용해 부적절한 권한을 휘두르는 집단에 마피아에서 유래한 별명이 붙기도 한다.

마피아의 기원

마피아의 어원은 확실치 않다. '으스대는', '대담한'이라는 뜻인 시칠리아 방언 마피오소Mafioso에서 나왔다는 설도 있고, 아랍어에서 기원했다는 설도 있다. 1865년 시칠리아 경찰이 '마피아'라는 말을 '범죄 조직의 일원'이라는 뜻의 공식 용어로 사용하면서 마피아가 범죄 조직을 의미하는 용어로 굳어지게 되었다고 한다.2

어원이 불확실한 만큼 마피아가 어떻게 형성되었는지도 분명하지 않다. 시칠리아 마피아는 자신들의 과거를 비밀로 하는 데다 의도적으로 거짓말을 퍼뜨리기 때문이다. 다만 마피아가 19세기 초 시칠리아에서 봉건제가 무너지고 아직 근대국가 시스템이 성립되지 않은 틈을 타 태동했다는 점은 분명해 보인다.

소수의 지주가 영지를 독점하던 봉건제가 붕괴하자 토지를 소유한 시민의 수는 엄청나게 늘었다. 1812년 시칠리아섬의 토지 소유자는 2,000명이었지만 불과 50여 년이 지난 1861년에는 2만 명까지 늘어났다. 더불어 상업도 발달했다. 농노였다가 지주나 상인이 된 수많은 사람은 자기 재산을 보호해야 할 필요가 생겼다. 거래나 계약의 규칙도 필요해졌다.

하지만 근대국가로서 규율을 제공해야 할 정부는 필요한 일들을 제대로 하지 못했다. 통일 이탈리아 왕국●이 1861년부터 시칠리아를 통치하게 되었지만 변방인 이곳까지 행정력이 제대로 닿기 어

● **통일 이탈리아 왕국**
7개의 작은 국가로 분열되어 오스트리아의 영향력 아래 놓여 있던 이탈리아 반도가 샤르데냐 왕국 주도로 1861년 통일되어 세워진 나라. 제2차 세계대전에서 패배하고 1946년 이탈리아 공화국이 세워질 때까지 존속했다.

마피아의 탄생부터 파문까지   **147**

려웠다. 시칠리아 사람들은 근대국가 체제나 자본주의에 대한 경험도 없었다. 정부의 인력도 부족했다. 당시 시칠리아 전체의 경찰 인력은 고작 350명에 불과했다니 행정과 치안 공백이 어느 정도였는지 짐작이 갈 것이다. 일부 마을에는 상주하는 경찰은 없어 몇 달에 한 번씩 군인이 순찰을 했을 정도다.

혼란 속에서 사유재산을 지키려는 사람들은 자력구제를 위한 해결책을 찾게 된다. 거래를 관리해줄 중재인, 재산을 지켜줄 보호자가 필요했다. 이 역할을 한 것이 바로 초기 마피아들이다. 경찰이 없는 시골 마을에서 지역의 부유층은 도둑을 잡기 위해 젊은이들을 모집해 사병 조직을 만들었고 이 조직이 마피아의 유래가 되었다.³

▼ 1900년 시칠리아 마피아의 활동 범위. 검은 점으로 표시된 마을이 마피아가 활동한 곳이며, 붉은 점으로 표시된 곳은 마피아가 없었던 곳이다.

© www.history.com/topics/origins-of-the-mafia

지중해 한복판에서 수많은 나라의 지배를 겪어와 지배 계층을 불신하는 경향이 있는 시칠리아인들의 뿌리 깊은 문화적 전통은 마피아 조직의 특성에 영향을 주었다. 이들은 내부자들끼리 가족적인 문화를 유지하며 외부인에게 비밀을 이야기하지 않는다. 어떤 경우에도 국가기관과 협조하는 것은 금기시된다. 다른 사람뿐만 아니라 자신이 당한 범죄행위라 할지라도 국가기관의 수사에 협조해서는 안 된다.4

이 같은 시칠리아의 문화적 코드 내지 계율을 오메르타Omerta라고 부른다. 문제가 생기면 국가가 아니라 집안 어른이나 마을 지도자가 문제를 해결하거나 사적으로 복수하는 것이다. 오메르타는 마피아 조직의 가장 중요한 계율이다. 경제적 상황과 문화적 전통이 긴밀하게 결합해, 마피아는 점차 조직범죄 집단으로 변해갔다.

미국 마피아의 흥망성쇠

시칠리아에서 태어난 마피아는 이탈리아 남부에 퍼져 있다가 19세기 후반부터 20세기 초반 유럽인들이 미국으로 대이주하던 시기에 미국으로 건너갔다. 이탈리아 통일 후부터 제1차 세계대전이 발발한 1914년까지 이탈리아에서 미국으로 이민을 떠난 사람은 무려 900만 명이나 된다. 이 중 다수가 가난한 남부 출신이었으며 마피아도 포함되어 있었다.

이렇게 건너간 이들은 뉴욕과 뉴올리언스 등 미국의 대도시 외곽에 자기들만의 집단 거주지를 형성하고 세력을 키워갔다.

이미 1890년에 마피아가 뉴올리언스에서 경찰국장을 살해하는 범죄를 저질렀을 정도다. 1920년대 이탈리아에서 집권한 베니토 무솔리니가 마피아들을 강력히 진압하면서 더 많은 조직원이 미국으로 건너가 미국 마피아에 합류하게 되었다.

마피아는 금주법을 틈타 미국에서 본격적으로 성장했다. 주류 제조와 판매, 운송, 수입, 수출 등을 금지한 수정헌법 제18조가 1920년 1월 비준되면서 미국에서는 종교적 목적으로 이용하는 포도주 등을 빼고는 술을 개인적으로 소비하는 것이 완전히 금지되었다. 술로 인한 병폐를 막겠다는 명분하에 이루어진 개혁이지만, 술이 금지한다고 해서 없어질 것은 아니었다. 소비량이 절반으로 떨어지기는 했지만 완전히 없어지지는 않았다.

▲ 1890년 마피아 마트랑가 패밀리의 손에 뉴올리언스 경찰국장 데이비드 헤네시가 살해당하는 장면을 그린 그림. 지역지 『더 마스코트』에 실렸다.

마피아들은 이 시기에 밀주를 팔아 성장했다. 시장에 정상적으로 풀린 술이 없다 보니 주류 가격이 급상승했다. 마피아는 불법 양조장을 차려놓고 술을 몰래 제조하거나, 캐나다와 멕시코에서 위스키 등을 몰래 수입해오기도 했다. 밀주 판매는 마피아에게 성매매나 갈취, 도박, 보호세보다 많은 수익을 안겨주었다. 주요 마피아 가문들은 14년 가까이 계속된 금주법 시대를 재산 축적의 기회로 삼았다. 자연히 마피아 조직 간의 밀주 판매 경쟁이 치열해졌고 폭력 사태로 비화하기도 했다.[5]

1933년 금주법이 사라진 뒤 마피아 조직들은 1920년대에 밀주를 팔아 거두어들인 수입의 규모를 유지하기 위해 불법 도박과 대출, 마약 밀매 등 다른 사업으로 영역을 확장했다. 마피아들은 라스베이거스의 합법 도박장과 월스트리트에까지 침투했고 바다 건너 쿠바에도 진출했다. 노동쟁의가 이어지는 틈을 타 사용자와 노동조합 양측을 장악하고 파업을 실시하거나 풀어주는 대가로 돈을 뜯어내는 등 온갖 범죄로 돈을 끌어모았다.

미국은 1970년 리코 법RICO Act이라는 조직범죄 처벌법을 제

◀ 1963년 FBI가 만든 미국 마피아 지도.

정해 마피아와의 전쟁을 본격 시작했다. 조직범죄 집단이 불법적으로 벌어들인 돈을 몰수할 수 있도록 한 것이 이 법의 골자인데, 마피아의 돈줄을 끊어놓는 데 상당한 효과가 있었다.

오늘날에도 미국 마피아는 남아 있지만, 미국 전역에서 위세를 떨쳤던 과거와는 달리 전통적 근거지인 동북부 지역과 시카고에서 주로 활동한다.6 마피아 조직의 인력 풀이었던 가난한 이탈리아 이민자들이 미국 사회에 완전히 동화되는 바람에 마피아가 '구인난'에 시달리게 된 것도 몰락 요인 중 하나라는 설도 있다.

이탈리아의 3대 마피아

앞서 이탈리아에 3대 마피아 조직이 있다고 언급했다. 프란치스코 교황이 찾아갔던 칼라브리아의 은드란게타, 나폴리의 카모라Camorra, 그리고 마피아 발상지인 시칠리아의 코사 노스트라Cosa Nostra가 3대 조직이다.

무솔리니가 대대적으로 소탕했던 마피아가 다시 힘을 얻게 된 계기는 제2차 세계대전 당시 미국 중앙정보국CIA과의 협력을 통해서였다. 미국은 이탈리아와의 전쟁에 마피아를 이용하기 위해 수감 중이던 뉴욕 5대 마피아 조직의 수장 러키 루치아노Charles 'Lucky' Luciano를 통해 시칠리아 마피아의 협력을 얻어냈다. 연합군은 시칠리아 상륙작전에 성공했지만 종전 후에도 마피아와 결탁했다는 비판에 시달려야 했다. 전쟁 협력을 대가로 루치아노를 풀어준 게 아니냐는 의혹도 나왔다.

그간 이탈리아 현대사에서 마피아 조직이 저지른 범죄는 셀 수도 없다. 세르조 마타렐라Sergio Mattarella 현 이탈리아 대통령의 형도 시칠리아에서 마피아 퇴치 운동을 하다 암살당했다. 마타렐라 대통령은 이 사건을 계기로 정계에 입문했다.

이탈리아 국민을 가장 분노하게 한 사건은 1992년 시칠리아에서 마피아와의 전쟁을 치르던 조반니 팔코네Giovanni Falcone 검사가 살해당한 사건이다. 팔코네 검사는 아내, 경호원 등과 함께 차를 타고 가다가 도로에 설치되어 있던 350킬로그램 규모 폭탄이 터지는 바람에 숨졌다. 얼마 지나지 않아 동료인 파올로 보르셀리노Paulo Borsellino 판사도 시칠리아 마피아의 손에 암살당했다. 두 사람의 죽음은 이탈리아 국민의 분노가 폭발하는 계기가 되었다. 시칠리아 주도 팔레르모에서 열린 팔코네 검사의 장례

▲ 팔코네 검사가 탄 차가 처참하게 부서져 있는 모습.

식에는 수천 명의 시민이 몰려 마피아 소탕에 소홀한 정부에 항의했고, 노동자들은 항의 차원에서 파업을 하기도 했다.

이 사건 이후 이탈리아 정부는 마피아와의 전쟁을 선포했고, 이듬해인 1993년 1월에는 시칠리아 마피아의 수장인 살바토레 토토 리나Salvatore 'Totò' Riina를 체포하는 성과를 거두었다.

오랜 퇴치 노력에도 마피아가 지금까지 위세를 떨치는 것은 이탈리아 정재계와 마피아가 끈끈하게 유착되어 있기 때문이다. 막대한 현금을 보유한 마피아는 기업들을 상대로 대부업을 하거나 부패 정치인들의 돈줄 역할을 하기도 한다.

가톨릭 성직자들과도 오랜 협력 관계를 유지하고 있다. 마피아 대다수는 가톨릭교도고 조직원의 가입 의식에는 종교적 의식을 동반한다고 전해진다. 과거 은드란게타 두목 딸의 결혼식 때 당시 교황의 축복이 도착했다는 증언이 있을 정도다. 차명 거래가 쉽다는 점을 악용해 바티칸 은행을 통해 돈세탁을 하기도 한다.

정치와 경제, 종교를 등에 업은 마피아의 위상은 단순한 범죄 조직을 넘어선다. 이탈리아 3대 마피아의 수입은 한 해 1,160억 유로에 달하는 것으로 추정된다.[7] 은드란게타가 2013년 한 해 동안 벌어들인 돈만 530억 유로라는 조사 결과도 있다. 이는 이탈리아 국내총생산GDP의 3.5퍼센트에 달하며, 맥도날드와 도이체방크의 매출을 합친 것보다 큰 액수다. 마피아는 이탈리아에서 보호세를 명목으로 상인들에게 돈을 갈취하며, 남미에서 유럽으로 마약을 운송하는 등 여러 수단으로 돈을 벌어들인다. 시칠리아에 있는 업체 중 약 80퍼센트가 마피아에게 보호세pizzo를 내며 액수는 월평균 457유로에 이른다고 한다.

마피아들은 이제 예전처럼 살인을 일삼지는 않는다. 이탈리아에서 마피아가 저지른 살인 사건은 지난 20년간 80퍼센트나 줄어들었다. 조직을 보호하기 위해 강력 범죄를 저지르는 대신 돈이 되는 일에 집중하는 것이다.[8] 최근에는 마피아가 유럽으로 유입되는 난민들을 인신매매하는 데 가담하고 있다는 보도도 나오고 있다.[9]

프란치스코 교황은 암살 위협 속에서도 2015년 3월 카모라 마피아의 근거지인 나폴리를 방문해 주민을 향해 "마피아의 착취에 저항하라"고 촉구하고, 마피아 조직원들에게는 "신의 은총 속으로 돌아오라"고 일갈했다. 정치와 경제, 종교 등 사회 각계의 지도층과 긴밀하게 결탁한 마피아를 뿌리 뽑기는 쉽지 않겠지만, 이탈리아가 꼭 해내야 하는 과제이기도 하다. 신변의 위험을 무릅쓰고 마피아 근거지에 찾아가고, 가톨릭 안팎의 반발에도 바티칸 은행에까지 손을 대며 마피아와의 결탁을 끊으려고 온 힘을 다하는 교황의 행보는 이탈리아에 평화의 메시지를 전하고 있다.

3

정치에 얽힌 진지하지만 재미있는 이야기

투표와 선거는 동의어가 아니다

　1913년 6월 4일 영국 런던 남부의 엡섬 다운스에서 열린 경마 대회에서 한 여성이 조지 5세의 말 앞으로 뛰어들었다. 빠른 속도로 달리던 말과 부딪힌 여성은 중태에 빠졌고, 나흘 뒤 세상을 떠났다.

　에밀리 와일딩 데이비슨Emily Wilding Davison이라는 이름의 이 여성은 말에 뛰어들기 전 "여성에게 참정권을!"이라고 외쳤다. 선거가 무엇이기에, 투표권을 갖는 것이 무엇이기에 그는 목숨까지 바친 것일까?

　소중한 한 표를 행사할 권리를 갖기 위해 많은 이가 흘렸던 땀과 피를 생각하면 숙연해지지만, 투표하지 않을 권리도 존중받아야 한다고 말하는 사람도 있다. 인류는 언제부터 어떻게 선거를 해왔는지, 선거와 투표의 역사를 알아보자.

제비뽑기로 시작된 민주주의

소수의 사람이 다수의 사람을 대신해서 대표가 되는 제도는 고대 로마와 그리스, 이슬람 초기의 아랍 등에 있었다. 당시 대표자는 권력을 가진 사람이라기보다 다수의 뜻을 전달하거나 실행하는 '일꾼'에 가까웠다. 지금도 많은 정치인이 '유권자의 일꾼'을 자처하지만 선거 때마다 낮은 투표율이 문제가 되는 것을 보면 그 약속을 믿는 사람은 많지 않은 것 같다.

민주주의의 발원지로 꼽히는 그리스 아테네에서는 제비뽑기로 대표자를 뽑았다. 기원전 4~5세기 아테네의 정치·사회 기구는 민회와 500인 평의회, 민중 법원, 행정직 등 4부분으로 구성되었다.

그중 민회는 법안을 표결하고 고위직 공무원을 선출하는 역할을 했는데 모두 자원자로 꾸려졌다. 민회에 모인 사람 중 제비뽑기로 선발해 500인 평의회를 구성했는데 이들이 법안을 작성하고 행정직을 관리했으며 외교 업무도 수행했다. 지금의 입법부와 역할이 비슷하다. 사법부에 해당하는 민중 법원도 시민 중 제비뽑기로 6,000명을 뽑아 구성했다. 이들은 그날그날의 재판을 담당했다. 지금의 배심원제•와 비슷하다.

행정직 역시 시민 중 제비뽑기로 뽑힌 약 600명의 공무원과 민회에서 뽑은 100명의 고위공무원

● **배심원제**
판사 등 법률 전문가가 아닌 일반 시민들로 구성된 판정단이 재판을 지켜본 뒤 판결을 내리는 것이다. 우리나라도 2008년부터 일부 형사재판에 '국민참여재판'이라는 이름으로 배심원제를 도입했다.

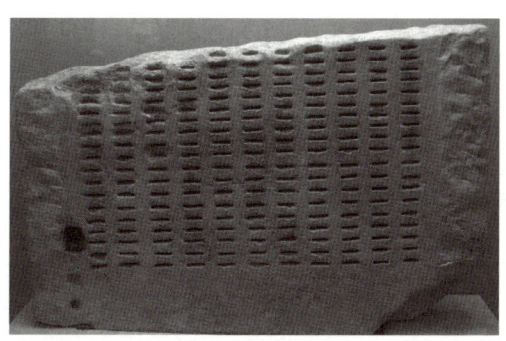
▲ 아테네에서 제비뽑기를 위해 썼던 비석 클레로테리온(Kleroterion). 아테네 아고라 박물관 소장.

으로 구성되었다. 이들은 지금의 행정부처럼 실제 행정 업무를 담당했다. 행정직 중 군사 분야와 재정 분야만 적합한 전문가 후보를 두고 선거로 뽑았다.

법과 정책을 만들고 판결을 내리는 사람들을 모두 우연이라는 변수를 통해 뽑은 것이다. 누구라도 다음 제비뽑기를 통해 공무원이나 대표자가 될 수 있기 때문에, 분쟁도 없었다고 한다. 벨기에의 문화사학자 다비트 판 레이브라우크David Van Reybrouck는 『국민을 위한 선거는 없다』에서 "제비뽑기와 교대 책임제야말로 아테네 민주주의 체제의 핵심이었다"고 분석했다.1

그는 "아테네에서는 제비뽑기로 선출된 자들에게 할애된 자리의 임기가 1년에 불과했고, 한 번 그 자리에 앉은 사람들은 재임되는 경우가 거의 없었다. 그 때문에 시민들은 모든 수준에서 자리를 내어주고 물려받아야 했다. 말하자면 최대한 많은 수의 시민들을 나라 살림살이에 참여시키고 이를 통해 평등을 구현하려 했던 것"이라고 썼다. 제비뽑기가 원시적인 선거제도가 아니라, 민주주의의 정신을 구현할 수 있는 적합한 제도였다는 것이다.

제비뽑기는 금세 사라지지 않았다. 베네치아(1268~1797년), 피렌체(1328~1715년)에서도 방식과 비율은 조금 다르지만, 주요 공직자를 뽑는 방법으로 제비뽑기를 활용했다. 베네치아에서는 귀족 가문들의 치열한 경쟁을 막기 위해 나무 공을 뽑아 지도자를 선출했다고 한다. 레이브라우크는 제비뽑기를 활용한 기원전 4~5세기의 아테네와 르네상스 시대의 베네치아, 피렌체는 모두 그 사회의 부와 권력, 문화가 정점에 도달했던 시기라고 분석했다.

2016년 2월 기준 인구 5,155만 5,409명, 유권자 수 4,000만 명이 넘는 대한민국에서는 불가능한 일로 보일 수도 있다. 기록을 보면 제비뽑기를 했던 아테네 시민의 수는 최소 3만 명에서 최대 6만 명 정도였다고 한다. 확실히 인구수가 적으면 뜻을 모으는 것도, 많은 사람이 공정하게 참여하는 것도 수월하다. 그렇지만 제비뽑기가 먼 옛날 옛적에만 있었던 '구식' 선거제는 아니다.

캐나다와 네덜란드, 덴마크, 아이슬란드, 아일랜드에서도 2000년 이후 각 주에서 제비뽑기로 주민 대표를 뽑는 정치 실험을 했다. 소수의 엘리트가 권력을 독점하고 여론도 제대로 전달되지 않는다는 비판에서 시작된 정치 실험이었다. 소규모였고 반대하는 여론도 있었지만, 보통선거제의 대안으로 수천 년 전 고대국가에서 시행된 제비뽑기를 떠올렸다는 점이 흥미롭다.

공화국의 탄생과 보통선거

누구나 한 표를 평등하게 행사하는 지금의 투표 형태는 18세기 프랑스혁명 후 공화국의 탄생과 함께 널리 퍼졌다. 프랑스혁명으로 왕정은 무너졌고 혁명 세력은 모든 권력은 민중에게서 나온다고 선언했다. 민중의 뜻을 가장 효과적으로 반영할 수 있는 방법이 1인 1표제라고 믿었다. 후보를 정하고 선거운동을 하고, 투표일을 정해 투표소에서 원하는 후보의 이름을 표시한 종이를 투표함에 던지는 방식이 오랫동안 널리 쓰였고 지금도 가장 많이 활용되고 있다.

그러나 일정 연령만 지나면 누구나 동일하게 한 표를 행사할 수 있는 보통선거가 정착된 것은 오래된 일이 아니다. 시민대혁명을 일으킨 프랑스도, 영국의 지배에서 독립한 미국도, 우리가 선진국이라 부르는 많은 나라가 처음에는 제한적인 선거권만 부여했다. 그리고 평등한 한 표의 권리를 쟁취하기 위해 많은 이가 목숨을 걸고 싸웠다.

미국과 유럽의 많은 나라가 처음에는 일정 재산이 있는 백인 성인 남성에게만 투표권을 부여했다. 납세 능력이 있는 21세 이상 백인 남성만 투표할 수 있었던 미국에서는 1870년이 되어서야 흑인 남성도 투표할 수 있도록 법이 바뀌었고, 여성은 그로부터 50년이 지난 1920년에야 수정헌법 19조를 통해 투표권을 갖게 되었다. 참정권을 획득하기 위해 미국 여성들은 백악관 앞

▲ 1917년 미국 뉴욕에서 열린 여성참정권 시위.

에서 몸을 쇠사슬로 묶는 시위를 하며 투쟁했고 많은 이가 투옥되었다.

영국 여성의 참정권 운동은 1860년대부터 조직화되었다. 이전에도 참정권 운동은 있었지만, 과거의 운동이 평화로운 집회와 서명을 하고, 청원서를 돌리는 정도였다면 이때부터는 보다 과격한 투쟁도 불사하는 분위기로 바뀌었다. 특히 영국 참정권 운동의 상징인 에멀린 팽크허스트Emmeline Pankhurst가 설립한 여성사회정치연합WSPU 회원들은 유리창 깨기와 방화, 투옥, 단식투쟁까지 했다.[2]

🍎 **에멀린 팽크허스트**
기고부터 단식, 투옥, 방화까지 다양한 방법을 동원해 여성참정권 운동을 벌였다. 결국 그가 죽던 해, 영국 여성은 남성과 동등한 투표권을 획득했다. 그의 딸 크리스타벨 또한 여성참정권 운동가였다.

영국에서 선거권과 피선거권은 돈과 여가를 가진 지주층에게만 부여되었다가 산업혁명으로 확대된 도시 유권자들을 포함해 1832년

◀ 1914년 버킹엄 궁전에 탄원서를 제출하려다 체포된 에멀린 팽크허스트.

에는 다수의 중산층이 참정권을 갖게 되었다.3 여기서 중산층의 기준은 '1년에 최소 10파운드를 집세로 내는 가구주'를 뜻했다.

영국 여성들이 참정권을 얻게 된 결정적인 계기는 앞서 소개한 데이비슨의 죽음이었다. 데이비슨은 목숨을 걸고 참정권을 주장했지만, 당시 귀족 남성들은 데이비슨의 사고를 경마 대회를 지연시킨 골칫거리 정도로 치부했다.

분노한 여성들이 데이비슨의 장례식장에 몰려들었고, 그의 장례식은 거대한 여성 참정 시위의 장이 되었다. 이 사건을 계기로 더 많은 여성과 사회운동가, 인권 활동가가 여성 참정권 운동에 참여했고 에멀린 팽크허스트 등 뛰어난 운동가들의 노력으로 결국 1928년 보통선거가 제도화되었다.

여성에게 가장 먼저 참정권을 부여한 나라는 뉴질랜드로 1893년이었다. 유럽에서 여성에게 참정권을 처음 부여한 나라는 핀란드로 1906년이었다. 프랑스는 1944년, 이탈리아는 1945년에야 여성이 투표할 수 있게 되었다. 우리나라는 1948년 제헌과 함께 한 번에 보통선거제를 정착시켰다. 이란은 1963년, 스위스는 1971년 보통선거제를 도입했다.

가장 최근에 여성에게 참정권을 부여한 나라는 사우디아라비아로 2015년 12월, 건국 이래 처음으로 여성들이 투표장에 나와 한 표를 행사했다. 이날 총 3,159명의 지방의회 의원을 뽑는 선거에서 정부가 임명하는 3분의 1을 제외한 2,106명의 의원을 투표로 뽑았는데, 선거운동도 제대로 할 수 없었던 여성 20명이 의원직에 당선되었다.[4]

별별 선거

조금 특별한 선거도 있다. 2016년 현재 국민 대부분에게 참정권을 부여하지 않는 나라가 있다. 몇몇 독재국가를 떠올릴 수도 있지만, 이와 관련해 소개할 나라는 바티칸 시국이다. 이탈리아 로마에 있는 작은 나라, 세계 가톨릭의 중심인 교황이 살고 있는 바로 그곳이다. 바티칸 시국은 이탈리아에 통합되었다 1929년 독립했다. 면적 0.44제곱킬로미터, 인구 1,000명의 이 나라 시민들은 대부분 선거할 권리도, 선거에 나갈 권리도 없다.[5] 바티칸 시국 최고 지도자인 교황은 추기경들의 선거를 통해서 뽑기 때문이다.

▲ 콘클라베가 열리는 시스티나 성당. 추기경단은 이곳에 모여 외부와 단절된 채 교황을 선출한다.

바티칸 시국의 국가원수는 교황이고 교황이 선종하거나 스스로 물러날 뜻을 밝혔을 때만 선거를 통해서 후임자를 뽑는다.

교황을 뽑는 선거 콘클라베Conclave는 바티칸의 시스티나 성당에서 은밀하게 이루어진다. 콘클라베는 '열쇠가 있는 작은 방'이라는 뜻이다. 교황은 추기경단이 뽑는데, 선거에 참여하는 추기경단은 비밀 유지 각서를 쓰고 투표에 임하며, 투표는 무기명으로 진행된다.

과거에는 동시에 이름을 불러서 만장일치로 한 사람을 불렀을 경우 인정하는 목소리 선거, 추기경들의 선거 위원회가 협의에

투표와 선거는 동의어가 아니다 **167**

따라 결정하는 위원회 선거 등의 방법도 있었지만 이런 방식들은 사라지고 투표 선거만 남았다.

3분의 2 이상의 득표가 나올 때까지 투표는 계속되고 투표가 끝난 뒤에는 투표용지를 태워 결과를 밖에 알린다. 굴뚝에서 검은 연기가 나오면 아직 교황이 결정되지 않았다는 뜻이고, 흰 연기가 나오면 교황이 결정되었다는 뜻이기 때문에 선거기간이 되면 모두가 연기 색깔을 주목하며 기다린다. 2005년부터는 교황이 결정되면 흰 연기와 함께 성 베드로 대성당에서 종을 울린다.

중미의 작은 나라 코스타리카에서는 어린이·청소년 투표를 실시한다.6 어린이 투표는 5세 이상 미취학 어린이들이, 청소년 투표는 중·고등학생들이 참여한다. 어린이들은 어른들이 선거하는 날, 수도 산호세의 어린이 박물관(과거 교도소로 사용하던 건물을 개조해 만들었다)의, 성인 투표소와 똑같이 만든 투표소에서 투표한다. 어린이들의 투표 결과는 방송을 통해 어른들의 개표 방송과 함께 공개한다.

물론 어린이들의 투표는 실제 선거에 영향을 미치지 못한다. 코스타리카는 만 18세 이상에게만 투표권을 부여하고 있다. 그런데도 어린이 투표를 실시하는 이유는 어릴 때부터 선거에 관심을 갖게 하고, 정치인들에게는 미래 유권자들의 선택을 알려 주고 경각심을 주기 위해서라고 한다.

청소년 투표는 실제 선거보다 3~4개월 먼저 실시하는데 각 학교에서 성인 투표와 같은 방법으로 실시한다. 학교별로 개표 결과를 집계하는데 방송을 통해서 공개되지는 않지만, 중앙선관

위가 개표의 전 과정을 관리하고 결과도 각 정당에 통보한다.

투표와 선거와 민주주의는 동의어가 아니다. 정치를 잘하는 것과 선거에서 이기는 능력도 다르다. 그런데 언젠가부터 우리 정치는 선거에서 이기고 지는 능력만을 중요하게 여기고 있는 것 같다.

프랑스의 철학자 루소는 1762년에 쓴 명저 『사회계약론』에서 "영국 국민은 자신들이 자유롭다고 생각하는데, 한참 잘못 생각하는 것이다. 이들이 자유로울 수 있는 것은 의원을 뽑는 선거기간뿐이다. 의원들이 선출되는 즉시 영국 국민은 노예가 되어버린다"라고 했다. 루소의 비판은 250여 년이 지난 지금도 따끔하게 들린다.

피로 쓴 연설문

"저는 비폭력적인 수단을 통해 우리의 권리와 자유를 되찾는 투쟁의 대열에 합류하기 위해 돌아왔습니다. 저는 대결을 바라지 않습니다. 저는 단지 기도할 뿐이며, 정의 위에 세워진 진정한 민족 화해를 위해 노력할 것입니다.

저는 최악의 상황을 맞을 준비가 되어 있습니다. 저는 사형선고를 받은 사람입니다. 미국에 정치적 망명을 할 수도 있었지만, 다른 모든 필리핀인과 마찬가지로 위기의 순간에 국민과 함께 고통을 나누는 것이 제 의무라고 생각했습니다. 저는 순수한 양심으로 무장하고, 결국은 정의가 승리할 것이라는 굳건한 믿음을 갖고 제 발로 돌아왔습니다."

-베니그노 니노이 아키노의 연설문 중에서

베니그노 '니노이' 아키노는 1970년대 필리핀 마르코스 독재 정권에 맞서 싸운 정치 지도자다. 니노이는 이 연설문을 끝내 읽지 못한 채 숨졌다. 칠레의 살바도르 아옌데 대통령은 쿠데타 정권에 끝까지 맞서며 라디오를 통해 국민에게 마지막 연설을 했다. 영화 〈로메로〉로 더 유명한 엘살바도르의 오스카르 로메로 대주교는 핍박받는 농민과 사제들 곁에 섰다가 총탄에 쓰러졌다. 비록 쓰라린 희생이 있었지만, 이들은 피로써 민주주의의 씨앗을 뿌렸다. 그들이 남긴 연설을 모아봤다.

"제가 가진 것은 결단과 믿음뿐입니다"

베니그노 니노이 아키노Benigno Simeon 'Ninoy' Aquino Jr.는 역시 정치인이었던 아버지 베니그노 아키노와 구분해 애칭인 '니노이'로 불렸다. 전 필리핀 대통령이자 니노이의 아들인 베니그노 아키노 3세는 '노이노이Noynoy'로 불린다.

◀ 독재 정권에 맞서 싸운 필리핀의 지도자 베니그노 니노이 아키노.

페르디난드 마르코스Ferdinand Marcos는 20년 가까이 필리핀에서 철권통치를 펼쳤던 독재자다. 1965년 대통령이 되었고 1969년 재선되었는데, 처음에는 개혁을 내걸고 국민의 지지를 얻었다. 하지만 약속과는 달리 권력을 독점하면서 친인척 비리와 부정부패로 비난을 샀다.

마르코스는 정권을 비판하는 이들에게 재갈을 물리며 독재 체제를 구축했고, 1972년에는 대통령 연임 금지 조항을 없앤 뒤 계엄령을 선포했다. 야당 지도자 니노이 아키노는 살인과 내란 음모 혐의로 수감되었고, 1977년 11월 사형을 선고받았다.

국제적인 압력이 거세지자 마르코스는 1980년 사형을 면해 주는 대가로 아키노에게 망명을 제의했다. 건강이 몹시 나빠진 아키노는 아내 마리아 코라손과 함께 미국으로 떠났다. 하지만 아키노는 망명 중에도 계엄령 해제를 요구하며 마르코스 정권을 향한 비판을 멈추지 않았다. 1983년 마르코스가 신장 이식 수술을 받아 병상에 있는 틈을 타 아키노는 아내와 함께 필리핀으로 돌아왔다.

"3년 전 저는 필리핀을 떠나면서 시민의 권리와 자유가 곧 복원될 수 있게 해달라고 기도했습니다. 삶의 조건이 나아지고 유혈 사태가 멈추길 기도했습니다. 그러나 더 많은 사람이 죽었고 경제는 더 나빠졌으며 인권 상황은 악화되었습니다.
국가는 고통의 시간을 보내면서 오히려 더 빨리 발전합니다. 경제적, 사회적, 정치적인 문제들이 우리를 힘들게 합니다만,

이런 문제들은 힘을 합치면 극복할 수 있습니다. 그러나 우리는 우리의 모든 권리와 자유가 1972년 9월 21일(계엄령) 이전으로 완벽히 복구되어야만 하나가 될 수 있습니다."

인용한 문장은 1983년 8월 21일 아키노가 탄 비행기가 마닐라 국제공항의 활주로에 착륙했을 때 아키노의 손에 들려 있던 대국민 연설문이다.1 하지만 연설문을 읽을 기회는 없었다. 아키노는 비행기에서 내리자마자 총격을 받고 머리에 치명상을 입었다.

당시 공항에는 세계 언론들이 몰려 있었다. 그 앞에서 아키노는 피를 뿌리며 쓰러졌고, 주변에 있던 경호원과 군인들은 범인을 즉시 사살했다. 범인은 롤란도 갈만Rolando Galman이라는 남성이었는데, 필리핀 정부는 갈만의 단독 범행이라고 발표했다.

"필리핀 사람들은 참을성이 많습니다. 하지만 인내심에도 한계가 있습니다. 인내심이 바닥날 때까지 우리가 기다려야만 합니까? 전국적인 저항이 고조되고 유혈혁명이 폭발하기 직전인 위기 상황입니다. 자유는 주어지는 것이 아니라 쟁취하는 것이라는 걸 마침내 깨닫게 된 젊은이들이 늘어나고 있습니다.

사람들은 경제적, 사회적, 정치적인 이유에서 이 나라를 전복하려 하고 있으며, 이를 군사적인 방법으로 억누를 수는 없습니다. 저는 망명에서, 불확실한 미래에서 돌아왔습니다. 제가 가진 것은 결단과 믿음뿐입니다. 그 믿음은 여러분에 대한 것이고 신에 대한 것입니다."

그날의 충격은 필리핀의 역사를 바꾼 민주화의 물결로 이어졌다. 1983년 8월 31일 아키노의 장례식이 거행되었다. 마닐라의 추모 공원까지 200만 명의 인파가 거리를 메웠다. 나라 안팎의 압박이 거세지자 마르코스 정권은 1985년 11월, 조기 선거를 결정했다. 야당이 선거를 준비하기 무리일 것이라 지레짐작했던 것이다.

그러나 아키노의 빈자리에는 부인 코라손이 있었다. 남편을 잃은 코라손은 주부에서 야당 지도자로 변신했다. 코라손은 1986년 선거에서 야당 연합체인 민주연합기구UNIDO를 이끌고 마르코스의 대항마로 나섰다.

마르코스는 선거에서 승리했다고 선언했지만, 국민은 '피플파워'라 불리는 무혈혁명을 시작했다(필리핀에서는 EDSA 혁명이라고 부른다). 코라손 지지자들은 노란색 옷을 입고 거리로 나와 코라손의 애칭인 '코리Cory'를 외쳤다. 결국 마르코스 부부와 측근들은 하와이로 망명했다.

코라손 아키노는 필리핀의 첫 여성 대통령이 되었으며 1986년부터 1992년까지 6년간 집권했다. 2010년 대선에서 아키노와 코라손의 아들 노이노이가 승리해, 세계 최초의 모자母子 대통령이라는 기록을 세웠다.[2]

하지만 옛 독재자의 측근과 족벌은 그대로 살아남았다. 2016년 2월 22일은 피플파워 시위가 시작된 지 30년이 되는 날이었

▲ 대통령 취임 선서를 하고 있는 코라손 아키노.

다. 피플파워 시위 30주년을 앞둔 2월 16일 과거사 청산을 맡아 온 좋은정부위원회PCGG는 사치로 유명한 마르코스의 부인 이멜다의 보석 760여 점을 경매에 내놓기로 했다. 현재 가치로 10억 페소(약 260억 원)에 달하는 막대한 양이다.3 중앙은행 금고 깊숙한 곳에서 잠자던 보석들이 30년 만에 경매에 나오는 것은 필리핀의 현 정치 상황과 맞물려 있다.

  마르코스의 아들 봉봉 마르코스 주니어 상원 의원은 2016년 5월 대선에 부통령으로 출마했다. 낙선했지만 차차기 대권을 꿈꾼다는 이야기도 나왔다. 그래서 노이노이 아키노 대통령이 대선 전에 이멜다 컬렉션을 정리하려 한다는 관측이 나왔다. 봉봉은 마르코스의 고향 일로코스 노르테의 주지사와 하원의원을 거쳐 2010년 상원에 입성했다. 이멜다는 그 지역 하원의원이고, 맏딸 이미는 주지사다.

피로 쓴 연설문   175

"칠레 만세! 민중 만세! 이것이 제 마지막 말입니다"

살바도르 아옌데Salvador Allende는 칠레 중부 발파라이소의 중상류층 집안에서 태어났다. 칠레대학교에서 의학을 전공했고, 학생운동에 투신했다. 정치에 본격적으로 뛰어든 것은 1938년 페드로 아기레 세르다Pedro Aguirre Cerda가 이끄는 인민전선의 선거 캠페인에 참여하면서였다.

선거에서 승리한 뒤 아옌데는 인민전선 정부의 보건장관이 되었다. 1940년대부터 상원의원을 여러 차례 지내고 1966년에는 상원 의장을 역임했다. 1952년과 1958년, 1964년 3차례나 대권에 도전했지만 모두 실패로 끝났다.

1970년 칠레의 국민 시인 파블로 네루다Pablo Neruda●가 공산당 후보로 대선에 출마하려던 것을 포기하면서 진보진영 후보 단일화가 이루어졌고, 인민연합 후보로 나선 아옌데가 마침내 대통령으로 당선되었다.

당시 칠레는 극심한 빈부 격차와 계급 간, 이념 간 갈등이 극으로 치닫고 있었다. 군부에는 친미 기득권층이 포진해 있었고, 구리 광산을 비롯한 자원과 산업은 미국에 종속된 상태였다.

칠레에 좌파 정권이 들어서자 미국은 칠레 경제를 파탄에 빠뜨려 민심을 이반시키고, 군부 쿠데타를 유도하는 두 갈래의 압박 작

● 파블로 네루다
칠레의 민중 시인이자 사회주의 정치가. 시집 『위대한 노래』, 『불타는 칼』 등을 발표했으며 1971년 노벨문학상을 받았다. 1973년 아옌데 정권이 쿠데타로 무너진 뒤 숨졌다. 당국은 병으로 사망했다고 밝혔으나 암살 논란이 끊이지 않았다.

전을 썼다. 미국이 비축하던 구리를 시장에 풀어버리자 구릿값이 폭락하면서 칠레 경제는 무너지기 시작했다. 두 번째 카드인 군부 쿠데타를 사주하기 위해 미국은 800만 달러가 넘는 자금을 지원한 것으로 알려져 있다. 자본가와 지주들은 아옌데 정권에 맞서 사보타주●를 했고, 야당은 그의 발목을 잡았다.

> ● 사보타주
> 생산 시설이나 운송 장비를 일부러 고장내거나 가동을 중단시키는 행위를 말한다. 노동쟁의의 수단으로 쓰이기도 하며, 남미에서는 좌파 정권에 맞선 우파 기업주들의 압박 수단으로도 이용되었다.

하지만 1973년 3월 총선에서 아옌데가 이끄는 인민연합이 과반의 지지를 확보했다. 이를 발판 삼아 아옌데는 본격적인 개혁에 들어가기 위해 재신임 투표를 실시하기로 했다. 예정된 투표일은 9월 12일이었다.

투표 전날인 11일, 미국이 기획하고 칠레 군부가 실행한 쿠데타가 일어났다. 미군의 지원을 받은 군부는 군사혁명위원회를 만들고 아우구스토 피노체트Augusto Pinochet 육군 최고사령관을 의장으로 선출했다.

11일 오전 쿠데타 사실을 보고받은 아옌데는 대통령 관저인 모네다 궁으로 갔다. 모네다 궁의 독립 홀은 대통령 집무실이자 칠레 독립선언서가 소장되어 있는 유서 깊은 장소다. 쿠데타 군은 탱크를 앞세워 진격해오고 있었다. 쿠데타 군은 방송국들을 점령했고, 아옌데는 남아 있는 유일한 국영방송인 라디오 마가야네스Radio Magallanes를 통해 '고별 연설'을 했다.

◀ 쿠데타로 비극적인 최후를 맞은 살바도르 아옌데.

"나의 벗들이여, 지금이 여러분에게 연설할 수 있는 마지막 기회일 것입니다. 공군이 라디오 마가야네스의 안테나를 폭격했습니다. 저에게 남겨진 유일한 것은 이 말뿐입니다. 노동자들이여, 나는 물러나지 않습니다! 여러분에게 말하겠습니다. 우리가 수천, 수만 명의 칠레인에게 뿌린 씨앗은 영원히 시들지 않을 것이라 확신합니다. 사회의 진보는 범죄나 힘으로 막아낼 수 있는 게 아닙니다. 역사는 우리의 것이며, 역사를 만드는 것은 민중입니다.

내 조국의 노동자들이여, 당신들이 한결같이 보여주었던 충성과 믿음에 감사하고 싶습니다. 여러분은 정의를 향한 갈망을

▲ 쿠데타 군에게 폭격 당하는 모네다 궁. 아옌데는 이곳에서 최후를 맞았다.

대변해줄 대리인에 불과한 사람에게 그런 믿음을 보내주었습니다. 무엇보다도 이 땅의 겸손한 여성들, 우리를 믿어준 캄페시나campesina(시골) 여성들, 아이들에게 관심을 쏟고 있다는 것을 알아준 어머니들에게 이야기하고자 합니다.

노동자, 농민, 지식인들에게 말씀드립니다. 라디오 마가야네스는 곧 끊어질 것이고, 차갑게 식은 금속 장치에 갇혀 제 목소리는 여러분에게 닿지 않을 것입니다. 그래도 여러분은 계속 귀를 기울이고 있겠지요. 저는 언제까지나 여러분 곁에 있을 것입니다.

민중은 자신을 지켜야 합니다. 스스로를 희생해서는 안 됩니다. 이 나라의 노동자 여러분, 저는 칠레를 믿고 칠레의 운명을 믿습니다. 반역자들이 기승을 부리면 또 다른 이들이 이 어둡고 비통한 순간을 극복해낼 것입니다. 그렇게 알고 앞으로 나아가십시오. 머지않아 드넓은 길이 열리고, 자유를 찾은 사람들이 더 나은 사회를 건설하기 위해 그 길로 나아갈 것입니다. 칠레 만세! 민중 만세! 노동자 만세! 이것이 제 마지막 말입니다."4

정오가 되자 쿠데타 군은 전투기로 모네다 궁을 폭격했다. 이어 탱크를 앞세운 지상군이 궁으로 진격했다. 얼마 뒤 총성이 들렸고, 쿠데타 사령부인 군사혁명위원회에 전문이 전달되었다. "임무 완수, 모네다 접수, 대통령 사망."

아옌데의 최후는 끔찍했다. 시신의 머리가 갈라지고 뇌가 끔찍하게 손상된 상태였다. 군사혁명위원회는 아옌데가 궁지에 몰리자 권총으로 자살했다고 발표했다. 쿠데타 뒤 칠레에서는 일주일 새 수천 명(수만 명이라는 설도 있다)의 시민이 학살당했다.

군사독재 정권은 1990년 3월 피노체트가 국민투표에서 패해 대통령에서 물러날 때까지 17년 동안 계속되었다. 수많은 이들이 고문·감금당하고 살해되었다. 피노체트는 대통령에서 물러난 뒤에도 1998년까지 참모총장을 지내다 사퇴했다.

2006년 집권한 중도좌파 미첼 바첼레트Michelle Bachelet 대통령은 취임 뒤 과거사 진상규명에 적극적으로 나설 것이라 선언했다. 하

● 헨리 키신저
미국 리처드 닉슨, 제럴드 포드 정부에서 국무장관을 지냈다. 중국과의 '핑퐁 외교'를 주도했고 베트남전쟁 종결 협상을 이끌어 노벨평화상을 받았다. 중남미 민주 정부들을 친미 군사정권으로 갈아치운 쿠데타를 지원했다는 비난도 받고 있다.

▲ 1976년 피노체트와 만난 헨리 키신저● 미국 국무장관.

지만 피노체트는 아무런 단죄도 받지 않은 채, 그해 12월 가택 연금 한 달 만에 사망했다.5 칠레의 과거사 청산은 여전히 현재 진행형이다.

"신의 이름으로 명령합니다. 탄압을 멈추시오"

오스카르 로메로Óscar Romero는 엘살바도르의 가톨릭 사제였다. 그가 수도 산살바도르 교구의 대주교가 된 1977년 무렵 엘살바도르는 군부 내 좌·우파 대립과 독재 정권의 억압으로 어지러웠다.

1979년 훈타Junta의 군사정권이 집권했다. 스스로 혁명군사정부JRG라 불렀던 훈타는 1985년까지 계속되었다. 미국을 등에 업은 군부는 정적 숙청에 반대하고 군부 내 좌파에 동조한다는 이

◀ 로메로 대주교. 본래 보수적 성향이었으나 독재 정권의 폭정에 맞서 목소리를 높이기 시작했다.

유로 사제와 노동조합원, 소작농들을 잡아들였다.

1976년부터 1979년 사이에 가톨릭 사제 6명이 암살당했고, 수많은 이가 수감되어 고문당하거나 국외로 추방되었다. 군부와 연계된 살인 부대가 주민들을 감시하고 납치·고문, 살해하는 일이 빈번했다. 1980년이 되자 정부군과 좌파 인민해방전선 FMLN 사이에 내전이 일어났다.

로메로 대주교는 보수적인 성향으로 알려져 있었다. 사제 서품을 받은 이래 교회 요직을 두루 거친 전통주의자였고, 라틴아메리카를 휩쓴 해방신학•의 물결에도 반대했던 사람이었다. 하지만 대주교가 된 이후 훈타와 우익 군사 조직의 인권침해를 목도하면서 '소리 없는 사람들'의 목소리가 되기 시작했다.

발단은 대주교가 된 지 3주 만에 일어난 예수회 신부 피살 사건이었다. 지주들의 횡포를 비판해 온 루틸리오 그란데Rutilio Grande 신부가 살해된 것이다. 로메로 대주교는 약자들의 편에 섰다가 위험에 노출된 사제들을 돕기 위해 나섰다.

> 🔵 **해방신학**
> 중남미에서 일어난 진보적인 가톨릭 신학 운동. 사회주의적인 경제관에 생태주의와 원주민 문화를 접목시켰다. 바티칸은 해방신학에 적대적이었으나 프란치스코 교황이 즉위한 뒤 화해 제스처를 취하고 있다.

로메로 대주교는 강론을 통해 가난한 사람들에게 희망을 심어주면서 민중 속으로 들어갔다. 폭력과 불의를 보고도 말하지 않는 것은 무고한 사람들에 대한 박해를 정당화하는 것이라고 생각했다.

1980년 3월 23일은 일요일이었다. 산살바도르의 메트로폴리탄 대성당에서 로메로 대주교는 한 주에 일어났던 비극적인 사건들을 돌아보고, 서로 대립하는 무장 세력 양측에 화해를 호소했다.

"모든 국가에는 그 나라만의 출애굽기가 있습니다. 오늘 우리는 고통과 번뇌로 우리를 괴롭히는, 시체로 뒤덮인 사막을 지나 해방으로 가고 있습니다. 모세를 따라간 사람들처럼 나서고 싶은 유혹을 오히려 고통스럽게 생각하는 이들, 다시 돌아가고 싶은 이들, 어깨를 나란히 하고 싶지 않은 이들도 많이 있습니다. 그러나 하느님은 새로운 역사를 만들어 그 사람들을 구하고자 하셨습니다. 어떤 군인도 주의 십계명을 어기라는 명령에 복종할 의무는 없습니다. 누구도 비도덕적인 법에 따를 필요는 없습니다. 이제 여러분의 양심을 회복해 죄스러운 명령이 아닌 양심을 따를 때가 왔습니다. 주의 권한과 주의 법, 인간의 존엄성을 수호하는 교회는 이런 죄악 앞에서 침묵할 수 없습니다. 우리는 정부에 말하고 싶습니다. 주의 이름으로, 날마다 하늘까지 닿을 만큼 점점 더 크게 울고 있는 고통받는 사람들의 이름으로 간청합니다. 부탁합니다. 그리고 신의 이름으로 명령합니다. 탄압을 멈추시오."

이 강론을 한 다음 날인 1980년 3월 24일 로메로 대주교는 산살바도르 프로비덴시아 병원에 있는 작은 성당에서 미사를 집전하며 밀알의 비유를 언급했다.

"그리스도의 사랑으로 가난한 사람들을 위해 일하는 이들은, 죽음을 맞이한 밀알과 같이 살 것입니다. 밀알은 겉보기에는 죽은 것처럼 보입니다. 밀알 하나가 땅에 떨어져 죽지 않으면 그 한 알 그대로 남습니다. 열매는 그 밀알이 죽었기 때문에 맺어진 것입니다."

이 강론을 한 지 몇 분 되지 않은 오후 6시 25분, 로메로 대주교가 성찬전례 중 빵과 포도주를 신자에게 나누어준 뒤 올리는 감사기도를 하고 있을 때 괴한들이 나타나 총을 쐈다. 대주교는 쓰러졌다.

장례식은 일주일 뒤 메트로폴리탄 대성당에서 열렸다. 전 세계에서 25만 명이 넘는 추도객이 참석했다. 하지만 장례식이 거행되던 성당 계단에서 폭탄이 터지면서 유혈 사태가 빚어졌고 추도객 44명이 총에 맞아 숨졌다. 뒤이은 혼란으로 더 많은 사람이 희생되었다.[6]

훈타 정부는 로메로 대주교의 죽음에 침묵해왔지만, 미국의 군사학교에서 훈련받고 군부의 지원을 받은 암살단의 소행으로 알려졌다. 영화로도 만들어졌고 세상에 널리 알려졌음에도, 로메로의 나라에서 그의 죽음을 이야기할 수 있게 된 지는 사실 몇 년 안 된다.

2009년 마우리시오 푸네스Mauricio Funes 대통령이 집권하면서 비로소 로메로 대주교의 비극적인 죽음에 대해 공개적으로 이야기할 수 있게 되었다. 2010년 3월 24일, 푸네스 대통령은 로메로 대주교 서거 30주년을 맞아 로메로 대주교의 죽음에 과거 정부가 관여되었음을 시인하고 사과했다.[7]

피로 쓴 연설문 **185**

정치의 역사는 암살의 역사

러시아의 황제 표트르 3세는 1762년 1월에 즉위했지만 차르 자리에 앉아 있었던 기간은 반년에 그쳤다. 황태자 시절부터 종교의 자유를 법으로 보장하는 것을 비롯해 서유럽식 자유화를 추진하고 싶어 했던 그는 짧은 재위 기간 220개가 넘는 개혁 법안을 통과시켰다.

하지만 권력이 줄어드는 것에 반발한 근위병들이 쿠데타를 일으켜 표트르 3세는 6개월 만에 폐위되고, 며칠 뒤 암살당했다. 살인범의 정체는 미궁에 빠졌으나 후대 학자들은 표트르 3세의 황후이자 그의 뒤를 이어 즉위한 예카테리

> 🍫 **예카테리나 여제**
> 독일 출신으로, 1762년 남편 표트르 3세를 축출하고 차르가 되었다. 표트르 대제의 업적을 계승해 러시아를 유럽에 완전히 편입시켰다. 러시아의 행정과 법률 제도를 개선했으며 크림 반도와 폴란드까지 영토를 넓혔다.

나 여제* 측의 소행이라고 본다.

표트르 3세의 죽음 이후 250여 년이 지났지만 암살은 끊임없이 러시아를 들쑤셨다. 2015년 2월, 제1부총리까지 지냈으나 푸틴 대통령에게 맞서며 야권 지도자로 변신했던 보리스 넴초프 Boris Nemtsov가 크렘린 바로 옆에서 피살되었다.

차르 목숨은 파리 목숨?

넴초프는 무장 괴한들에게 총격을 받아 숨졌다. 푸틴 대통령은 내무부와 연방보안국 FSB에 이 사건을 조사할 위원회를 만들라고 지시했다. 과거 여러 암살 사건을 조사한 경력이 있는 군 장성 출신의 이고르 크라스노프가 조사 위원장을 맡아 수사를 지휘했다. 하지만 제대로 된 수사가 이루어질 것이라는 기대는 애초부터 없었다.

크렘린이 지명한 조사관들은 이 사건을 '국가의 안정을 흔들

◀ 암살당하기 10개월 전쯤의 넴초프. 그의 죽음은 아직도 정치적 암살이 없어지지 않았음을 보여준다.

> **체첸**
> 러시아 남부의 자치공화국으로, 수도는 그로즈니다. 약 130만 명의 인구 중 대부분은 캅카스계이며 무슬림이다. 옛 소련 시절부터 분리 독립 운동을 거세게 벌여왔다. 푸틴은 체첸 분리주의를 가혹하게 진압한 것을 발판 삼아 집권했다.

려는 선동'으로 보았다. 분리주의자들을 잔혹하게 고문·살해하는 것으로 악명 높은 체첸 자치공화국의 람잔 카디로프Ramzan Kadyrov 대통령은 SNS에 "넴초프 살인은 서방 정보 기구의 소행"이라는 주장을 올리며 앞장서서 음모론을 유포했다.

어찌 되었든 옛 소련 시절 막강한 정보력을 자랑했던 KGB의 후신인 FSB가 나섰고, 며칠 지나지 않아 체첸 출신 용의자들이 체포되었다. 하지만 범행을 인정했던 핵심 피의자는 고문을 당했다며 진술을 번복했다. '꼬리 자르기' 논란에 이어 고문 의혹까지 제기되었다.[1]

넴초프 살해의 진실은 여전히 오리무중이지만 러시아에서 최고위층이나 정적의 암살은 오랜 역사를 갖고 있다. 2010년 괴한들에게 린치를 당한 저널리스트 올레그 카신은 "누가 적을 죽이면, 피해자 쪽과 관련된 음모론이 나오는 것이 관행처럼 되어버렸다"고 지적하기도 했다.

제정 러시아 시절에는 특히 암살이 횡행했다. 표트르 3세뿐 아니라 그의 아들 파벨 1세도 즉위 4년 만에 살해되었다. 역시 개혁파였던 알렉산드르 2세도 수차례 암살 기도를 모면했으나 1881년 결국 피살되었다. 20세기 들어서도 모스크바의 로마노프 대공 등이 목숨을 잃었다. 차르와 차르 일가는 늘 암살 음모에 시달렸던 것으로 알려져 있다.

푸틴, '암살의 공포'를 되살리다

옛 소련 시절에는 대규모 정치적 숙청이 반복되면서 정적 암살은 거의 사라졌다. 1948년 스탈린의 지시를 받은 것으로 추정되는 경찰관이 유대계 지도자를 살해한 적이 있고 1969년 레오니트 브레즈네프Leonid Brezhnev 암살 기도가 적발된 것이 거의 전부다. 하지만 소련이 무너진 뒤 암살을 이용한 공포정치가 부활했다.

차르 시절의 암살이 권력의 핵심부를 겨냥한 것이었던 반면, 1990년대 이후의 암살은 반체제 인사나 비판자들에게 재갈을 물리기 위한 행위라는 것이 큰 차이다. 암살의 대상은 정치인, 언론인, 인권 변호사, 전직 스파이 등을 가리지 않았다.

◀ KGB 요원 시절의 푸틴.

이고르 탈코프라는 가수는 반소련 활동을 했다는 이유로 1991년 살해되었다. 반反러시아 게릴라 출신으로 뒤에 체첸 자치공화국 대통령이 되었던 조하르 두다예프Dzhokhar Dudayev는 1996년 러시아 군인에게 사살되었다. 생각이 다르다는 이유로 사람을 죽이는 것이야말로 독재고 으스스한 공포정치다.

2000년 푸틴 집권 이후에는 반체제 정치인이나 비판적인 언론인의 희생이 유독 늘었다. 체첸과 남오세티야, 다게스탄 등 러시아 남서부 자치공화국의 분리주의 정치인 여러 명이 살해되었다. 푸틴 대통령을 맹종하는 카디로프 현 체첸 대통령의 아버지 아흐마디 카디로프Akhmad Kadyrov는 반대로 2004년 분리주의 세력에게 암살당했다.

서구식 민주주의와 인권, 시장경제를 주창해 온 정치인 세르게이 유셴코프Sergei Yushenkov는 2003년 12월 총선 때 후보 등록을 하자마자 피살되었다. 2002년에는 정보 당국의 반대 세력 암살 작전들을 다룬 다큐멘터리 영화 〈러시아의 암살〉이 만들어지기도 했다.

누가 그에게 '독이 든 찻잔'을 주었나

아나톨리 트로피모프Anatoly Trofimov FSB 부국장은 2005년 모스크바 시내에서 부인과 함께 총에 맞아 숨졌다. 그런데 그 파장은 10년이 지나도록 계속되고 있다. 발단은 리트비넨코의 암살이었다. 영국으로 망명한 전직 FSB 요원 알렉산드르 리트비넨코Alexander Litvinenko가, 트로피모프는 푸틴 대통령의 체첸 공격에

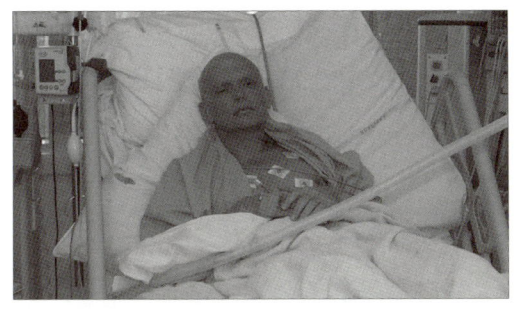

◀ 러시아 정보 요원들이 독살한 것으로 알려진 리트비넨코. 방사성 물질의 독성으로 탈모가 되었다.

반대했다가 살해된 것이라 주장한 것이다. 그리고 리트비넨코 역시 독살 당했다.

리트비넨코는 2000년 영국으로 망명했다. 5년 뒤인 2005년 트로피모프 암살 사건이 일어났다. 그 이듬해에 영국 국적을 취득한 리트비넨코는 트로피모프 사건에 푸틴 대통령이 관련되어 있다고 주장했다. 당시 리트비넨코는 러시아 정치에 대해 논평하면서 푸틴 정권을 공개적으로 비판했다.

그해 11월 리트비넨코가 독살당했다. 전개 과정은 마치 한 편의 스파이 영화 같았다. 그는 런던의 한 호텔에서 FSB 요원들과 만났고, 차를 마셨다. 그러고는 집으로 돌아와 쓰러져 3주 만에 숨졌다. 그의 몸 안에서는 폴로늄 210이라는 방사성 독극물이 검출되었다.

사건은 미궁에 빠져들었고, 영국 정부는 10년에 걸쳐 사건을 조사했다. 2016년 1월 21일 영국 조사팀이 진상 조사 보고서를 내놓았다. 보고서는 "모든 증거를 고려할 때 FSB가 살해했고, 그 계획은 푸틴 대통령이 최종 승인한 것으로 보인다"고 결론지

었다.[2]

 리트비넨코와 런던의 호텔에서 만난 FSB 요원 안드레이 루고보이와 드미트리'코프툰이 살해범으로 지목되었다. 폴로늄 210이라는 물질은 원자로에서만 만들 수 있기 때문에 국가가 개입한 것이 분명하다고 조사팀은 밝혔다. 영국 정부는 루고보이와 코프툰에게 국제 지명수배를 내린 상태다. 러시아 측은 터무니없다고 주장하고 있다.

암살, 그 기나긴 역사

 암살의 역사는 곧 정치의 역사라 해도 될 것 같다. 2,300년 전 인도의 마우리아 왕조를 연 찬드라굽타는 정적들을 암살하는 것으로 유명했고, 로마의 율리우스 카이사르는 "브루투스, 너마저!"라는 말을 남기고 목숨을 잃었다. 물론 이 말은 셰익스피어의 희곡에 등장해 널리 알려진 것일 뿐, 실제로 카이사르가 숨지기 전 그런 말을 했다는 기록은 없다.

 중세 이슬람권의 '하샤신'이라는 집단은 마약의 일종인 해시시에 중독되어 암살을 자행했으며 그것이 곧 현대 영어 어사서 네이션assassination(암살)의 어원이 되었다고 한다.

 미국에서는 4명의 대통령이 암살자에게 목숨을 잃었다. 에이브러햄 링컨, 제임스 가필드, 윌리엄 매킨리, 그리고 존 F. 케네디다. 죽음을 모면한 이들도 있다. 앤드루 잭슨, 프랭클린 D. 루스벨트, 해리 트루먼, 제럴드 포드, 로널드 레이건은 암살을 가까스로 모면했다.

역사를 바꾼 암살이라고 하면 제1차 세계대전을 촉발한 '사라예보의 총성'을 떠올리지 않을 수 없다. 프란츠 페르디난트Franz Ferdinand 대공이 오늘날 세르비아의 사라예보를 방문했다가 가브릴로 프린치프라는 청년의 총에 맞아 숨졌고, 세력 균형으로 간신히 힘의 밸런스를 유지하던 유럽은 와르르 무너졌다.

> ● **피델 카스트로**
> 쿠바의 정치 지도자. 1959년 쿠바사회주의혁명을 성공시키고 집권해 2008년 사임할 때까지 최고 국정 기구인 국가평의회 의장을 지냈다. 이후 동생 라울 카스트로가 자리를 물려받았으며, 미국과 반세기 넘는 적대관계를 끝내고 2015년 국교를 정상화했다.

두 차례의 세계대전이 끝난 뒤에도 냉전은 숱한 암살 혹은 암살 기도 사건을 낳았다. 미국 중앙정보국은 쿠바의 피델 카스트로Fidel Castro●를 살해하기 위해 수많은 작전을 벌였으나 번번이 실패한 것으로 알려져 있다. 『뉴욕타임스』 기자 팀 와이너는 미국 중앙정보국의 비사를 다룬 책 『잿더미의 유산』에서 카스트로를 암살하려던 작전들이 결국 존 F. 케네디 대통령 암살이라는 역풍으로 돌아왔으나, 미국은 이를 숨기기에 급급했다고 썼다.[3]

총탄에 숨진 성자

인도도 암살의 역사에서 빼놓을 수 없다. 1948년 1월 30일, 나투람 고드세라는 남성이 전 세계의 존경을 받던 마하트마 간디를 살해했다. 자와할랄 네루Jawaharlal Nehru 전 인도 총리의 딸이자 인도의 3대 총리를 지낸 인디라 간디Indira Gandhi는 1984년

▲ 1963년 8월 워싱턴 행진 때 연설하는 마틴 루서 킹 목사.

🎩 시크교

15세기 이후 인도 펀자브 지방에서 생겨난 종교. 신자는 대부분 인도인으로, 2,500만 명가량으로 추산된다. 인간의 평등을 주장해 하층 카스트로 핍박받던 이들에게 널리 확산됐다. 이슬람 무굴 제국에 맞서 항쟁을 벌였고 영국 점령기에도 잠시 반영 투쟁을 했으나 이후 영국 휘하로 들어가 제1차, 제2차 세계대전 때 용병으로 동원되었다.

시크교도에게 암살당했다. 당시 펀자브주에 있는 암리차르의 황금 사원에서 시크교도들이 봉기를 일으켰는데, 간디는 이를 무력 진압했다. 거기에 반발한 시크교도가 간디를 살해한 것이었다.

간디의 아들 라지브Rajiv Gandhi도 1991년 스리랑카의 민족운동과 관련 있는 타밀엘람해방전선LTTE(흔히 '타밀 타이거'라고 부른다)

에 희생되었다. 그 후 라지브의 아내인 소냐 간디Sonia Gandhi가 국민회의당을 이끌고 있다.

미국 민권운동의 대명사인 마틴 루서 킹Martin Luther King Jr. 목사는 간디처럼 비폭력과 불복종을 설파한 인물이다. 킹 목사는 1968년 4월 테네시주 멤피스의 한 호텔에서 인종주의자 제임스 얼 레이의 총에 맞았다. 킹 목사와 노선은 달랐지만 역시 흑인 민권운동가였던 맬컴 X는 그보다 3년 전인 1965년 2월 살해되었다.

> ● 맬컴 X
>
> 본명은 맬컴 리틀(Malcolm Little)로, 엘 하지 말릭 엘 샤바즈(el-Hajj Malik el-Shabazz)라는 이름을 썼다. 마틴 루서 킹 주니어 목사와 함께 1960년대 미국 흑인 민권운동을 주도하다가 1965년 암살당했다.

2007년 말에는 파키스탄의 총리를 지낸 여성 정치인 베나지르 부토Benazir Bhutto가 지지 집회에 참석했다가 암살당했다. 당국은 알카에다 등 테러 조직을 유력한 용의자로 지목했지만, 부토 지지자들 사이에서는 정적이던 페르베즈 무샤라프Pervez Musharraf 당시 대통령의 공작이라는 이야기가 떠돌았다.

그 이듬해 7월 대선에서, 부토에 대한 동정 여론과 부토 가문의 후광을 등에 업고, 부토의 남편인 아시프 알리 자르다리Asif Ali Zardari가 대통령에 당선되었다. 처지가 바뀐 무샤라프는 끈 떨어진 신세가 되었다. 소문이 사실이었던 것인지 2013년 검찰은 무샤라프를 부토 살해 혐의로 기소했지만, 이 사건은 여전히 미궁에 빠져 있다.4

이스라엘은 팔레스타인 무장 조직 하마스 지도부를 '표적 살

◀ 밀렵꾼들에게 살해된 것으로 보이는 영장류학자 다이앤 포시.

해'하는 것으로 악명 높다. 스웨덴의 올로프 팔메Olof Palme 전 총리는 경호원 없이 부인과 영화를 보러 갔다가 1986년 의문의 암살을 당했다.

빅토르 하라의 마지막 노래

암살자에게 목숨을 잃는 것은 정치인만이 아니다. 비틀스의 멤버 존 레넌John Lennon은 1980년 12월 뉴욕 맨해튼에서 총격을 받고 숨졌다. 엘살바도르의 오스카르 로메로 대주교는 독재 정권에 억압받는 사람들을 위해 나섰다가 1980년 총탄에 쓰러졌다.

환경을 지키는 이들도 희생양이 되곤 한다. 다이앤 포시Dian Fossey는 르완다에서 마운틴고릴라를 연구하던 미국의 생물학자다. 침팬지를 연구한 제인 구달, 오랑우탄을 연구한 비루테 갈디카스와 함께 손꼽히는 여성 영장류학자였다. 포시는 1985년 르완다의 비룽가 산악 지대에 있는 오두막에서 살해된 채로 발견되었다. 자연보호구역 지킴이로 나선 그를 미워한 밀렵꾼들이

살해한 것으로 보인다.5

　브라질의 환경운동가 치코 멘데스Chico Mendes는 1988년 벌목업자들에게 살해되었다. 2005년에는 멘데스처럼 아마존 보호 활동을 하던 도로시 스탱Dorothy Stang 수녀가 목숨을 잃었다.

　2015년 11월 칠레 정부는 시인 파블로 네루다가 군부에 타살되었을 가능성을 인정했다.6 20세기의 대표적인 시인 중 한 명이며 1971년 노벨문학상을 받은 네루다는 군부 쿠데타로 자살한 살바도르 아옌데 대통령의 절친한 벗이었다. 아옌데가 목숨을 끊은 뒤 네루다는 갑자기 병원에 실려가 사망했다. 그동안 그의 죽음은 공식적으로는 자연사로 알려져 있었으나 군부가 암살한 것이라는 의혹이 끊이지 않았다.

▲ 칠레의 산티아고에 있는 민중 음악가 빅토르 하라의 벽화.

정치의 역사는 암살의 역사　**197**

칠레 군사정권은 아옌데를 몰아낸 뒤 1973년 체육관에 사람들을 몰아넣고 처형했다. 당시 숨진 사람 중에 유명한 좌파 시인 겸 가수 빅토르 하라Victor Jara도 있었다. 끔찍한 고통 속에 집단 처형된 하라의 죽음 역시 정치적 암살이라고 할 수 있다.

"공포를 노래할 수밖에 없을 때 노래란 얼마나 괴로운 것인가 / 살아 있어 느끼는 공포 죽어가며 느끼는 공포 / 너무나 많은 순간 속 나를 본다 / 저 무한의 순간 침묵과 비명이 내 노래의 끝이다."

이는 하라의 마지막 노래다.7 자신과 생각이 다른 이들을 제거하는 이 폭력적인 수법은 언제나 사라질까?

정치와 종교가 만난 세계의 화약고

2015년 노벨평화상은 튀니지의 국민4자대화기구가 수상했다.[1] 예상 밖의 깜짝 수상이었다는 평이 많았다. 노벨위원회는 "내전 위기까지 몰렸던 튀니지가 국민4자대화기구의 노력으로 헌법에 기반을 둔 정부를 구축하고 성별과 종교, 정치 신념에 관계없이 모두의 기본권을 보장할 수 있게 되었다"고 밝혔다.

2011년 중동에서 일어난 재스민혁명•은 내전과 쿠데타로 이어져 대부분 실패로 끝났다. 그러나 튀니지만은 독재 정권을 끌어내리고 차근차근 절차를 밟아 민주 정

● **재스민혁명**
2010년 튀니지에서 노점상을 하던 20대 청년이 경찰의 부당한 단속에 저항하는 의미로 분신자살한 것을 계기로 발생한 민주화 혁명. 튀니지에서 시작된 민주화 바람은 이웃의 아랍·아프리카 국가로 퍼져나갔다. 튀니지의 국화인 재스민을 따서 재스민혁명이라고 부른다.

권을 세우는 데 성공했다. 튀니지의 성공적인 민주화 혁명으로 주목받게 된 이슬람 정치 운동의 역사를 알아보자.

무함마드와 『쿠란Quran』의 탄생

이슬람 정치 운동의 역사는 알라의 마지막 예언자 무함마드부터 시작한다. 이슬람 발생지인 아라비아반도를 포함한 지금의 중동 지역은 이슬람교가 창시되기 전에는 무법과 무지의 시대(자힐리야)였다. 무함마드가 이슬람교를 창시하고 율법에 따라 이슬람 국가를 세우면서 이전의 혼란과 무질서가 정리되었다. 무함마드는 이슬람 최초의 종교 지도자이자 정치 지도자였다.[2] 이슬람교는 알라를 믿는 종교이자, 알라의 말씀대로 살다 간 무함마드의 삶을 따르려는 종교다. 무함마드는 어떤 사람이었을까?

무함마드는 570년 사우디아라비아의 메카에서 태어났다. 10세 남짓 소년 시절 삼촌을 따라 무역상의 길에 나섰다. 낙타 몰이꾼으로 시작한 무함마드는 거래를 중개하며 성실함과 지혜로운 모습으로 주변 상인들의 신임을 얻었다. 돈도 많이 벌고 행복한 가정까지 갖게 된 무함마드는 이웃의 삶을 돌아보며 명상에 몰두하기 시작했다.

610년 9월, 40세가 된 무함마드는 자발 알 누르라는 산의 히라 동굴에서 명상 하던 중 첫 번째 계시를 받았다. 천사 가브리엘이 무함마드에게 나타나 전한 첫 번째 말은 "읽어라!"였다. 문맹이었던 무함마드는 당황했지만, 계시가 계속되자 운명을 받아들이고 알라의 말씀을 전하기 시작했다. 계시는 무함마드가 세상을 떠나기까지 23년 동안 계속되었다.

이슬람 경전 『쿠란』은 무함마드가 받은 계시를 후대 칼리프(이슬람 지도자)들이 문자로 기록해 정리한 것이다. 총 114장, 6,236절로 정리된 『쿠란』은 집대성된 뒤 단 한 줄도 더해지거나 빠지지 않은 채 지금까지 계승되고 있다. 『쿠란』의 모든 문장은 알라의 계시이므로 함부로 수정할 수 없기 때문이라고 한다. 『쿠란』은 '암송'이라는 뜻이다. 무슬림은 매일 5번 예배를 드리고 그때마다 『쿠란』을 읽고 암송한다.

이슬람 국가의 탄생

무함마드가 전한 알라의 말씀은 당시 사회에서 당연하게 여기던 것들을 뒤집고 비판했다. 무함마드는 돈이 곧 권력이라는 생각, 전투력이 떨어지는 여성은 남성보다 열등하다는 생각, 다스리는 자와 다스림을 받는 자는 정해져 있다는 생각은 모두 잘못된 것이라고 가르쳤다. 무함마드는 알라 앞에서는 모두 평등하다고 강조했다.

알라는 '신God'이라는 뜻이다. 여러 신을 믿고 우상을 숭배하던 사회에 처음으로 유일신 종교가 등장했다. 무함마드의 주장은 지배계급의 반발을 불러일으켰고, 가난한 서민과 노예에게 큰 지지를 받았다. 무함마드를 회유하려다 실패한 메카의 권력자들은 무함마드와 그를 따르는 무리를 핍박하기 시작했다.

결국 무함마드는 가족, 추종자들과 함께 622년 9월 4일 메카

▲ 무함마드가 지지자들과 함께 메카로 입성하는 모습을 그린 그림.

를 떠나 메디나로 이주했다. 어머니의 고향이기도 한 메디나에서 무함마드는 알라의 말씀에 따른 첫 공동체를 세웠다. 무슬림은 이 공동체를 첫 이슬람 국가로 보고, 622년을 이슬람의 원년이라 부른다.

메디나에 안정적인 이슬람 국가를 세운 무함마드는 군대를 양성했다. 메카의 지배세력과 8년에 걸친 전투를 치른 끝에 630년 메카로 돌아왔다. 무함마드의 이슬람 국가는 전투력에서도 앞선 데다 '알라의 공동체'로서 결속력도 강했다. 반면 우상을 숭배하고 권력 다툼이 심한 데다 내부에서도 반발이 끊이지 않았던 메카는 힘없이 무너졌다. 피를 거의 흘리지 않은 무혈입성이었다.

무함마드가 메카로 돌아왔을 때 많은 사람이 거부감 없이 이슬람으로 개종하고 무함마드를 지도자로 추대했다.

무함마드는 성직자라는 계급을 따로 만들어 '사람 위의 사람'이 생기지 않도록 했다. 소득의 2.5퍼센트를 기부하도록 했지만 꼭 사원(종교 기관)에 내지 않아도 되고 어려운 사람에게 도움을 주면 그 역시 의무를 이행한 것으로 인정했다. 여성을 노예로 삼아 재산처럼 상속하거나, 아들이 아니라는 이유로 갓 태어난 여아를 죽이는 것도 금했다.3

무함마드는 632년 6월 생의 마지막 순례와 기도를 마치고 메디나에서 숨을 거두었다. 무함마드가 세상을 떠난 뒤 4명의 칼리프, 아부 바크르Abū Bakr와 우마르 이븐 알 카타브Umar ibn al-Khattāb, 우스만 이븐 아판Uthmān ibn ʻAffan, 알리 이븐 아비 탈리브Alī ibn Abī Tālib 등이 뒤이어 이슬람 국가를 통치했다.

무슬림은 무함마드가 이전의 혼란과 무질서를 정리하고 유일신의 말씀에 따라 나라를 다스린 이 시대를 가장 완벽하고 이상적인 이슬람 국가 시대로 생각한다. 이슬람 국가가 처음으로 세워진 622년부터 몽골의 침략으로 무너진 1258년까지 이슬람 국가는 화려한 이슬람 문화를 꽃피웠다. 전성기 이슬람 국가의 영토는 북아프리카 세네갈부터 아시아 필리핀까지 이르렀다.

이슬람 최초의 정치·사회운동, 이집트의 무슬림 형제단

이슬람 국가는 십자군전쟁과 몽골 침략을 거치며 쇠약해지고 멸망했다. 몽골과 뒤이어 지배한 오스만제국도 이슬람의 정체성

◀ 무슬림 형제단을 세운 하산 알 반나.

을 존중해주는 듯했지만 무함마드가 세웠던 아랍 중심의 이슬람 국가는 아니었다. 이슬람 국가는 여러 공동체로 분열되었다. 영국과 프랑스는 번갈아가며 중동을 식민지화했다. 여기에 2번의 세계대전을 거치며 이슬람 국가는 서구 열강에 이용되었고 점점 더 혼란 속으로 빠져들었다.

무슬림 형제단은 1928년 이집트에서 구성된 이슬람 최초의 정치·사회운동 단체다. 초등학교 교사이자 이맘(이슬람에서 예배를 인도하는 사람)이었던 하산 알 반나 Hasan al-Banna가 지인들과 함께 만든 이 단체는 '이슬람 원리에 따라 살자'는 운동을 전개했다. 이슬람 국가가 멸망하고 서구 열강에 이용되는 것은 무슬림이 이슬람의 율법대로 살지 않고 서구화·세속화되었기 때문이라는 것이다. 영국의 식민지로 수탈당하며 잃어버린 자존심을 되찾고 『쿠란』대로 평등하게 살자는 주장에 많은 사람이 동조했다. 특히 서민과 노동자 계층에서 큰 반향을 일으켰다.

힘이 세지면 위험도 커지는 법이다. 1940년대 무슬림 형제단이 단원만 50만 명에 이르는 전국 최대의 조직으로 성장하자 이슬람 왕정은 이들을 경계하기 시작했다. 무슬림 형제단의 해체를 발표하고 단원들을 탄압하기 시작했다. 투옥과 추방, 처형을 거치며 무슬림 형제단도 과격해졌다.

> ● **가말 압델 나세르**
> 군인 출신의 이집트 전 대통령. 1954년 쿠데타를 일으켜 군주제를 없애고 1956년 대통령이 되었다. 수에즈 운하의 국유화를 선언하는 등 독립(1922년) 이후에도 영국의 그림자에서 벗어나지 못하던 이집트를 개혁했다는 평가를 받는다. 아랍 통합을 꿈꾸며 1958년 이집트와 시리아를 통합한 아랍연합공화국의 초대 대통령에 올랐으나 이 공화국은 3년 뒤 해체됐다.

1948년 무슬림 형제단 조직원이 마흐무드 알 누크라시 파샤 총리를 암살했다. 죽음은 다시 죽음을 불렀다. 1949년 무슬림 형제단을 만든 알 반나가 살해당했다. 정부가 암살에 개입했다는 증거가 속속 드러나면서 무슬림 형제단의 결속력은 커져갔다.

1952년 군사 쿠데타로 정권을 잡은 가말 압델 나세르Gamal Abdel Nasser● 대통령이 잠시 무슬림 형제단과 협력했지만, 통치 방향을 두고 대립했다. 1954년 무슬림 형제단이 나세르 대통령을 암살하려 했다는 시도가 드러나면서 무슬림 형제단은 더욱 더 탄압을 받게 되었다.

주류에서는 밀려났지만 무슬림 형제단은 시민들의 지지를 바탕으로 꾸준히 힘을 다졌다. 그 결과 1984년 처음으로 의회에 진출하는 데 성공했고 2005년에는 전체 의석의 20퍼센트에 해당하는 88석을 확보하면서 가장 영향력 있는 야권 세력으로 부상했다. 2011년 아랍의 봄 이후 호스니 무바라크Muhammad Hosni Mubarak 독재 정권이 무너졌고, 무슬림 형제단은 그해 4월 자유정의당이라는 정당을 창당했다. 합법 정당이 된 무슬림 형제단은 총선에서 498석 중 235석을 확보하며 1당이 되었고, 2012년에는 대선에서 승리했다.

이슬람 최초의 정치·사회조직에서 집권당으로 성장한 무슬림 형제단은 2013년 이집트 군부가 쿠데타를 일으켜 정권을 잡으면서 다시 탄압의 대상이 되었다. 현 정부는 전 독재자 무바라크의 혐의를 벗겨주고, 무슬림 형제단은 테러 단체로 규정해 단원들을 잡아들였다.

이집트 법원은 2014년 무슬림 형제단이 낳은 대통령 무함마드 무르시Muhammad Mursī에게 사형을 선고했다.4 100명이 넘는 단원들이 중형을 선고받고 투옥되거나 추방당했다. 무슬림 형제단도 이슬람 율법에 따라 평등하고 정의로운 사회를 만들자는 평화 세력과 무력으로라도 정권을 되찾자는 과격 세력으로 나뉘고 있다. 어느 쪽이든 무슬림 형제단의 고난은 지금도 계속되고 있다.

잃어버린 나라를 찾아서,
팔레스타인민족해방운동PLO와 하마스

팔레스타인의 정치 운동사를 알려면 먼저 이스라엘의 건국 과정을 살펴보아야 한다. 유대인들은 예수 그리스도를 팔아먹은 민족이라는 비난과 함께 핍박을 받으며 2,000년 동안 유럽 각지를 유랑하며 살았다. 유대인들은 이슬람교, 기독교의 성지이자 유대교의 성지이기도 한 팔레스타인에 이스라엘 국가를 재건하기로 결심한다.

기회는 전쟁과 함께 찾아왔다. 영국은 제1차 세계대전에서 독일을 이기기 위해 유대인에게 손을 뻗었다. 영국은 전쟁을 돕는 대가로 팔레스타인에 유대 국가를 창설하도록 해주겠다고 약속했다. 이것이 1917년 밸푸어 선언Balfour Declaration이다.

그런데 영국은 그보다 2년 전 아랍인들에게도 같은 약속을

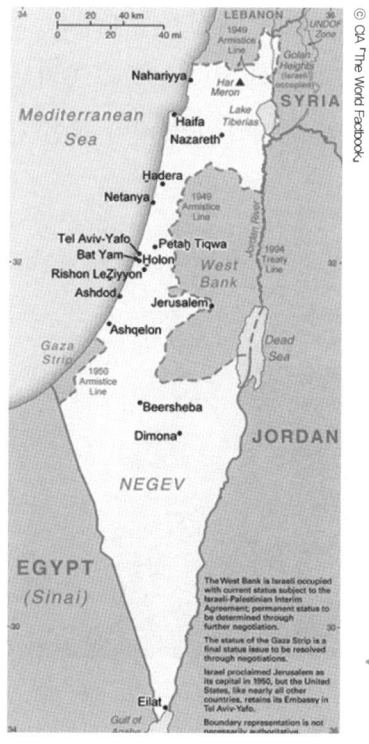

◀ 이스라엘 지도. 가자 지구와 요르단강 서안 지구(웨스트 뱅크)는 팔레스타인 자치 정부 구역이다.

했다. 영국을 도와 오스만제국에 대항해 싸우는 조건으로 팔레스타인과 아랍 지역에 이슬람 독립 국가를 세우도록 해주겠다고 약속한 것이다. 이것이 1915년 후세인-맥마흔 선언Hussein-McMahon Correspondence이다.

영국과 프랑스는 아랍·유대인들과 맺은 협정 사이에 또 다른 비밀 계획을 세웠다. 전쟁이 끝나면 영국과 프랑스가 중동을 나누어 통치하겠다는 내용이었는데, 팔레스타인은 영국이 다스리기로 했다. 1919년 전쟁이 끝나자 영국은 아랍을 배신했고, 미국은 유대인 편을 들었다.

1947년 11월 유엔 총회는 팔레스타인에 아랍과 유대 민족이 분리해서 국가를 세우는 안을 통과시켰다. 팔레스타인 땅은 정확히 둘로 갈라진 것이 아니었다. 유대인이 절반 이상을 차지했는데 농사를 지을 수 있는 땅은 대부분 유대인 차지가 되었다.

▲ 1993년 빌 클린턴 미국 대통령의 중재로 악수를 나누고 있는 이츠하크 라빈 이스라엘 총리(왼쪽)와 야세르 아라파트 PLO 의장(오른쪽).

1948년 5월 14일 유대인들은 팔레스타인인들이 살던 아랍 영토에 이스라엘을 건국했다.

이스라엘에 맞선 PLO와 하마스는 팔레스타인인과 아랍인들의 분노를 담아 만들어졌다. 정치적 협상, 대화, 애원, 국제사회에 호소 등 모든 방법이 통하지 않자 팔레스타인인들은 무장투쟁을 시작했다. 아랍연맹은 1964년 PLO를 팔레스타인을 대표하는 정식 기구로 인정했다. 야세르 아라파트가 이끈 PLO는 군사 조직을 키웠고 1972년 뮌헨에서 올림픽에 참가하러 온 이스라엘 대표단 11명을 암살했다. 국제사회에 팔레스타인 무장 조직의 힘을 알린 사건이었다.

PLO는 1988년 11월 모든 테러를 중단하겠다며 팔레스타인 설립을 선포했다. 전쟁 대신 평화를 택하겠다는 팔레스타인의 움직임은 평화 무드를 조성했다. 1993년 팔레스타인과 이스라엘은 오슬로 협정Oslo Accord을 맺었다. 서로 존재를 인정하고 국경선을 지키기로 한 '평화의 약속'이었다.

오슬로 협정이 맺어지기까진 인티파다Intifada라고 불린 민중봉기가 있었다. 1987년 팔레스타인 민간인들이 이스라엘인의 손에 무참히 살해된 사건을 계기로 시민들이 대규모 시위를 벌

> ● 아리엘 샤론
> 자국에서는 전쟁 영웅, 아랍권에서는 전쟁 범죄자로 평가받는 군인 출신의 이스라엘 전 국무총리. 1982년 국방장관 재임 중 PLO를 와해시키기 위해 베이루트를 공격했고 팔레스타인 난민촌에서 발생한 학살을 방조했다는 비판을 받았다. 서안지구와 가자지구에 유대인 정착촌 건립을 추진했고, 이 계획은 현재까지도 팔레스타인인들의 삶을 파괴하고 있다.

> 🟤 **파타**
> 팔레스타인 온건파 정치 세력으로 팔레스타인 내 최대 정파로 불리지만 강경파인 하마스가 2007년 가자지구를 장악하고 무장 독자노선을 주장하면서 영향력이 약화되었다.

인 것이다. 분노 시위는 7년 동안이나 이어졌고, 100만 명 넘는 팔레스타인인들이 목숨을 잃으면서 전 세계에 팔레스타인의 참혹상을 알렸다. 국제사회가 이스라엘과 팔레스타인이 평화 교섭을 하도록 압박하게 된 사건이기도 하다.

그러나 평화는 오래가지 않았다. 2000년 이스라엘의 야당 지도자 아리엘 샤론Ariel Sharon이 무장병력을 이끌고 무슬림 성지이자 유대교 성지인 알아크샤 성지를 예고 없이 방문한 것을 계기로 팔레스타인에서 제2차 인티파다가 일어났다.

계란으로 바위 치기가 계속되자 한층 과격한 무장 조직도 등장했다. 제1차 인티파다를 계기로 탄생한 하마스는 1988년 팔레스타인 해방을 위한 유일한 길은 무력 투쟁이라고 선언했다. 분노에 억눌린 팔레스타인인들은 무기력해진 PLO보다 하마스에 힘을 실어주었고 그 결과 하마스는 2006년 총선에서 파타 세력을 누르고 집권에 성공했다. 그러나 하마스를 위험한 테러 조직으로 본 미국의 도움으로 파타 출신 마흐무드 압바스가 하마스의 자치 정부를 해산하고 대통령 자리에 올랐다.

팔레스타인은 세계 속에서 존재감을 넓혀가기 위해 노력하고 있다. 2013년에는 유엔 비회원국 옵서버 국가 지위를 얻었고 2015년 1월에는 국제형사재판소ICC에도 가입해 2014년 7~8월 발생한 이스라엘의 가자 공습을 전쟁범죄로 고발했다.[5]

이란의 이슬람혁명

이란은 1979년 이슬람 국가로 재탄생했다. 혁명 이전 이란을 다스리던 팔레비 왕조는 석유 사업을 독점하고 지나친 친親서방 정책을 펴며 국민을 탄압했다. 왕정의 부패와 폭압 정치가 심해지고 양극화 현상이 두드러지면서 1978년 전국적인 민중 봉기가 일어났다.

왕정은 시위대를 무력으로 진압했지만 시위의 불길은 더욱 거세졌고, 이슬람 지도자 아야톨라 호메이니Ruhollah Khomeini가 이 흐름을 주도했다. 1978년 12월 11일 이란 인구의 10퍼센트가 참여한 대규모 시위가 일어났다. 인류 역사상 국민 수 대비 가장 많은 인원이 참여한 반정부 시위라고 한다. 결국 국왕 일가는 도망가듯 국경을 넘었고, 호메이니는 1979년 3월 이슬람 공화국을 수립했다.

이란은 현재 시아파의 맹주로 국제사회에서 큰 영향력을 발휘하고 있다. 2015년 초 미국과 핵 협상을 타결하면서 경제 제재도 풀렸다. 왕조가 다스리면서 서구화·세속화되었던 나라가 이슬람 율법에 따라 공화국으로 다시 태어난 이란의 역사는 많은 무슬림에게 가장 혁명적이고 역사적인 사건으로 기억되고 있다.

정말 실패일까, 아랍의 봄

노벨위원회가 노벨평화상을 튀니지의 국민4자대화기구에 준 것은 여전히 전쟁과 독재로 고통받고 있는 중동의 시민들을 응원하려는 뜻도 있다. 2010년 12월 튀니지에서 노점상을 하며 생계를 꾸리던 청년 모하마드 부아지지가 경찰과 대립하다 분신하면서 튀니지에서는 거대한 민주화 시위가 일어났다.

억압을 참고 견디며 살던 튀니지인들의 분노는 비슷한 상황에 있던 중동과 북아프리카 나라로 퍼져나갔다. 알제리, 이집트, 요르단, 예멘, 시리아, 사우디아라비아, 수단, 이라크, 바레인, 쿠웨이트, 모로코, 레바논 등에서 민주화 시위가 이어졌다. 거대한 민주화 물결은 튀니지의 국화인 재스민을 인용해 '재스민혁명' 또는 '아랍의 봄'으로 불렸다.

전 세계를 놀라게 한 아랍의 봄은 시간이 지나며 사그라졌고 더 큰 비극을 불러왔다. 시리아의 바샤르 알 아사드Bashar al-Assad 독재 정권은 힘없는 민중을 폭압했고 2016년 현재까지 정부군과 반정부군 간의 내전이 계속되고 있다. 이집트에서는 독재 정권이 물러났지만 다시 다른 군부 세력이 쿠데타를 일으켰다. 예멘은 정부군과 반정부군의 분쟁과 알카에다 등 테러 조직과 사우디아라비아가 이끄는 아랍연합군까지 가세한 전쟁터로 변했다.

튀니지는 유일하게 독재 정권을 무너뜨리고 시민이 중심이 되어 헌법 체제를 수립하면서 근래 가장 성공한 이슬람 정치 운동으로 기록되었다. 그러나 아랍의 봄에서 확인된 많은 무슬림의 열망은 잠재되어 있을 뿐 사라졌다고 보기는 어렵다. 정의롭고 행복한 세상을 만들고 싶은 사람들의 선의는 쉽게 사라지지 않을 테고, 그 소망들은 씨앗이 되어 언제든 어떻게든 다시 새로운 싹으로 피어나지 않을까? 다시 올 아랍의 봄을 기다려본다.

신의 이름으로 저질러지는 폭력, 지하드의 역사

2014년 6월 29일 이라크 최대 유전 도시 모술을 장악한 극단주의 무장 단체 IS가 '이슬람 국가'를 수립하겠다고 선포했다. 이름도 '이라크와 레반트의 이슬람 국가Islamic State in Iraq and Levant'에서 '이슬람 국가Islam State'로 바꾸었다.

IS는 이라크와 시리아 영토를 침범해 군인뿐 아니라 민간인까지 살해하고, 여성들을 성노예로 삼았다. 미국과 일본인 기자들을 납치해 참수한 뒤 이 장면을 SNS와 인터넷에 공개했고, 2015년 2월에는 요르단 조종사를 산 채로 화형에 처하기도 했다. 고대 유적지를 폭파하고 어린 소년들을 데려다 살인에 가담시키기도 했다.

2001년 9·11테러로 IS보다 먼저 세계를 경악하게 만든 무장 조직 알카에다는 2014년 2월 IS와 절연을 선언했다. 이 조직들은 이슬람교라는 '종교'를 내세우면서 왜 이렇게 잔인한 짓을 저지르는 것일까? 같은 이슬람 무장 조직인 알카에다와 IS는 왜 절연을 선언할 정도로 관계가 나쁜 것일까? 시간이 갈수록 전 세계를 공포로 몰아넣고 있는 이슬람 극단주의 무장 조직의 역사를 알아보자.

지하드, 변질된 성전의 의미

이슬람 극단주의 무장 조직들은 자신들을 지하디스트Jihadist라 부른다. 지하드를 수행하는 사람이라는 뜻인데, 지하드는 『쿠란』에서 성전聖戰을 의미한다. 알라의 뜻에 따라 성스러운 전쟁을 치르는 사람이라는 뜻이다.

학자들은 『쿠란』에서 말하는 성전에는 두 가지 뜻이 있다고 한다. 첫째는 자기 수양이다. 자기 자신을 다스리는 것이다. 종교에서 말하는 자기 성찰, 자신과의 싸움을 뜻한다. 두 번째가 이교도와의 전투다.

『이슬람은 그렇게 말하지 않았다』를 쓴 중동 전문가 서정민 교수는 "자신과의 싸움을 '대大지하드', 이교도와의 전투를 '소小지하드'라고 한다"며 "정신과 언행으로 보여주는 지하드가 더 큰 의미가 있다"고 했다. 특히 전투를 뜻하는 소지하드도 "저들이 먼저 너희에게 싸움을 걸어온다면 살해하라. 이것이 신앙을 억압하는 자들의 대가"라는 뜻이라고 한다. 그러니까 이교도를 무력으로 공격해 개종시키거나 살해하는 것이 아니라, 침입을 받을 때만 최소한의 방어적 수단으로 무력을 쓰라는 뜻이다.

그러나 『쿠란』에 기록된 지하드는 시간이 흐르며 변질되었다. 성전의 개념을 공격적이고 과격하게 해석하는 사람들이 나타났이다. 이슬람 국가가 유럽의 십자군 공격을 받아 많은 피를 흘리고 결국 몽골의 침략을 받아 멸망하면서, 이슬람 사회에서는 "공격적인 지하드가 신자의 의무"라는 생각이 피어났다.

이런 생각을 이론으로 확고하게 정리해 전파한 사람이 이집트의 사이드 쿠틉Sayyid Qutb이다. 시인이자 문학 장학생이었던 쿠틉은 정부 장학금으로 미국에서 유학 생활을 했다. 정부는 쿠틉이 유학 경험을 바탕으로 이집트에 서구 문명을 전파할 것이라 기대했지만 정부의 바람과 달리 그는 서구·세속주의에 환멸을 느끼고 돌아왔다.

이집트로 돌아온 그는 이집트가 영국의 식민지로 전락하고 많은 이슬람 국가가 서방국가에 침탈당한 것은 이슬람 본연의 의무를 다하지 않았기 때문이라고 주장했다. 그는 이슬람이 아닌

◀ 이슬람 과격주의 이론을 세운 사이드 쿠틉.

모든 곳을 이슬람의 힘으로 해방(정복)해야 할 대상으로 보고 무력을 통한 성전을 최고의 종교적 행위라고 주장했다.

본래 『쿠란』에서는 칼리프만이 성전 개시를 선포할 수 있지만, 쿠틉은 '가만히 있는 것'을 죄악으로 보고 누구나 필요에 따라 성전을 수행할 수 있다고 설파했다. '무한 지하드의 시대'를 연 것이다. 그는 1966년 나세르 대통령 암살 사건에 연루되어 처형당했다. 그러나 그의 생각은 『진리를 향한 이정표』 등 옥중에서 남긴 글을 통해 금서가 되어 더 은밀하고 광범위하게 퍼졌다. 쿠틉의 이론은 이후 이슬람 과격주의자들에게 무자비한 테러를 일으키는 뿌리이자 명분이 되었다.

『지하디스트의 여정』을 쓴 레바논 출신 미국인 저널리스트 파와즈 A. 게르게스는 "과거 이슬람의 지하드가 가까운 적, 내부의 적과의 싸움이었다면 과격주의가 거세지면서 점점 더 멀리 있는 적, 가장 큰 적과 싸워야 한다는 프레임이 형성되었다"고 분석했다.

오사마 빈라덴과 알카에다, 탈레반

이슬람에 관심이 없는 사람이라도 알카에다라는 조직은 들어보았을 것이다. 오사마 빈라덴이 이끈 극단주의 무장 조직 알카에다는 2001년 9·11테러를 일으켜 전 세계를 충격에 빠뜨렸다. 4대의 여객기가 납치되어 세계무역센터와 국방부 건물에 충돌했고 민간인 2,977명이 숨졌다.

미국의 심장을 겨눈 초유의 사건은 알카에다라는 테러 조직을 세상에 알렸다. 어떻게 이런 테러가 가능했을까? 자신의 목숨을 바쳐 여객기를 '자살 비행'으로 이끈 테러범들이 있었기 때문이다. 이들은 사이드 쿠틉이 정리하고 오사마 빈라덴이 반복해서 악용한 과격주의에 따라 기꺼이 '순교'했다.

놀라운 사실은 오사마 빈라덴이 원래 미국의 자금 지원을 받던 무장 조직원이었다는 것이다.1 1979년 옛 소련이 아프가니스탄을 침공하자, 미국은 경쟁 관계였던 소련의 확장을 경계하기 위해 아프가니스탄의 이슬람 무장 조직원들을 지원했다. 빈라덴만 지원을 받은 것이 아니다. 당시 미국과 사우디아라비아 정부는 소련과 싸우겠다고 나서는 이슬람 청년들을 적극적으로 도왔고 아랍과 북아프리카의 많은 무슬림이 이 전투에 나섰다.

문제는 전쟁이 끝난 후였다. 소련이 아프가니스탄에서 물러나고 남겨진 '전사'들은 고국에서 괴물처럼 여겨졌다. 각종 살상 훈련을 받고 전쟁을 경험한 이들이 고국 입장에서는 불안하고 불편한 존재였다. 각국 정부는 이들의 귀환을 반기지 않았고, 빈라덴은 갈 곳이 없는 조직원들을 모아 1988년 알카에다를 만들었다. 알카에다는 기본 · 토대 The Base · The Foundation 라는 뜻이다.

위험한 조직을 만든 빈라덴은 미군이 이슬람 성지인 사우디아라비아의 메카와 메디나에 주둔하는 것에 반발해 사우디아라비아와 수단을 오가며 서방과의 '성전'을 선포했다. 그러나 뜻대로 되지 않자, 아프가니스탄의 신생 무장 조직 탈레반과 손을 잡았다.

탈레반은 학생들이라는 뜻이다. 탈레반 역시 소련 침공 후 이슬람 근본주의로 돌아가자는 주장과 함께 만들어진 조직이다. 실제 아프가니스탄 학생들이 주축이 되어 만들어졌지만, 점점 더 과격해지면서 1996년 무력으로 아프가니스탄 정부를 전복하고 정권을 잡았다.

든든한 지원군을 얻은 빈라덴의 알카에다는 본격적인 테러를 시작했다. 빈라덴은 신병을 모집하는 비디오테이프에서 "어떻게 신성한 예언자의 땅(메카와 메디나)에 미군이 마음껏 행보할 수 있는가. 우리 무슬림은 『쿠란』이 더럽혀지고 불타며 유대인의 일회용 휴지로 사용되는 것을 보고 들으면서 아무것도 하지 않은 채 무기력하게 서 있다"며 무슬림의 감정을 자극했다.[2]

빈라덴은 미국을 모든 무슬림의 적으로 규정하고 '악의 제국', '뱀의 머리'라고 표현하며 미국에 투쟁을 선포했다. 빈라덴이 만든 '무슬림의 적=미국'이라는 프레임은 쿠틉이 세운 과격주의 이론을 더 구체화했고, 알카에다가 무슬림을 대표해 지하드를

▲ '학생'이라는 뜻을 갖고 있는 탈레반 휘장.

거행한다는 명분으로 악용되었다.

　빈라덴이 이끄는 알카에다는 1996년 빌 클린턴 미국 대통령 암살을 시도했고, 1998년에는 케냐 나이로비와 탄자니아의 미국 대사관도 공격했다.

　그리고 2001년 9·11테러를 일으켰다. 9·11테러 이후 미국 조지 W. 부시 정권은 아프가니스탄에 대한 보복전을 벌이고 이라크에 대량 살상 무기가 숨겨져 있다는 명분으로 이라크까지 침공했다(대량 살상 무기는 발견되지 않았고, 미국 정부도 이런 사실을 알고 있었지만, 돈벌이와 전쟁을 위한 가짜 명분으로 내세웠다는 사실이 후에 밝혀졌다. 이라크 전쟁은 지금까지도 미국이 비판받는 '명분 없는 전쟁'이다).

　2011년 5월 1일 미군이 파키스탄에 숨어 있던 빈라덴을 찾아내 사살하기까지 10년 동안 알카에다는 여러 테러를 저지르며 무고한 목숨을 앗아갔다. 그러나 9·11테러 이후 알카에다는 쇠약해지기 시작했고, 빈라덴의 사망 이후에는 사실상 해체되었다.

　알카에다 조직은 여러 지역으로 뿔뿔이 흩어졌고, 예멘에 자리 잡은 예멘 알카에다AQAP가 그중 본류本流로 분류되지만 세력은 예전과 비교하기 어려울 정도로 약해졌다. 예멘 알카에다는 내전으로 쇠약해진 예멘을 중심으로 자살 폭탄 테러를 감행하며 겨우 명맥을 유지하고 있다.

　1996년 아프가니스탄의 정권을 잡은 탈레반은 2001년 빈라덴의 9·11테러를 도운 뒤 미국의 침공을 받아 무너졌다. 그러나 이후 파키스탄으로 근거지를 옮겨 지금도 테러를 저지르고

▲ 2001년 아프가니스탄 카불에서 인터뷰 중인 빈라덴(왼쪽).

있다.

2012년에는 BBC 블로그에 "여성도 교육받을 권리가 있다"는 글을 올린 파키스탄의 13세 소녀 말랄라 유사프자이Malala Yousafzay가 탄 스쿨버스에 침입해 말랄라의 머리에 총을 쏘기도 했다. 말랄라는 기적적으로 살아났고 여성·인권운동을 펼쳐 2014년 노벨평화상을 수상했다.

탈레반의 지도자로 2001년 이후 모습을 드러내지 않았던 무하마드 오마르Muhammad Omar가 2013년 이미 사망했다는 사실이 2015년 7월 확인되기도 했다. 탈레반의 세력은 예전만큼은 못하지만 언제 어떤 범죄를 저지를지 모르는 위험한 존재다.

보코하람과 알샤바브

아프리카 나이지리아와 케냐, 소말리아는 극단주의 무장 조직

보코하람과 알샤바브의 테러로 지옥 같은 나날을 보내고 있다.

보코하람 Boko Haram은 2002년 모하메드 유수프 Mohammed Yusuf 가 나이지리아에서 만들었다. 32세의 젊은 이슬람 지도자였던 유수프는 다른 극단주의 조직처럼 "나이지리아에 이슬람 원리주의에 따라 이슬람 율법에 따른 나라를 세워야 한다"고 주장했다. 보코하람은 '서구식 교육은 죄악'이라는 뜻이다.

별 존재감 없었던 보코하람이 폭력성을 드러낸 것은 2009년 이후다. 보코하람은 보르노 주지사 선거에 개입했다가 이용만 당하고 버려졌다. 보코하람을 주시하던 나이지리아 정부는 2009년 7월 보코하람의 리더 유수프를 즉결 처형했다. 재판 절차도 거치지 않은 사법 살인이었다. 수장과 가족들이 군중이 보는 앞에서 잔인하게 처형당하자 보코하람은 음지로 숨어들었고 극단적으로 변하기 시작했다.

보코하람은 2010년 9월 한 교도소에 침입해 죄수들을 탈옥시켰고, 2011년에는 수도 아부자에 있는 유엔 건물에서 자살 폭탄 테러를 일으켰다. 무자비한 테러를 성공시키며 자신감을 얻은 보코하람은 카메룬, 차드 등 인접 국가로까지 공격 범위를 넓혔다.

보코하람의 악명을 세계에 알린 것은 치복 여학생 납치 사건이다. 2014년 4월 14일 나이지리아 북부 보르노주의 주도 마이두구리의 한 여학교에 무장한 보코하람 조직원들이 침입해 여학생 276명을 납치했다. 과학 시험을 보고 있던 학생들은 영문도 모른 채 제대로 저항도 하지 못하고 끌려갔다.

> 🔴 **히잡**
> 무슬림 여성들이 쓰는 덮개의 일종으로 머리부터 어깨, 가슴까지 내려온다. 『쿠란』은 여성의 머리를 가릴 것을 명시하고 있다. 터키, 프랑스 등에서는 히잡 금지로 논란이 일기도 했다.

한 달 뒤 보코하람은 온라인에 동영상을 올렸다. 리더 아부바카르 셰카우Abubakar Shekau는 히잡을 쓰고 앉아 있는 소녀들의 모습을 공개하며 "소녀들은 모두 이슬람으로 개종하겠다고 맹세했다"고 말했다. 감옥에 붙잡혀 있는 보코하람 조직원이 석방되지 않으면 소녀들도 풀려나지 못할 것이고 소녀들을 결혼시키거나 시장에 노예로 내다 팔겠다는 말도 덧붙였다.

전 세계가 경악하며 SNS를 통해 '딸들을 돌려주세요Bring back our girls'라는 이름의 구출 운동을 벌였다.3 힐러리 클린턴 등 정치인과 할리우드 배우 등 전 세계 유명 인사들이 구출 운동에 동참했다.

유엔 등 국제기구도 "당장 아이들을 풀어주라"고 촉구했다. 그러나 초기에 탈출한 57명과 2016년 5월 발견된 1명을 제외하고 아직도 218명의 생사는 정확히 확인되지 않고 있다. 나이지리아 정부군이 보코하람에 납치된 여성들을 구출했다는 소식이 전해졌지만 당시 납치된 여학생들은 아닌 것으로 밝혀졌다. 돌아온 여학생들도 성노예로 유린당했다는 사실 때문에 따가운 눈총을 받다가 고향을 떠나거나, 심각한 트라우마에 빠져 정상적인 생활을 하지 못하고 있다.

보코하람의 만행은 여기서 그치지 않았다. 2015년 1월 보코

▲ 보코하람에 납치한 소녀들을 돌려보내주기를 촉구하는 '딸들을 돌려주세요' 캠페인. 하지만 아직까지도 보코하람은 소녀들을 돌려보내지 않고 있다.

하람은 북동부 바가 지역의 민간인 마을에 침입해 닥치는 대로 사람을 죽였다. 나이지리아 정부는 하루 만에 2,000명이 목숨을 잃었다고 밝혔다. 바가 마을은 위성사진에서 불빛이 사라지고 까맣게 보일 만큼 폐허가 되었다. 지도에서 마을 하나가 사라질 정도의 공격이었다.

보코하람은 바가 마을뿐 아니라 수시로 민간인 마을과 시장에 침입해 살인과 자살 폭탄 테러를 일으켰다. 자살 폭탄 테러에는 어린 소년·소녀들도 이용되었다. 어린아이는 군인과 경찰의 의심을 덜 받는다는 점을 이용했다. 어린아이들은 "천국에 간다"는 말을 듣고 온몸에 폭탄을 두른 채 자신이 무슨 일을 하는지도 모른 채 현장에서 즉사했다.

보코하람은 2015년 3월 이라크와 시리아에서 맹위를 떨치고 있는 극단주의 무장 조직 IS에 공개적으로 충성을 맹세했다. IS가 명령하면 언제든지 아프리카에서 IS의 이름으로 테러를 일으키겠다고 약속한 것이다. 나이지리아와 차드, 카메룬 등 인접 국가들은 연합군을 조직해 보코하람 격퇴 작전에 나섰고 성과를 거두기도 했지만, 보코하람의 잔인한 만행은 지금도 계속되고 있다. 보코하람이 살해한 사람은 2만 명을 넘어섰고, 생명에 위협을 느낀 나이지리아 국민들은 국경을 넘어 난민 신세가 되었다.

알샤바브Al-Shabaab는 소말리아와 케냐를 무대로 활동하고 있는 조직이다. 소말리아는 1991년 이후 20년 넘게 내전을 겪었고, 알샤바브는 이런 비극을 먹고 자랐다. 내전 과정에서 "이슬람 근본으로 돌아가야 한다"고 주장하는 이슬람 법정 연합ICU, Islamic Courts Union이 조직되었는데, 알샤바브는 2006년 여기서 독립한 단체다.

알샤바브는 '청년들'이라는 뜻과는 달리 과격한 테러를 여러 번 저질렀다. 2010년 우간다에서 폭탄 테러를 일으켜 74명이 목숨을 잃었고 2013년 9월에는 케냐 나이로비의 대형 쇼핑몰 웨스트 게이트를 장악하고, 무슬림이 아닌 사람들을 골라내 총살하는 테러를 벌였다. 67명이 사망했고 한국인 관광객 1명도 희생되었다.

2015년 4월에는 케냐의 가리사대학에 들어가 학생 148명을 사살했다. 생존자들은 알샤바브가 기독교 학생들을 골라내 죽였다고 증언했다. 2015년 11월 1일에도 소말리아 모가디슈의 한 고급 호텔에서 폭탄 테러를 일으켰다. 이들은 단지 무슬림이 아니라는 이유로 비무장 상태의 민간인들을 공격하는 것을 성전

이라 주장하고 있다. 알카에다에 충성을 맹세했던 알샤바브는 공개적으로 IS에 충성을 맹세했다.

돌연변이 테러 조직 IS

IS의 뿌리는 요르단 출신의 아부 무사드 알자르카위Abu Musab al-Zarqawi가 1999년 만든 '유일신과 성전'이라는 조직이다. 이 단체는 2004년 이라크알카에다AQI라는 이름으로 개명했는데 한국인 김선일을 납치하고 참수해 우리나라를 충격에 빠뜨렸던 조직이다. 김선일뿐 아니라 이라크의 시아파 주민들과 사원, 유엔 인사 등을 상대로 마구잡이 테러를 저질렀다.

명문가 출신으로 부유한 집안에서 자란 오사마 빈라덴과 달리 알자르카위는 빈민 출신의 잡범으로 감옥을 드나들며 자랐다. 그가 이끈 IS의 전신 조직은 더 과격하고 잔인하며 보여주기식 테러에 집착했다. 알자르카위는 2006년 6월 미군의 공습으로 사망했지만, 그의 조직은 더 잔혹해졌고 더 확장되었다.

이라크알카에다는 알자르카위와 함께 조직을 지휘했던 알바그다디를 중심으로 재편해 2006년 10월 '이라크이슬람국가ISI'로 이름을 바꾸었다. 이때 처음 '이슬람국가'라는 표현이 나왔다. 다른 과격 무장 조직들이 외부 적과의 싸움에 몰두하기 시작할 때, IS는 철저히 이라크 내부를 장악하는 데 집중했다. 미국이 무너뜨린 후세인 정권의 잔존 세력을 흡수했는데, 알바그다디 자신도 후세인 정권에서 장교를 지내기도 했다. 그들은 교도소를 침입해 죄수들을 탈옥시켰다. 탈옥 죄수들은 ISI의 충실

▲ IS가 공개한 조직원들의 모습.

하고 과격한 조직원이 되었다. ISI는 점점 더 이라크를 장악했고 이라크는 무법 지대가 되었다.

2010년 말부터 2011년 초까지 중동 지역에 불어 닥친 '아랍의 봄'은 ISI에게 기회로 다가왔다. 시민들은 민주화 열기로 똘똘 뭉쳐 독재 정권에 저항했지만, 잠시 간판만 바뀌었을 뿐 독재 세력은 금세 권력을 잡았다. 특히 시리아에서 일어난 민주화 시위는 내전으로 바뀌었고, ISI는 이 혼란을 놓치지 않았다.

그때까지만 해도 이슬람 극단주의 무장 조직의 아버지뻘이었던 알카에다는 알바그다디에게 따로 조직을 만들지 말고 시리아 내전에서 반정부 세력을 지원하라는 지시를 내렸다. ISI는 2013년 4월 조직의 이름을 '이라크와 레반트 이슬람국가ISIL'라고 바꾸었는데, 알카에다는 이 조직을 해체하라고 촉구했다. 그러나 알바그다디는 명령을 듣지 않았고, 2013년 11월에는 알카에다가 보낸 특사를 죽였다.

알카에다는 알바그다디가 참수 등 극형을 일삼는 것을 공개적으로 비난했고, 결국 2014년 2월 "ISI는 우리와 아무 관련 없는 조직"이라며 절연을 선언했다.

독자 세력이 된 ISI는 시리아와 이라크 지역을 장악해나갔고 2014년 6월 9일 이라크 최대 유전 도시 모술을 장악하는 데 성공했다. 그리고 국가 수립을 선포했다. 이들은 이슬람교의 창시자이자 알라의 예언자 무함마드가 세운 이슬람 국가를 재현하겠다고 주장한다. 그리고 이교도는 물론 무슬림 중에서도 IS와 함께 하지 않고 IS의 뜻에 따르지 않는 이들을 모두 적으로 규정했다.

국가 수립을 선포한 뒤 IS는 유례가 없을 정도로 과격하고 잔인한 방식으로 테러를 저질렀다. 영국, 미국, 일본 등의 외국인 기자들, 이집트의 콥트교•도들을 참수했고 이 장면을 촬영해 공개했다. 미국이 이끄는 유엔평화유지군에 참여한 요르단 조종사를 납치해 철장에 넣고 산 채로 화형시키기도 했다. 화형은 이슬람 사회에서도 찾아보기 힘든 참혹한 살인 방법이다.

IS가 사람을 죽이는 일만 하는 것은 아니다. IS는 시리아의 유적 도시 팔미라를 장악하고 인류사의 중요한 유물들을 폭파하거나 처형 장소로 활용하고 있다. IS는 이슬람 율법에 따라 세워지지 않은 문명과 유물은 모두 이단이라고 주장하고 있다. 그러나 종교와는 아무 관련 없는 건축물까지 부

> ● **콥트교**
> 복음사가 마르코가 세웠다고 하는 이집트의 오래된 기독교 분파로, 5세기경 로마 교회에서 분리되어 독자 노선을 걸었다. 알렉산드리아 총대주교가 수장이다.

수고 있다. 유네스코는 IS의 유물 파괴를 전쟁범죄로 규정했다.

IS는 그저 끔찍하고 충격적인 테러 방법으로 유별난 조직은 아니다. 국가라는 이름처럼 이들은 자신들만의 행정조직을 갖고 있다. 그리고 예산의 집행 과정과 집행 내역을 회계장부로 처리해 공개한다. 물론 이들이 공개하는 수입, 지출 내역이 어디까지 진실인지는 알 수 없다. 유엔 산하 국제기구는 IS가 원유와 고대 유물 밀매, 인질 협상으로 '더러운 돈'을 벌고 있다고 보지만 IS는 이를 부인하고 있다.

IS가 다른 테러 조직과 가장 다른 특징 중 하나는 화려한 홍보 기술이다. IS는 조직원을 모집하는 동영상을 비롯해 참수, 테러 동영상까지 화려한 뮤직비디오를 연상케 하는 고화질 UCC로 만들어 배포한다. 인터넷 사이트와 SNS도 자유자재로 활용한다.

각 정부가 아무리 IS 연계 계정을 단속하고 막아도 개인을 겨냥해 파고드는 온라인 미디어 홍보는 완전히 차단하기 불가능하다. IS는 익명의 계정을 통해 각 나라에서 테러나 범죄에 관심 있는 이들, 현실에 불만 있는 이들을 꾀고 이들에게 환상을 심어 준다. 마치 IS의 영역으로 들어오면 누구나 부와 평등을 누릴 수 있는 것처럼 달콤한 약속을 한다.

그러나 실상은 마구잡이로 자살 폭탄 테러에 이용하거나 총알받이로 활용하고 있다. 미국은 2014년 9월 유엔평화유지군을 이끌고 IS 격퇴를 위한 공습에 나섰다. 그러나 성과는 지지부진하다. IS의 지도자 알바그다디가 미군의 공습으로 사망했거나 심각한 부상을 당했을 것이라는 분석도 나왔지만, 알바그다디는 육성 파일을 공개하며 건재함을 과시했다. IS는 일인자가 사망해도 권력 다툼으로 인한 혼란이 없도록 플랜 B를 준비해놓았다는 보도도 나왔다.

IS는 2015년 10월 31일 이집트 시나이반도를 출발해 러시아로 향하다 추락한 여객기 사고의 배후로도 의심받고 있다. 비행기가 추락해 10개월 된 아기를 비롯해 탑승객 224명이 모두 숨졌다. IS 연계 조직이라고 주장하는 이집트 시나이반도 무장 조직은 자신들의 테러라고 주장하고 있고, 미국과 영국, 러시아 정보 당국도 IS의 테러일 가능성이 높다고 밝혔다. 그러나 테러 때마다 보란 듯이 인터넷에 자랑 메시지를 올렸던 IS 공식 지부는 이번에는 침묵을 유지하고 있다. 어쩌면 침묵으로 인한 더 큰 혼란을 바라고 있는지도 모른다.

IS의 조직원이 얼마나 되는지, 자금을 얼마나 비축해두었는지, 앞으로 어떤 테러를 계획하고 있는지, 어느 정도의 무기를 보유하고 있는지에 대해서는 누구도 정확히 알지 못한다. 정통 이슬람교는 여성을 성노예로 삼고 같은 무슬림을 살해하며, 자살 폭탄 테러를 일삼는 IS를 이슬람 무장 단체로 인정하지도 않는다.

그러나 중요한 것은 이들이 '이슬람 국가 건설'을 명분으로 테러를 자행하고 있고, SNS를 무기로 어떤 범죄단체보다 효과적이고 그럴듯한 홍보전을 펼치며 전 세계의 불만 세력을 빨아들이고 있다는 것이다. 이른바 '외로운 늑대'라고 불리는 이들은

IS의 직접적인 지령을 받아 움직이지는 않지만, 원거리에서 IS의 영향을 받아 자발적으로 테러를 저지른다. 예측할 수 없고 예방할 수 없는 테러의 시대가 왔다는 것이 모든 이를 더 불안하게 만들고 있다.

역사는 식탁에서 이루어진다

　주지육림酒池肉林이라는 말이 있다. 고대 중국 하나라 걸왕, 상(은)나라 주왕, 주나라 유왕은 모두 폭정과 방탕한 연회로 유명하다. 걸왕은 매희에게, 주왕은 달기에게, 유왕은 포사에게 빠져서 술잔치를 벌이다가 나라가 망했다고 한다. 매희, 달기, 포사는 모두 당대의 미녀들이다. 고대의 중국 왕들이 술로 못을 만들고 나무에 고기를 매달아 흥청망청 먹고 마셨다고 해서 주지육림이라는 말이 나왔다.

　너무나 먼 옛날의 전설 같은 이야기들이지만, 황제와 왕과 대통령들의 만찬은 늘 호기심을 부추긴다. 예나 지금이나 먹고 마시면서 이야기가 오가고, 외교와 밀담이 이루어지기 때문이다. '정상들의 만찬'에 얽힌 이야기를 들여다보면 당대의 사회상과 시대의 단면도 볼 수 있다.

강희제의 만한전석, 만주족과 한족이 모이다

청나라는 한족이 대부분이던 중국 땅에 만주족이 들어와 세운 나라다. 지배층인 만주족은 한족을 견제하면서도 끌어안아야 했다. 이런 정치적 상황이 담긴 만찬상이 있다. 강희제가 만든 만한전석滿漢全席이다. 말 그대로, 만주족과 한족이 함께하는 자리다.

원래 만석은 만주족의 연회, 한석은 한족의 연회를 가리키는 말이었다. 청나라 초창기에는 연회도 만석과 한석이 구분되어 있었다. 그러다가 강희제가 60세를 맞아 특별한 연회를 열었다. 중국 곳곳에서 65세가 넘은 노인 2,800명을 황궁으로 초청한 것이다. 이들을 위해 연회를 베풀면서 강희제는 만석과 한석을 한꺼번에 차리게 했다. 이것이 만한전석이다.1 만한전석은 하루에 2번, 사흘 동안 이어지면서 제비집, 상어 지느러미, 해삼, 전

▲ 만한전석 상차림의 예.

복, 곰 발바닥, 사슴 힘줄 같은 산해진미가 올라왔다고 한다.

하지만 현대 중국의 국가 연회는 공산당 집권 뒤 화려하지 않게 변했다. 공산 정권 수립 뒤 처음 국가 연회가 열린 것은 국경절인 1949년 10월 1일이었다. 연회를 총괄한 사람은 저우언라이周恩來 총리였다. 저우언라이 총리는 화이양淮陽 요리를 국가 연회의 기본으로 삼았다. 화이양 요리는 중국 4대 요리 중 하나인데 해산물을 위주로 하며, 부드럽고 담백한 맛이 특징이다. 이 첫 국가 연회에는 익힌 요리 6가지와 불도장佛倒墻 탕이 나왔다.

그런데 1960년대 마오쩌둥毛澤東 주석이 국가 연회가 너무 호사스럽다고 지적하면서, 외국 귀빈이 와도 요리 4종, 탕 1가지를 내놓는 것으로 메뉴를 줄였다. 2000년대 이후에는 메뉴를 더 줄여서 요리 가짓수가 3가지, 2가지로 줄었다. 시진핑習近平 주석은 부패와의 전쟁을 벌이고 있다. 그래서 시진핑 주석 집권 뒤에는 국가 연회가 더욱 간소해졌다. 2015년 전승절 국가 연회도 검소하게 치렀다고 한다.[2]

● 저우언라이

중국의 혁명가, 정치인. 장쑤성 화이안에서 태어나 톈진 난카이 중학교와 대학교를 졸업하고 일본에서 유학했다. 대학 시절 5·4운동에 참여했고 프랑스에서 정치학을 공부했다. 1922년 귀국 뒤 황푸 군관학교 교관 등을 거쳤으며 대장정에 참여했고, 공산당 대표로 국공합작을 이루어냈다. 1949~1976년 중국 초대 총리를 지냈으며 비동맹 외교를 주도했다.

네로 황제의 회전식 연회장

이번에는 서쪽으로 옮겨 가보자. 2009년 9월 고고학자들이 로마제국의 악명 높은 네로 황제의 만찬장을 발굴했다.3 로마 팔라티노 언덕에 세워진 서기 1세기의 황금 궁전 도무스 아우레아 유적지에서 발견된 만찬장, 이름하여 코에나티오 로툰다 Coenatio Rotunda 는 회전식 연회장이다. 이 만찬장에 대해서는 당대의 역사학자 수에토니우스Gaius Suetonius Tranquillus 등이 기록으로 남겨놓았지만 실물이 모습을 드러낸 것은 2,000년 가까이 지나서였다.

수에토니우스의 기록에 따르면 "주연회장은 둥근 방으로, 천체의 회전(고대인들은 하늘이 돈다고 여겼다)을 본떠 돌아가게 되어 있다"고 한다. 만찬장의 천장은 상아로 장식되어 있었고, 꽃이 비처럼 벽을 타고 내려오며, 숨겨진 분무 장치에서 향수가 뿜어져 나왔다고 한다. 얼마나 호사스러웠을까? 게다가 방 전체가 돌아가는 방식이었다니, 로마 공학 기술의 총아였을 것이다. 이 만찬장에서 네로는 포파이아 사비나Poppaea Sabina 와 함께 파티를 벌였을 것이다.

네로는 서기 53년 6월 9일 옥타비아라는 여성을 황후로 맞았다. 그러나 이내 옥타비아에게 싫증을 냈고, 이 여자 저 여자와 바람을 피우다가 폼페이 태생의 포파이아에게 폭 빠졌다. 포파이아가 아기를 갖자 네로는 옥타비아를 아예 쫓아내고 포파이아를 황후로 맞았다. 그것으로도 모자라 62년 6월 9일 옥타비아를 처형했다. 악행을 일삼던 네로는 결국 쫓겨났고, 옥타비아

가 숨지고 6년 뒤인 68년 6월 9일 스스로 목숨을 끊었다.4

페르시아 영광 되살리려던 파흘라비의 연회

고대 서방에 로마제국이 있었다면 동방에는 페르시아제국이 있었다. 그리스 사람들이 '파르시 말을 쓰는 사람들'이라 해서 페르시아라 불렀다는데, 오늘날의 이란을 가리킨다.

이란은 고대 제국이었지만 오랜 세월 아랍, 몽골, 투르크 등의 지배를 받다가 현대에 들어와 다시 대국으로 우뚝 섰다. 그 주역은 파흘라비(팔레비) 왕조였다. 이란의 왕은 '샤'라고 부른다. 1971년 10월 12일부터 16일까지 닷새 동안 파흘라비 왕조의 모하마드 리자 샤Mohammad Riza Shah Pahlevi는 '페르시아제국 창건 2,500주년'을 기념하는 거창한 연회를 열었다.

리자 샤에 대해서는 평가가 엇갈린다. 한쪽에서는 이란을 근대화·서구화한 인물이라 칭송한다. 반대편에서는 미국·영국을 등에 업고 국민을 억누르면서 공포정치를 자행한 독재자라 비난한다. 어찌 되었든 확실한 것은 그가 자국민에게 쫓겨났다는 사실이다. 미국은 1979년 이란의 이슬람 혁명을 테러나 되는 듯 백안시하지만, 아야톨라 호메이니 한 사람이 선동한 것이 아닌 민중 혁명이었던 것은 분명하다.

> 🌰 **키루스 대제**
> 오늘날의 이란과 이라크 등에 걸쳐 있던 아케메네스 왕조의 창건자다. 바빌로니아와 연합해 메디아를 무너뜨렸고, 부족들을 통합해 인도 북부에서 아르메니아까지 이어지는 광대한 제국을 세웠다. 피정복민의 관습과 신앙을 보장해주어 '관대한 왕', '해방자'로 불렸다.

> ● 페르세폴리스
> 고대 이란 아케메네스 왕조의 수도로, '페르시아인들의 도시'라는 뜻이다. 선사 시대부터 사람이 살았으나 비문에는 다리우스 대왕 시절 건설되기 시작했다고 적혀 있다. 알렉산드로스 대왕은 이 도시를 약탈하고 궁전을 불태웠다.

리자 샤는 몇 년 뒤 쫓겨나게 될 줄도 모르고, 키루스Cyrus● 대제가 제국을 세운 지 2,500년이 되는 해를 기념해 온 세계 힘깨나 쓰는 정상들을 초빙해 연회를 열었다. 이 이벤트를 기획하는 데만 10년이 걸렸다고 한다. 연회장은 오늘날의 시라즈 부근에 있는 고대 도시 페르세폴리스●였다. 연회를 위해 페르세폴리스로 이어지는 고속도로까지 깔았다. 황량한 유적 주변에 손님들을 모시기 위해 천막 도시까지 만들었다니, 가뜩이나 시달리고 배곯아온 국민들이 좋아했을 리 없다.

주연회장인 초대형 천막은 가로 24미터에 세로 68미터 크기였다. 텐트 주변에는 프랑스 등에서 가져온 꽃과 나무들로 꾸민 정원이 있었다. 음식 준비도 프랑스에서 맡았고, 프랑스 패션 디자이너 잔 랑뱅Jeanne Lanvin이 직원들의 유니폼을 디자인했다. 공항에서 연회장으로 손님들을 실어 나르기 위해 동원된 메르세데스 벤츠 리무진이 250대, 식기는 프랑스산 리모주였다. 호사스러운 연회의 절정은 10월 14일의 갈라 디너였다. 파흘라비 왕실 가족 60명과 각국 정상들이 연회장을 메우고 1959년산 돔 페리뇽 로제 와인으로 건배했다. 메뉴는 카스피해산 캐비어, 구운 공작 같은 진귀한 음식들과 유럽산 고급 와인들이었다.

연회에 초청받아 참석한 이들의 면면도 화려하다. 에티오

▲ 페르시아제국 건설 2,500주년 기념 연회를 위해 준비된 천막 도시.

아의 하일레 셀라시에 황제, 덴마크의 프레데릭 9세 국왕 부부, '줄타기 외교'로 유명했던 요르단의 후세인 국왕과 무나 공주, 네팔의 마헨드라 국왕 부부, 노르웨이의 올라브 5세 국왕, 영국의 필립 공과 앤 공주, 스웨덴의 칼 구스타브 왕자 등 중동과 아시아, 유럽의 왕족들이 대거 참석했다.

왕족들뿐 아니라 현직 국가원수들도 페르세폴리스를 찾았다. 유고슬라비아의 요시프 티토, 아프리카를 대표하는 지성이었던 세네갈의 레오폴 세다르 상고르 대통령, 뒤에 사형당한 루마니아의 니콜라에 차우셰스쿠 대통령, 이탈리아의 에밀리오 콜롬보 총리, 미국의 스피로 애그뉴 부통령 등이다. '신발의 여왕'으로 유명한 필리핀 독재자 마르코스의 부인 이멜다도 참석했다. 한국에서는 김종필 총리가 참석했다.

석유 팔아 번 돈을 헛되이 써대던 파흘라비 왕조는 키루스 대제 흉내 내기에 몰두하다가 결국 축출되었다.

오바마 대통령이 시진핑 주석에게 대접한 것은?

미국 대통령은 중요한 외빈이 오면 백악관에서 국빈 만찬을 연다. 혹시나 만찬 중에 외교적 결례나 물의를 빚지 않도록 엄격한 절차와 규정을 만들어놓았다. 국무부의 의전담당관The Chief of Protocol과 백악관 집사장The White House Chief Usher이 국빈 만찬을 준비한다. 만찬장에서는 손님들의 이름을 카드에 써서 자리에 비치하는데, 이 카드를 쓰는 사람도 정해져 있다. 백악관 공식 서예가The White House Chief Calligrapher라고 할 수 있을 것이다. 백악관 셰프와 페이스트리 셰프가 요리와 빵 종류를 나누어 맡는다.

당초에는 대통령이 각료나 의회 지도부와 먹는 저녁을 통칭해 국가 만찬State Dinner이라고 불렀는데, 19세기 후반부터 외국 국가수반을 접대하는 것을 만찬이라고 부르게 되었다. 첫 국빈 만찬의 손님은 1874년 12월 12일 율리시스 그랜트 대통령의 접대를 받은 하와이의 데이비드 칼라카우아 왕이었다.

최근의 미국 국빈 만찬 중, 버락 오바마 대통령과 시진핑 주석의 저녁 식사를 한번 보자. 2015년 9월 시진핑 주석은 집권 뒤 처음으로 미국을 국빈 방문했다. 9월 25일에는 백악관에서 오바마 대통령이 주재하는 국빈 만찬에 참석했다.

미국의 퍼스트레이디 미셸 오바마는 중국계 미국 디자이너 베라 왕의 검은 드레스를 입었고, 시진핑 주석의 부인 펑리위안은 자수가 수놓인 담청색 실크 드레스 차림이었다. 만찬이 열린 백악관 이스트룸에는 두 송이 장미가 수 놓인 5미터 길이의 실크 천막이 드리워졌다.5 메뉴는 검은 송로버섯을 곁들인 수프, 백악

▲ 2015년 9월 미국을 방문한 시진핑 주석 부부가 국빈 만찬에 앞서 백악관에서 오바마 미국 대통령 부부와 기념촬영을 했다.

관 정원에서 직접 기른 호박 애피타이저, 중국 저장성 샤오싱의 명주 소흥주紹興酒, 콜로라도산 양고기 구이 등이었다고 한다.6

만찬장에는 시진핑 주석과 동행한 중국 경제인들뿐 아니라 미국 정·재계 거물들, 전·현직 관리 200명이 한자리에 있었다. 그중에서도 헤드 테이블에 두 정상과 나란히 앉은 사람은 상하이에 테마파크를 짓고 있는 월트디즈니 최고경영자 로버트 아이거, 애플의 팀 쿡, 페이스북 창업자 마크 저커버그 등이었다. 저커버그의 중국계 부인 프리실라 챈은 당시 임신 중이었다.

영국의 과잉 접대 소동

시진핑 주석은 미국 국빈 방문 다음 달인 2015년 10월 영국을 국빈 방문했다. 영국 왕실 3대가 다 나와 시진핑 주석을 맞았다. 접대가 과해 영국 안에서 논란이 일어나기도 했다. 영국이 중국에게 잘 보이기 위해, 과거 중국 황제 앞에서 사절들이 했던 것처럼 머리를 조아리는 고두叩頭를 했다는 것이었다.7

엘리자베스 2세 여왕이 시진핑 주석을 위해 준비한 버킹엄궁 국빈 만찬에는 스코틀랜드 밸모럴에서 나온 사슴고기 요리와 영국산 와인이 나왔다. 사슴고기에는 송로버섯 소스를 얹었다고 한다. 그 외에도 넙치와 바닷가재 무스, 삶은 양배추, 감자, 셀러리, 초콜릿, 망고, 라임 등이 식탁에 올랐고 영국산, 포르투갈산, 프랑스산, 남아프리카공화국산 와인을 차례로 선보였다.8

중국이 내놓은 '실크로드 만찬'

2014년 5월 러시아의 푸틴 대통령이 중국 상하이를 찾았다. 시진핑 주석은 무엇을 대접했을까? 시내 중심가 푸둥에서 만찬이 열렸는데, 4성급 호텔의 셰프들이 출동했고, 만찬 전날 리허설을 2번이나 했다고 한다.

베테랑 요리사 9명이 푸틴 대통령과 하미드 카르자이 당시 아프가니스탄 대통령, 반기문 유엔 사무총장 등 330여 명의 손님을 위해 요리를 준비했다. 요리는 전채 6종류, 탕 하나, 메인 5종류였다. 중국과 러시아, 중앙아시아 정상들이 모인 자리였고 만찬의 테마는 '실크로드'였다.

메뉴는 해산물과 송이버섯을 넣은 수프, 새우볶음, 쇠고기 튀김, 가리비 튀김, 넙치 조림, 딤섬과 과일 등이었다. 중국 전통 요리에 서양식 조리법을 결합한 퓨전 메뉴였다고 『신화통신』은 전했다. 다만 너무 화려하지 않게 한다는 시진핑 주석의 방침에 따라 재료는 모두 현지 시장에서 파는 것들, 보통 사람들이 먹는 것들이었다고 한다. 그래서 상어 지느러미 같은 값비싼 요리는 빠졌다.[9]

과거 소련 지도자들의 사생활에 대해서는 알려진 바가 많지 않다. 하지만 크렘린의 밥상에 대한 글들을 간혹 외국 사이트에서 찾아볼 수 있다. 블라디미르 레닌은 먹는 것에는 통 관심이 없었다고 한다. 러시아 음식사가 빌럄 포클레브킨은 레닌이 무엇을 먹었는지, 무엇을 좋아하는지 질문을 받으면 "별로 똑똑한 대답을 내놓지 못했다"고 썼다. 레닌이 좋아한 것을 굳이 꼽자면 맛있는 맥주 정도였다고 한다.[10] 이오시프 스탈린은 조금 달랐다. 스탈린은 그루지야, 오늘날의 조지아 태생이다. 기후가 좋고 풍요로운 지역이어서 요리 전통도 화려한 곳이다. 와인, 달콤한 말린 과일, 절인 치즈, 온갖 국물 요리와 닭고기, 쇠고기, 양고기 요리가 두루 발달했으며 잔치 문화가 강한 지역이다. 스탈린은 러시아혁명과 시베리아 망명을 거치면서도 고향의 입맛을 잊지 않았고, 미식 취향이었다.

크렘린 만찬에 지렁이 출몰

스탈린 집권 시절 크렘린에도 여러 손님이 왔지만, 특이하게도 서양식 식사법에 따라 코스 순서대로 음식을 내는 대신 전채부터 디저트까지 모두 한 번에 냈다고 한다. 들락날락하면서 도청하는 것을 막기 위한 게 아니었냐는 분석도 있다.

스탈린이 선호한 메뉴는 신선한 양배추나 사워크라우트(양배추 절임)로 만든 시치Shchi라는 수프와 유라시아 내륙 캅카스 전통 음식인 양고기와 쌀과 토마토로 만든 하르초Kharcho 스튜였다. 스탈린이 좋아한 또 한 가지는 보드카다. 10여 종의 보드카와 브랜디를 즐겼는데 그중 키즐랴르라는 것은 스탈린이 개인적으로 처칠에게 선물까지 했다고 한다.

니키타 흐루쇼프는 스탈린의 신화를 깨부수기 위해 앞장섰던 인물이었고, 먹는 문제에서도 스탈린의 취향을 비판했다. 흐루쇼프는 멋진 요리보다는 쇠고기를 좋아한 '고기 마니아'였다. 흐루쇼프의 요리사였던 안나 디슈칸트에 따르면 버섯과 함께 조리한 쇠고기, 자두를 넣은 쇠고기 요리, 안심 같은 것을 즐겼다고 한다. 소련의 유일한 대통령이자 마지막 대통령이었던 미하일 고르바초프는 고칼로리 음식을 즐기지 않았고, 연회 때에도 기름진 것을 피했다고 한다.

그렇다면, 푸틴 대통령은 연회에 무엇을 내놓을까? 크렘린의 국빈 만찬도 검은 정장, 화려한 자기 그릇, 진수성찬으로 채워진다. 푸틴 대통령의 만찬에 얽힌 에피소드가 하나 있다. 2010년

◀ 2003년 상트페테르부르크 도시 건립 300주년 기념 연회에 참석한 푸틴 러시아 대통령과 조지 W. 부시 미국 대통령.

10월 크리스티안 불프 독일 대통령이 크렘린에 초대받아 갔는데, 만찬 식탁의 샐러드에서 지렁이가 나온 것이다.[1] 친환경 유기농 채소로 만든 샐러드였나 보다.

2번 만찬 해프닝

2014년 6월, 제2차 세계대전 노르망디 상륙작전 70주년 기념식이 프랑스에서 열렸다. 제2차 세계대전 때는 독일에 맞서 미국, 프랑스, 러시아(소련) 등 동서 진영이 손을 잡았기 때문에 이 기념식에도 미국과 러시아 대통령이 모두 참석했다. 그런데 시기가 묘했다. 프랑스는 2011년 러시아에 미스트랄급 상륙함• 2척을 판매하기로 약속했다. 그런데 2014년 봄 러시아가 크림반도를 합병하면서 서방과 갈등이 불거졌다. 미국은 프랑스에 상륙함 판매를 중단하라고 압박했다. 프랑스는 미국과 러시아 사이에서 난감한 처지가 되었다.

그 와중에 불거진 것이 2번 만찬 해프닝이다. 프랑수아 올랑드 프랑스 대통령은 6월 5일 오바마 대통령과 푸틴 대통령을 각각 따로 만나 저녁을 먹었다. 먼저 파리 시내의 레스토랑에서 오바마 대통령과 2시간 동안 비공식적인 저녁 식사를 하며 우크라이나 사태와 시리아 문제 등을 논의했다. 이 자

> ● **미스트랄급 상륙함**
> 미스트랄(Mistral)은 프랑스 남부에서 부는, 한랭건조하고 파괴적인 국지풍이다. 이 이름을 딴 미스트랄급 상륙함은 NH90과 타이거 등의 헬리콥터, 4척의 상륙용 바지선, 레클레르크 탱크 등 전차 70대를 탑재할 수 있는 프랑스 해상 전력의 핵심이다.

리에서 오바마 대통령은 상륙함 판매 계획을 철회하라고 요구했다. 올랑드 대통령은 오바마 대통령과 식사를 한 뒤 엘리제 궁전에서 푸틴 대통령과 다시 해산물로 잘 차려진 노르딕(북유럽) 메뉴로 저녁을 먹었다.[12] 2번 모두, 올랑드 대통령에게는 그리 즐거운 식사 자리는 아니었을 것이다.

권력자가 사랑한
견공들

　버락 오바마 대통령이 2009년 처음 백악관에 입성할 때 미국인들의 초미의 관심사 중 하나는 "어떤 개가 백악관의 새 식구가 될까?"였다. 큰딸 말리아의 알레르기 때문에 오바마 가족은 한 번도 개를 키운 적이 없었는데 상대 후보인 존 매케인John McCain은 반려견만 4마리인 애견인이었다. 두 딸에게 "대선이 끝나면 개를 기르게 해주겠다"는 약속을 한 일이 알려진 것이 개를 사랑하는 유권자들의 마음을 잡았다는 분석도 있다. 대통령 당선 후에 미국에서는 "오바마가 어떤 반려견을 입양하는 것이 좋을까"를 주제로 여론조사까지 벌어졌다. 오바마 대통령은 "각료 인선보다 두 딸의 반려견을 정하는 게 더 어렵다"고 토로하기도 했다.
　오바마 대통령 가족의 반려견은 검은색 포르투갈 워터하운드

▲ 오바마 대통령과 백악관에서 놀고 있는 보.

로 정해졌다. 오바마 대통령의 딸들은 외할아버지의 별명을 따 강아지의 이름을 '보'로 지었다. 백악관의 새 식구가 된 보는 나중에 함께 살게 된 같은 품종의 '서니'와 함께 미국인들의 사랑을 한 몸에 받았다.

개는 인간의 오랜 친구다. 정치인들에게도 예외가 아니다. 역사 속 많은 황제와 왕, 정상이 개를 길렀고, 반려견에 얽힌 수많은 이야깃거리를 만들어왔다.

황제와 여왕의 애견들

황제의 개로 가장 잘 알려진 견종은 중국 황실의 개, 사자를 닮은 페키니즈다. 최근 DNA 분석 결과 페키니즈는 가장 오랫동안 사육되어온 견종 중 하나라고 한다. 진시황 때부터 중국 황실에서 길러졌다는 설이 있을 정도다. 황실의 일원이 아니면 페키

▲ 8세기 당나라 화가 정우창이 그린 페키니즈를 데리고 노는 여인들.

니즈를 기를 수 없었다. 페키니즈는 궁 안에서 황족 못지않은 극진한 대우를 받았다. 청 말기의 권력자 서태후가 길렀던 페키니즈는 상어 지느러미와 마도요 간, 메추라기 가슴살, 후베이 성에서 난 새순으로 만든 잎 차, 영양의 젖 같은 귀한 음식들만 먹었다는 기록이 있다.[1]

청의 몰락과 함께 페키니즈의 운명도 바뀌었다. 고귀한 황실의 개였던 페키니즈는 아편전쟁● 동안 영국군이 서양에 전파했고 인기를 끌기 시작했다. 한 마리는 당시 영국 여왕인 빅토리아 여왕에게 진상되었다고 한다.

빅토리아 여왕은 유명한 애견인이었다. 왕위 계승자로서 외로

● 아편전쟁

19세기 두 차례에 걸쳐 영국과 청나라 사이에 벌어진 전쟁으로, 청나라의 아편 단속에 영국이 반발한 것이 전쟁의 단초가 되었다. 두 차례 전쟁에서 모두 영국이 완승을 하면서 중국이 동아시아에서 차지했던 절대적 지위가 무너지고 서구열강이 동아시아를 지배하는 계기가 마련되었다.

권력자가 사랑한 견공들 **247**

▲ 빅토리아 여왕이 길렀던 개들인 대시, 네로, 헥터와 앵무새 로리를 그린 그림.

운 유년기를 보낸 여왕은 반려견인 카발리에 킹 찰스 스패니얼 '대시'에게서 위안을 얻었다. 여왕으로 즉위하던 날에도 일기에 "집에 돌아와서 대시를 목욕시켰다"고 썼을 정도로 반려견을 사랑했다.[2] 빅토리아 여왕은 평생 여러 마리의 개와 조랑말, 앵무새 등을 길렀고 동물 학대를 막는 데 열정을 쏟았다고 한다. 오늘날에도 인기가 많은 포메라니안을 지금처럼 작게 개량한 사람도 바로 빅토리아 여왕이었다. 포메라니안은 영국 왕실이 특히 사랑했던 견종이다. 엘리자베스 1세 여왕도 포메라니안을 길렀다.

현재 재위 중인 엘리자베스 2세 여왕도 애견인이다. 특히 어린 시절부터 웰시 코기를 매우 사랑해서, 즉위 후 60여 년 동안 기른 웰시 코기만 해도 30마리가 넘는다고 한다.[3]

독재자 히틀러의 개 사랑

정치인의 반려견 중 아돌프 히틀러가 길렀던 '블론디'를 빼놓을 수 없다. 블론디는 1941년 히틀러가 나치 부관에게 선물 받은 암컷 셰퍼드다. 히틀러가 블론디를 얼마나 아꼈는지, 벙커에서도 침실에서 함께 잤을 정도다. 블론디는 나치의 프로파간다 도구기도 했다. 히틀러에게 '동물 애호가'라는 긍정적인 이미지를 씌우는 데 아주 유용했다. 히틀러는 셰퍼드의 충성심에 반해 이 견종을 매우 좋아했다고 한다. 1920년대 '프린츠'라는 이름의 셰퍼드를 키우다가 가난한 형편 때문에 다른 곳에 보냈는데, 프린츠가 탈출해 히틀러에게 돌아왔기 때문이다.

블론디는 주인의 몰락과 함께 생을 다했다. 1945년 4월 29일

▲ 히틀러와 놀고 있는 블론디. 1943년으로 추정.

> 베니토 무솔리니

1922년부터 1943년까지 이탈리아 수상으로 집권하며 파시즘의 개념을 제창한 독재자. 제2차 세계대전에서 나치 독일, 일본과 삼국동맹을 결성한 주역이다. 1945년 망명 도중 붙잡혀 총살당했다.

베니토 무솔리니•의 죽음을 전해 들은 히틀러는 포로로 사로잡힐지도 모른다는 공포에 사로잡혔다. 자살용 독약 캡슐의 성능을 확인하려고 블론디에게 이 캡슐을 먹였고 블론디는 숨졌다. 히틀러도 다음 날 아내와 함께 자살했다.

세계를 전쟁의 소용돌이로 몰아넣고 수백만 명을 학살한 인류 역사상 최악의 범죄를 저지른 독재자가 동물은 사랑했다는 것은 정말 아이러니한 일이 아닐 수 없다. 히틀러는 놀랍게도 채식주의자였으며 세계 최초로 구체적인 동물학대금지법을 제정한 인물이기도 하다. 나치가 1933년 통과시킨 동물보호법에는 동물을 학대하거나 유기하는 것을 금지하고 강력하게 처벌하는 조항이 있다.4 동물을 생체 실험용으로 이용하는 데도 대폭 제한을 두었다. 나치의 강제수용소에서는 인간을 대상으로 생체 실험을 했으면서 말이다.

외교 무대에 나온 개들

현대로 넘어와 보자. 러시아의 '현대판 차르' 푸틴 대통령도 알아주는 애견인 중 한 명이다. 푸틴 대통령은 측근 세르게이 쇼이구에게 선물 받은 래브라도 리트리버 '코니'를 키웠다. 코니는 레오니트 브레즈네프 전 소련 공산당 총서기장이 키웠던 개의 혈통을 이어받은 '족보 있는 개'라고 한다. 러시아 비상사태부에서 수색·구조견으로 훈련받기도 했다. 코니는 세계 지도자들과 푸틴 대통령의 공식 회담장에 여러 차례 따라나서며 언론에 많이 노출되었다. 가장 유명한 일화는 2007년 앙겔라 메르켈 독일 총리를 만났을 때의 일이다. 메르켈 총리는 어린 시절 개에게 물린 경험 때문에 개를 무서워한다고 알려져 있는데, 푸틴 대통령이 이것을 알면서도 회담장에 코니를 데려간 것이다.

모스크바의 회담장에서 예상치 못하게 코니를 만난 메르켈 총리는 눈에 띄게 불편한 기색을 보였지만 푸틴 대통령은 "개 때문에 불편하지는 않죠? 온순하니 괜찮을 거요"라고 말했다. 메르켈 총리는 유창한 러시아어로 이렇게 답했다고 한다. "뭐, 어쨌든 기자들을 먹어버리지는 않겠죠." 회담이 진행되는 동안 코니는 메르켈 총리의 발치에 다가가 앉기도 했다. 나중에 메르켈 총리는 "푸틴 대통령이 개를 데리고 나온 이유를 이해합니다"

▲ 2007년 푸틴 대통령이 메르켈 총리와의 회담장에 데리고 나온 코니.

라고 말했다. "그가 가진 남성성을 내게 과시하고 싶었을 겁니다. 그에겐 그것밖에 없거든요. 러시아는 정치적으로도 경제적으로도 가진 게 없고, 그는 그 약점을 두려워해요."[5]

외교에 개를 활용한 정치인은 푸틴 대통령이 처음이 아니다. 19세기 말 유럽을 좌지우지했던 '철의 재상' 오토 폰 비스마르크도 종종 다른 나라 외교관을 만날 때 자신이 기르던 거대한 사냥개 그레이트 데인을 데리고 나갔다. 많은 역사가가 비스마르크가 가능한 큰 개를 선택하고 그 개를 회담장에 끌고 나간 것은 상대를 압도하기 위해서였을 거라고 추론한다.

말썽을 일으킨 정상의 개

다행히 메르켈 총리에게는 아무 일 없었다. 메르켈 총리는 그 사건에 대해 "개가 불편하긴 하지만 개 공포증이 있는 것은 아니다"라고 말하기도 했다. 하지만 정치인의 반려견들은 외교 결례부터 작은 소동까지 온갖 문제를 일으키곤 했다. 2015년 12월 9일 하누카(유대교 명절)를 맞아 파티가 열렸던 이스라엘 총리 관저에서는 베냐민 네타냐후 총리의 개 '카이야'가 집권 리쿠드당 의원 샤렌 하스켈과 외무차관의 남편이자 변호사인 오르 아론을 물어버렸다. 네타냐후 총리는 "물릴 수 있으니 다가가지 말라"고 뒤늦게 경고했지만 이미 일이 벌어진 뒤였다. 다행히 상처는 크지 않았고 해프닝으로 넘어갔다.

하지만 정말 큰 사고를 친 개들도 있다. 시어도어 루스벨트 미국 전 대통령이 길렀던 핏불 테리어 '피트'는 백악관 관계자 등

최소한 5명을 물었다고 한다. 백악관을 방문했던 프랑스 대사의 바지를 물어뜯는 외교 결례까지 저질렀다. 백악관 역사상 최고의 애견인 중 하나였던 루스벨트 대통령도 견디기 어려웠는지 피트는 결국 백악관에서 쫓겨나고 말았다.6

조지 W. 부시 대통령이 재임 중 키웠던 스코티시 테리어 '바니'도 여러 차례 말썽을 부렸다. 2008년 9월에는 백악관 행사에 참여했던 프로 농구팀 보스턴 셀틱스 홍보국장이 바니를 쓰다듬으려다 물렸고, 그해 11월에도 『로이터 통신』의 백악관 출입 기자가 물렸다. 부시 정권 말의 일이라 "바니가 백악관에서 떠나기 싫은가 보다"라는 농담이 나왔다.7

미국 대통령들의 개 사랑은 유별나다. 초대 대통령인 조지 워싱턴부터 시작해서 역대 대통령 중 무려 25명이 개를 길렀다. 백악관의 개들은 대통령 집무실을 마음껏 드나들며 마스코트로서 전 국민의 사랑을 톡톡히 받았다. 대통령 인기가 바닥이라고 해도 백악관의 개들은 사랑받았다. 부시 대통령의 잇단 실정에도 부시 대통령의 애견 바니와 비즐리가 숨졌을 때는 국민적인 애도 물결이 일어났을 정도다.

간혹 반려견 때문에 대통령이 정치적으로 물의를 빚는 일도 생긴다. 2013년 오바마 대통령은 매사추세츠의 휴양지로 여름 휴가를 떠나면서 보를 데려가기 위해 첨단 공군 수송기를 이용했다가 언론의 비난을 샀다. 부시 대통령은 바니를 안고 거수경례를 하다가 논란을 만든 적도 있다.

이런 종류의 논란 중 가장 유명한 것은 32대 대통령 프랭클린

루스벨트의 이야기일 것이다. 루스벨트 대통령은 자신의 반려견인 스코티시 테리어 '팔라'를 너무나도 사랑했다. 한 번은 루스벨트 대통령이 알래스카의 알류샨 열도를 방문했다가 팔라가 없어지자 사람들을 보내 개를 찾아오게 했다는 소문이 났는데, 공화당이 이 일을 두고 "개 한 마리 때문에 해군 구축함을 보내가며 예산을 낭비한다"고 비난했다. 대선 국면이었던 1944년의 일이다. 루스벨트 대통령은 전국으로 생중계된 연설을 통해 반박했다.

"공화당 지도자들은 저나 제 아내, 제 아들을 비난하지 않았습니다. 그들은 제 작은 개 팔라를 비난했습니다. 물론 저나 제 가족은 공격에 대해 화내지 않겠지만 팔라는 그들에게 화낼 것입니다. 아시다시피 팔라는 스코틀랜드에서 왔습니다. 내가 자기

◀ 프랭클린 루스벨트 대통령과 팔라가 1940년 함께 찍은 사진.

를 알류샨 열도에 남겨두었고 수백만 달러를 써서 다시 데려왔다는 이야기를 전해 들은 팔라의 스코틀랜드 영혼은 매우 분노해 있습니다.……저는 저에 대한 악의적 거짓말에는 익숙하지만 제 개를 중상모략하는 말에는 화낼 권리가 있다고 생각합니다."[8]

나중에 이 연설에는 '팔라 연설'이라는 이름이 붙었다. 팔라는 전 세계에서 가장 유명한 개가 되었고 루스벨트 대통령은 4선에 성공했다.

개를 욕했다가 감옥에 간 사람

사람보다 귀한 개도 있다. 태국의 푸미폰 아둔야뎃 국왕이 기르는 개 '통댕'은 왕실이 존경받는 만큼 태국인들에게 거의 존경에 가까운 사랑을 받았다. 2002년에는 푸미폰 국왕이 통댕의 이야기를 직접 쓴 책이 화제가 되기도 했다. 태국 언론은 통댕을 나이든 여성을 정중하게 부를 때 쓰는 경칭인 '쿤'이라고 부를 정도다.

최근 이 개를 욕한 한 태국 남성이 왕실모독죄로 징역형을 받을 위기에 처했다. 한 평범한 공장 노동자가 SNS에 통댕을 비꼬는 글을 올렸다가 체포된 것이다. 그가 올린 글의 구체적인 내용은 공개되지 않았지만 국왕과 왕실을 모독한 혐의로 최고 37년형에 처해질 수 있다고 한다. 태국에서는 왕이나 왕비뿐 아니라 왕실을 모독한 사람을 처벌하는 악명 높은 왕실모독죄가 시행

▲ 푸미폰 아둔야뎃 태국 국왕이 직접 쓴 통댕의 일대기.

되고 있기는 하지만, 국왕의 개를 모독했다고 징역형을 받는다는 것은 선뜻 이해되지 않는다. 일각에서는 태국 군부가 왕실모독죄를 빙자해 검열을 강화하고 있다는 지적도 나온다.9 통댕은 잘못이 없지만, 개를 욕했다고 사람을 잡아 가두는 일을 옳다고 하긴 어려울 것 같다.

4

지구 반대편에서
일어난
나비의 날갯짓

부유한 도시의 그늘, 슬럼

　슬럼Slum은 도시화가 낳은 지극히 현대적인 공간이다. 지난 세기 전 세계의 도시는 유례없는 폭발적인 인구 성장을 감당해왔다. 2014년 유엔이 집계한 세계의 도시화 비율은 54퍼센트였다. 전 세계 도시인구는 1950년 7억 4,600만 명에서 현재 39억 명까지 급증했고, 2045년에는 60억 명을 넘어설 것으로 추산된다.1

　미래의 도시는 어떤 모습일지 상상해보자. 최첨단 고층 빌딩이 즐비한 풍경을 상상할 수도 있지만, 현실은 조금 다를 것 같다. 미국의 역사학자 마이크 데이비스는 『슬럼, 지구를 뒤덮다』에서 "21세기의 도시는 하늘을 찌를 듯 빛나는 도시가 아니라 공해와 배설물과 부패로 둘러싸여 덕지덕지 들러붙은 슬럼 도시일 것"이라고 예측했다.

슬럼에 사는 사람들은 지금도 계속 늘어나고 있고, 특히 저개발국에서 그렇다. 초거대도시● 옆에는 예외 없이 메가 슬럼Mega Slum이 생겨났다. 도시가 발전하면 슬럼은 자연스레 사라질 거라 믿었던 적도 있지만 이 믿음은 깨진 지 오래다.

● 초거대도시
인접해 있는 여러 개의 대도시가 연결되어 형성된 거대한 하나의 도시권. 1961년 프랑스 지리학자 장 고트만이 미국 북동부 보스턴에서 워싱턴까지의 대도시권에 착안해 붙인 이름이다.

슬럼은 낙후되고 거칠고 비위생적이며 안전하지 않다. 하지만 슬럼의 불안정한 주거 환경을 개선해야 한다는 과제와는 별개로, 도시화의 부산물인 슬럼을 칼로 도려내듯 없애버리기는 불가능할 것이다. 많은 대도시에서 없애버리고 싶어 하는 슬럼의 거주자들은 불쌍하고 가난한 사람이 아니라 도시의 성장과 함께해온 주체이며 도시의 구성원이다. 슬럼은 시스템의 밖에서 새로운 실험을 펼치고 있는 공간이기도 하다.

슬럼의 탄생

슬럼이라는 단어는 도시화가 진행되던 19세기 초반에 생겨났다고 한다. 현대적 의미의 슬럼이 처음 생겨난 것도 이 시기다. 19세기부터 20세기 초반까지 미국과 유럽의 대도시에는 가난한 사람들이 몰려들어 슬럼을 형성했다.

영화 〈갱스 오브 뉴욕〉의 배경이 된 미국 뉴욕의 파이브포인츠에는 가난한 시골 사람들과 이민자들이 몰려들어 거대한 슬

▲ 거리에 빨래가 널려 있는 1888년 뉴욕 빈민가의 풍경.

럼을 이루었다.2 영국 런던과 프랑스 파리에서도 군데군데 퍼져 있는 슬럼이 골칫거리였다.

20세기 중후반부터는 저개발국에서도 도시화가 진행되며 슬럼이 만들어졌다. 2012년 기준으로 저개발국 도시인구 중 33퍼센트는 슬럼에 산다. 사하라 이남 아프리카의 도시인구 중에서는 무려 61.7퍼센트가 슬럼에 살고 있다.

지난 세기 동안 성장한 저개발국의 도시 중에 중국이나 독일, 대만처럼 공산품 수출이나 외국 자본의 대규모 유입으로 탄탄한 경제 기반을 갖춘 곳은 거의 없다. 많은 지역에서 도시화는 산업화, 혹은 개발과 완전히 단절된 상태로 진행되었다. 도시 경제의 규모는 커지지 않고 인구만 폭발적으로 늘어나며 제3세계

▲ 케냐 나이로비 키베라 슬럼에 쓰레기가 쌓여 있는 모습.

의 도시는 가난한 공간으로 변해갔다.3

슬럼은 일자리를 찾아 도시로 몰려드는 사람들이 만든다. 과거 선진국에서는 더 나은 삶의 기회를 찾아 도시로 쏟아져 들어온 사람들이 슬럼에 둥지를 틀었다면, 지금 저개발국에서는 삶의 터전을 잃고 쫓겨난 사람들이 생계를 유지하러 슬럼으로 향한다. 가장 큰 원인은 농업의 붕괴다. 인도에서는 1954년 농업이 국내총생산GDP의 52퍼센트를 차지했지만 2014년에는 17퍼센트로 뚝 떨어졌다.4 브라질, 인도네시아 등에서도 같은 문제가 생겼다.

지난 50년간 전 세계 인구는 2.5배 늘었지만 농업에 종사하는 인구는 30퍼센트 줄었다. 몰락한 농민들은 일거리를 찾아 도시로 향했고, 주거 비용을 아끼기 위해 슬럼에 정착했다. 농업의 몰락과 도시화가 진행될수록 슬럼이 커지는 것은 이 때문이다.

슬럼이 낙후될수록 도시 공간은 양극화된다. 가난한 사람들이

빽빽한 슬럼에 몰려 사는 동안 부자들은 철통같은 보안이 유지되는 개인 공간을 마음껏 이용한다. 케냐의 나이로비 한복판에는 아프리카 최대 슬럼인 키베라Kibera가 있다. 여의도 절반만 한 넓이에 50~100만 명이 살고 있는 것으로 추정되는 곳이다. 나이로비에는 이런 슬럼이 여러 군데 있지만, 외곽으로 나가면 경비원이 마을 앞을 지키고 정원과 주차장이 딸린 부촌도 쉽게 찾아볼 수 있다.

슬럼의 주거 환경

유엔은 슬럼을 '삶의 질이 낮으며 오염되어 있는 쇠락한 도시, 혹은 도시의 한 지역'이라고 정의한다. 사실 태생부터 그런 공간이 많다. 아시아 최대 슬럼 중 하나인 인도 뭄바이의 다라비Dharavi● 슬럼을 살펴보자.

19세기 후반, 인구밀도가 런던의 10배에 달했던 뭄바이에 전염병이 퍼지자 영국 식민지 정부가 도시 외곽의 다라비로 오염 시설과 그 시설의 종사자들을 쫓아내버렸던 게 슬럼의 토대가 되었다. 식민지 정부는 이후에도 다라비에 인프라 투자를 하지 않았고, 다라비는 위생 시설이나 배수 시설, 식수, 도로 등 기본 인프라 없이 성장만 거듭했다.

인프라도, 경제 기반도 없이

● 다라비
인도 뭄바이의 한복판에 위치한 아시아 최대 슬럼가. 약 2.3제곱킬로미터의 넓이에 100만여 명이 밀집해 살고 있다. 영화 〈슬럼독 밀리어네어〉의 배경으로 유명하다.

인구만 폭발적으로 늘어난 슬럼에서의 삶의 질은 매우 낮다. 슬럼을 키우는 또 하나의 원인은 분쟁이다. 10년 넘게 분쟁으로 고통받아온 아프가니스탄에서는 매일 400명의 난민이 발생하고 있다. 수도 카불에는 전쟁을 피해 온 사람들이 만든 거대한 슬럼이 생겨났다.

2012년 국제앰네스티 보고서가 전한 카불의 슬럼 풍경은 처참하다. 진흙과 합판, 비닐로 지은 임시 거처는 비바람을 막아주기 역부족이라 2012년 1월 한 달 동안에만 5세 이하 영유아 20명이 동사했다. 하루에 쓸 수 있는 물은 10리터에 불과하다. 일자리도 없고, 먹을 것도 부족하다. 끊임없는 강제 퇴거의 압박에도 시달려야 한다.5

슬럼은 안전하지 않다. 일자리를 찾기 어려운 슬럼 주민들은 마약 밀매나 성매매와 같은 지하경제로 돈을 번다. 멕시코의 티후아나Tijuana와 콜롬비아의 보고타Bogotá 같은 중남미 도시의 슬럼 중에는 마약 갱단이 장악한 곳이 많다. 공권력이 미치지 않는 강력 범죄의 온상이기도 하다. 베네수엘라 등 일부 국가는 슬럼 치안 유지를 위해 군을 투입할 정도다.

질병과 전염병도 큰 문제다. 높은 인구밀도와 열악한 위생 상황, 낮은 예방접종률, 의료 인프라의 부재 등 병을 불러오는 요인은 셀 수 없다. 아이들은 영양실조에 걸린다. 인도 뭄바이와 뉴델리의 슬럼에 사는 5세 미만 영유아 중 절반은 나이에 맞게 성장하지 못했다는 연구도 있다.6

슬럼에서 벌어진 실험

슬럼이 더럽고 살기 어렵고 위험한 곳인 것은 사실이다. 하지만 도시의 주류 문화와 경제 논리에서 비껴난 슬럼은 인프라 문제를 해결한다면 가장 창조적이고 실험적인 공간으로 변모할 수도 있다. 이런 쪽으로 가장 유명한 슬럼은 베네수엘라 카라카스Caracas 중심가의 토레 데 다비드Torre de David일 것이다.

토레 데 다비드는 '다윗의 탑'이라는 뜻이다. 원래 금융센터로 지어진 이 초고층 빌딩은 1993년 주요 투자자가 죽고 1994년 베네수엘라에 금융 위기가 닥치면서 완공 직전 공사가 중단되었다. 은행들이 줄줄이 도산해 공사 자금을 댈 곳을 찾지 못했기 때문이다. 골조 공사와 외벽 유리 일부를 붙이는 작업까지 끝낸 상태였다. 한때 석유로 쌓은 부의 상징이 될 뻔했던 마천루는

◀ 외벽 유리가 없는 토레 데 다비드.

실패한 자본주의의 증거로 남았고, 정부 소유로 넘어간 채 10년 넘게 방치되었다.

건설이 중단된 이 건물은 2007년쯤 도시 빈민들이 하나둘 모여들어 무허가 점거를 시작하면서 세계에서 가장 높은 슬럼이 되었다. 2014년 이곳에 살았던 주민은 750가구, 3,000명에 이른다. 슬럼 주민들이 스스로 자치 기구를 꾸리고 공간을 재배치할 수 있다면 어떤 일이 벌어질까? 이 슬럼에서 그런 일이 벌어졌고, 토레 데 다비드는 도심의 폐허에서 새로운 도시 건설의 실험장으로 변해갔다.

주민들은 수도와 전기를 끌어왔고 하수처리 시설과 쓰레기 처리 시설도 마련했다. 곳곳에 공중화장실, 샤워 시설도 만들었다. 지하에는 교회가, 지상에는 농구 코트가 마련되었다. 도시가 한눈에 내려다보이는 28층 발코니에는 공사 부품으로 만든 운동 기구를 갖춘 작은 헬스장이 생겼다. 미용실이나 세탁소, 식료품점, 병원 같은 시설도 들어섰다.

건축가 그룹 어반 싱크 탱크Urban Think Tank는 토레 데 다비드의 주민들이 만든 이 공간을 하나의 작품으로 만들어 2012년 베네치아 건축 비엔날레에 출품했고 최고상인 황금사자상을 받았다.7

하지만 토레 데 다비드의 실험은 점령 8년 만에 끝났다. 종종 강력 범죄가 발생하는 이 슬럼을 치안 불안 요소로 간주한 베네수엘라 정부가 2014년 강제 퇴거를 시작했기 때문이다. 퇴거가 완료된 이 건물은 곧 문화센터가 된다고 한다.

왜 슬럼을 떠나지 않을까?

세계 각국 정부는 호시탐탐 슬럼을 없앨 기회를 노린다. 무허가 불법 거주지인 슬럼이 토지 소유주의 재산권을 침해한다는 논리다. 때로는 도심의 슬럼을 제거하기 위해 도시 외곽에 대체 주택을 짓고 주민들을 이주시킨다. 베네수엘라 정부가 토레 데 다비드의 주민들을 도시 바깥의 공공 임대주택으로 쫓아낸 것처럼 말이다.

하지만 슬럼 주민들을 도시 외곽으로 이주시키면 이들은 살 수 있을까? 남미에서 가장 큰 슬럼 중 하나인 브라질 리우데자네이루의 호시냐Rocinha는 화려한 고층 빌딩이 즐비한 해변의 부촌과 인접해 있다. 부촌의 허드렛일에 종사하는 사람이 많기 때문이다.

▲ 콜롬비아 메데인의 언덕 슬럼과 도심 지대를 잇는 케이블카.

슬럼이 도시 부근이나 도심에 형성된 이유는 슬럼 주민들이 도시의 일원으로 경제활동을 하고 있기 때문이다. 때문에 슬럼 주민들을 강제 이주시키는 것은 슬럼 주민들의 삶을 무시하는 것이란 비판에 직면하게 된다.

위생 시설과 도로, 공원, 조명, 하수처리 시설 등을 보급해 슬럼을 '업그레이드'하려는 시도도 많았다. 마약 조직 메데인 카르텔의 본거지로 잘 알려진 콜롬비아의 메데인은 도시의 중심부와 언덕 지대 슬럼을 연결하는 케이블카를 건설해 빈민들이 도심으로 쉽게 이동할 수 있게 하고 소득 개선에도 기여했다.[8]

하지만 단순히 인프라만 깔아주는 형태의 해결책은 실패로 이어지는 경우가 많다. 인도네시아 자카르타에서는 1990년대 슬럼 업그레이드를 위해 공중화장실 등을 공급했지만 주민들이 관리하지 않아 원점으로 되돌아가기도 했다. 저개발국의 구조적인 빈곤 문제를 해결하지 않고서 슬럼만 사라지게 하는 방법은 없어 보인다.

"가난을 팝니다" 슬럼 투어

최근 '슬럼 투어'가 전 세계에서 인기를 끌고 있다. 가이드와 함께 유명한 슬럼을 돌아보면서 구경하는 프로그램이다. 200루피(약 3,600원) 정도의 투어 프로그램을 신청하면 다라비 슬럼을 방문할 수 있다고 한다.

슬럼 투어는 19세기 후반 런던과 뉴욕의 부유층이 런던 이스트사이드 빈민가와 뉴욕 파이브포인츠 등 슬럼을 찾아다니며

▲ 1885년 뉴욕의 부유층이 파이브포인츠 슬럼을 구경하는 모습.

가난한 사람들은 어떻게 살아가는지 관찰한 데서 시작했다. 남아프리카공화국에서는 아파르트헤이트 시절인 1980년대 백인들이 '흑인의 삶'을 배울 수 있도록 슬럼 투어가 만들어지기도 했다. 인종 분리 정책을 관찰하고 싶었던 외국인 관광객들도 합세했다.

  유명 슬럼들이 관광객들을 끌어당기는 현상은 전 세계적으로 거센 논란을 빚고 있다. 하지만 슬럼 투어는 제3세계의 빈곤 문제를 환기시키고 실제로 슬럼 주민에게 도움이 된다는 긍정적인 면도 있다. 다라비의 슬럼 투어 여행사인 '리얼리티 투어'는 수익의 80퍼센트를 다라비 마을을 위한 자선단체에 기부한다.9

  하지만 슬럼 투어는 필연적으로 슬럼 주민을 대상화해 전시물로 만든다. 가난한 이들의 삶까지 상품화하는 여행업계의 상술이라는 비판도 거세다. 나이로비의 슬럼 키베라에서 성장한 케네디 오데데는 『뉴욕타임스』 칼럼난에 이렇게 썼다.

"처음 슬럼 투어 관광객들을 목격했을 때 나는 16세였고 집 밖에서 설거지를 하고 있었다. 이틀이나 굶은 상태였기 때문에, 무엇인가 갈망하며 그들을 지켜봤다. 갑자기 한 백인 여자가 내 사진을 찍었다. 나는 우리에 갇힌 호랑이가 된 기분이었다. 내가 무슨 말을 하기도 전에 관광객은 떠나버렸다.……우리의 문제를 해결하는 방법은 분명 있겠지만 그게 슬럼 투어는 아니다."[10]

인도의 건축가 지타 베르마는 "슬럼화가 일어나는 근본적인 원인은 도시가 가난하기 때문이 아니라 부유하기 때문"이라고 분석했다. 부의 끄트머리라도 붙잡으려는 가난한 사람들이 도시로 몰려들고, 그 열망의 집합체가 슬럼이라는 것이다. 앞으로 전 세계의 메가 시티는 이미 도시의 일부가 되어버린 슬럼과 공존해 나갈 방법을 찾아야 할 것이다. 슬럼을 둘러싼 문제는 21세기 도시가 받아든 가장 중요한 과제다.

비밀에 싸인 차르의 궁전

미국 대통령 혹은 미국 정부를 '백악관'이라 칭하고 미국 국방부를 '펜타곤'이라고 부르고 한국 대통령은 '청와대'라 부르듯, 건물 이름은 정부 수반이나 그 나라의 대명사처럼 쓰이곤 한다. 프랑스 대통령이 무슨 말을 하면 "엘리제궁은……라고 말했다"고 쓰고, 영국 총리는 '다우닝가 10번지'라고 불린다.

잘 알려진 대로 크렘린은 러시아의 대통령, 옛 소련 시절에는 서기장이나 공산당 정부를 가리키는 호칭이었다. 냉전의 서슬이 시퍼렇던 시절에 크렘린은 비밀의 온상, 혹은 잘 알려지지 않은 일이 벌어지는 곳이라는 뉘앙스를 풍겼다.

원래 크렘린은 고유명사가 아니라 러시아의 도시에 있던 요새를 가리키는 일반명사였다. 요새에 주거 시설 등이 붙어 있는 일종의 복합 단지를 가리키는 말이었는데 모스크바의 크렘린이

워낙 유명해지면서 이제는 고유명사처럼 되어버렸다. 어원은 크레믈кремль이라는 단어인데 '도시 속의 요새'를 뜻한다고 한다.

'요새'에서 비롯된 크렘린

크렘린은 모스크바의 심장부에 있다. 남쪽으로는 모스크바강이, 동쪽으로는 러시아가 자랑하는 건축물인 성 바실리 성당과 붉은 광장이, 서쪽으로는 알렉산드르 정원이 바라보인다고 한다. 이 단지에는 궁전 건물 5채, 성당 4개, 성벽과 탑이 있다고 한다.

오늘날의 크렘린이 있는 지역에는 기원전 2세기부터 우랄알타이어족*에 속하는 언어를 쓰는 유라시아 민족인 핀Fin족과 우그르Ugr족이 거주했다. 오늘날의 핀란드 민족과 헝가리 민족이 핀족과 우그르족을 대표한다고 할 수 있다. 그러다가 슬라브인이 이들을 밀어냈다.

곳곳에 흩어져 있는 집시, 블라흐계, 유대인, 이탈리아계, 프리올리계 등을 제외하면 러시아와 우크라이나를 포함한 동부 유럽의 주요 민족은 슬라브계와 게르만계, 투르크(터키)계, 그리고 토착 민족으로 나뉜다.

프리퍄티강 부근 드넓은 습지대에서 살던 슬라브족은 5~7세기

> 🔸 **우랄알타이어족**
> 중앙아시아, 북아시아, 러시아 북캅카스 지역 등에서 쓰는 퉁구스어, 몽골어, 튀르크어가 모두 같은 계통에 속한다는 학설이다. 1844년 우랄어족을 연구한 핀란드 학자 마티아스 카스트렌이 알타이어족이라는 용어를 붙인 것으로 알려져 있으나 가설 전반에 대해서 논란이 많다. 알타이어족에 한국어와 일본어를 포함시키는 학자들도 있다.

동유럽으로 이동해왔다. 그중 폴란드계, 체코계, 모라비아계, 슬로바키아계, 그리고 소르브족 등을 서슬라브계라 부른다.

또 다른 슬라브 부족들은 남쪽과 남서쪽으로 이동해 멀리 펠로폰네소스반도●까지 나아갔다. 남동부 유럽에 정착한 불가리아계, 크로아티아계, 몬테네그로계, 마케도니아계, 세르비아계, 슬로베니아계 등을 통칭 남슬라브계라 한다.

> ● **펠로폰네소스반도**
> 그리스 남부에 있는 거대한 반도로, 코린토스 지협을 통해 본토와 이어져 있다. 고대부터 그리스의 주요 지역이었다.

프리퍄티강 유역에 그대로 남았거나 더 동쪽, 동북쪽의 울창한 삼림지대로 들어갔거나, 아니면 광대한 유라시아의 스텝 평야로 나간 사람들을 동슬라브계로 분류한다. 대러시아계, 벨라루스계, 우크라이나계, 루테니아계 등이 여기에 해당한다.[1]

슬라브인들은 11세기부터 보로비츠키 언덕 남서쪽에 정착하기 시작했다. 네글리나야강이 모스크바강과 합쳐지는 곳 부근에 '그라드'라 부르는 요새화된 구조물이 들어섰다. 레닌그라드(현재의 상트페테르부르크), 스탈린그라드(현재의 볼고그라드) 같은 지명에서 쉽게 볼 수 있는 단어다. 14세기 이 일대는 모스크바그라드라고 불렸다. 키예프 대공 유리 돌고루키가 1156년 모스크바의 그라드를 확장했으나 1237년 몽골군의 침입으로 파괴되었다. 요새는 1339년 다시 지어졌다. 모스크바라는 지명이 나오는 가장 오래된 기록은 1147년의 것이고,[2] '크렘린'이라는 말은 1331년 기록에 처음으로 등장한다.

비밀에 싸인 차르의 궁전 **273**

이반 2세의 아들인 모스크바 대공 드미트리 돈스코이Dmitry Donskoy는 1359년부터 1389년 숨을 거둘 때까지 모스크바를 통치했다. 그는 떡갈나무로 된 성벽을 석회암으로 바꾸고 오늘날까지 남아 있는 성벽의 기본 틀을 만들었다. 성벽을 새로 세우는 공사는 1366년부터 2년여 동안 계속되었다. 그의 아들 바실리 1세는 요새 안에 교회와 수도원들을 지었다. 1382년 칭기즈칸의 후예인 토크타미시 칸이 침공해왔을 때도 버틴 것을 생각하면, 성벽을 다시 만든 것은 잘한 일이었다.

몽골에 맞선 요새, 차르의 궁전이 되다

모스크바 대공 이반 3세는 피에트로 안토니오 솔라리Pietro Antonio Solari(라틴식으로는 페트루스 안토니우스 솔라리우스, 러시아식으로는 표트르 프랴진이라고 불렸다) 같은 르네상스 시대 이탈리아 건축가들을 불러들여 크렘린을 새롭게 단장했다. 솔라리는 크렘린의 성벽 일부와 탑을 새로 디자인했다. 오늘날 볼 수 있는 성벽은 1485~1495년에 만들어진 것이라고 한다. 마르코 루포Marco Ruffo라는 건축가는 대공을 위한 새 궁전을 설계했다. 크렘린에서 가장 높은 이반 대제 종탑은 16세기 초반에 세워졌다.

모스크바 대공은 이제 요새 단지 안에 건물을 더 지을 수 없다는 포고령을 내렸다. 저잣거리는 크렘린 밖에 있어야 한다는 것이었다. 키타이고로드라 불리던 상업지역과 크렘린 사이에는 폭이 무려 30미터에 이르는 큰 도로가 생겨 두 곳을 갈랐다.

성 바실리 성당이 지어진 것은 이반 뇌제雷帝라 불리는 이반 4세

▲ 하늘에서 내려다본 크렘린.

바실리예비치• 시절이었다. 그는 할아버지가 쓰던 왕궁들을 리노베이션했고, 자식들을 위해 새 성당을 지으라는 명령을 내렸다.

하지만 모스크바 공국의 태평성대는 길지 않았다. 사실 동유럽과 러시아의 역사를 다룬 책을 읽다 보면, 대체 이 지역에 평화롭던 시기가 있기나 했던가 싶을 정도로 곡절이 많다.

16세기 말부터 17세기 초반까지, 러시아에 동란 시대라 불리는 시기가 있었다. 키예프 대공, 모스크바 대공 등의 타이틀을 쥐고 있던 류리크 왕조의 마지막 차르가 죽은 1598년부터 15년 동안 통치

> 🔴 **이반 4세**
> 모스크바 대공으로 차르(tsar)라는 호칭을 사용한 러시아 최초의 통치자다. 1533년 3세에 즉위하여 어머니 옐레나 글린스카야 등의 섭정 시기를 지나 17세부터 직접 통치했다. 권력을 차르에게 집중시키고 영토를 넓혔으나 난폭한 성격이어서 '잔혹한 이반', '이반 뇌제(雷帝)'라는 별명으로 불린다.

자가 없는 공위(空位) 기간이 이어졌다. 이 힘들었던 시기에 러시아에는 기근이 닥쳐서 주민의 3분의 1인 200만 명이 목숨을 잃었다고 한다.

곳곳에서 민중 봉기가 일어났고, 폴란드가 침공해왔다. 크렘린은 1610~1612년 폴란드 군이 점령했다. 크렘린이 해방되고 미하일 로마노프가 차르에 올라 새 왕조를 연 것은 1613년에 이르러서였다.

표트르 대제, 크렘린을 버리다

미하일과 그 아들 알렉세이는 크렘린에 11개의 돔을 가진 구세주 성당(예전에 황실 가족이 쓰던 곳이고 지금 러시아 대통령이 거주하는 곳이 바로 이곳이다. 크렘린 남쪽에 있는 유명한 '구세주 그리스도 대성당'과는 다른 건물이다)과 기념문(게르보비예 보로타) 등을 지었다. 하지만 알렉세이가 죽고 난 뒤 모스크바에 봉기가 일어나서, 표트르 대제가 거의 죽을 뻔했다. 표트르 대제는 크렘린에 오만 정이 떨어졌고, 자기 이름을 딴 도시 상트페테르부르크를 건설해 천도해버렸다.

그나마 차르의 대관식은 크렘린에서 했지만 그마저도 1773년 끝이 났다. 예카테리나 여제는 크렘린의 옛 궁전을 헐고 새 궁전을 지으라고 지시했다. 당대의 건축가 바실리 바제노프Vasily Bazhenov가 대역사를 맡았다.

당초 바제노프가 설계한 것은 앞면 길이만 630미터에 이르는 4층짜리 웅장한 신고전주의 양식의 궁전이었다고 한다. 그러려면 교회 몇 곳과 왕궁 건물 몇 채를 없애야 했다. 건물을 지으며 돈을 탕진하는 것은 무모한 왕실의 고전적인 행태다. 공사를 시작하고 얼마 지나지 않아 돈이 모자라 새 왕궁 건설 작업은 중단되었다. 몇 년이 지나고서 건축가 마트베이 카자코프Matvey Kazakov의 지휘 아래 다시 공사가 재개되었다. 지금 러시아 대통령의 공식 집무실이 있는 건물은 이렇게 세워졌다. 그러나 이 건물도 영욕의 역사를 피해갈 수는 없었다. 1812년 프랑스의 나폴레옹 군이 침공해 크렘린을 점령하기도 했다.

알렉산드르 1세는 프랑스와의 전쟁에서 파괴된 건물의 보수공사를 지시했고, 그 후로도 수차례 보수공사가 벌어졌다. 1851년 공사 이후로 1917년 러시아혁명 때까지는 거의 변화가 없었다고 한다.

'차르의 흔적'을 지운 스탈린

혁명으로 세워진 소비에트 정부는 1918년 3월 모스크바에 입성했다. 블라디미르 레닌Vladimir Lenin은 크렘린의 상원 건물을 관저로 삼았다.

1922년 이오시프 스탈린Iosif Stalin이 크렘린의 주인이 되었다. 스탈린은 '차르 체제의 유물들'을 크렘린에서 걷어내려 애썼다. 탑 꼭대기에 장식되어 있던 황금 독수리들은 별 장식으로 대체되었다. 14세기에 지어진 추도프 수도원과 16세기의 성당들은 군사학교와 하원 건물로 바뀌었다. 오래된 구세주 성당도, 니콜라이 궁도 비슷한 운명을 겪었다. 제2차 세계대전이 터지자,

◀ 1936년 3월 크렘린에서 조지아 사절단을 맞고 있는 스탈린.

1941년 12월 독일 군대가 크렘린 밖 30킬로미터 거리까지 진격해 오기도 했다.

스탈린은 크렘린의 집무실과 관저 외에도 여러 곳에 거처를 두고 있었다. 1919년 우소보라는 지역의 농가를 자기 집으로 삼기도 했고, 주발로바와 쿤체보 등지에 다차Dacha라고 부르는 여름 별장도 갖고 있었다. 동계올림픽 개최지로 유명해진 소치를 비롯해 최소 네 곳에 다차를 두었다. 흑해 연안을 비롯한 여러 곳에 럭셔리 빌라를 보유하기도 했다. 이런 집들은 외교적인 용도나 공무에는 거의 쓰지 않았고 주로 스탈린이 사적으로 이용했다고 한다.

여담이지만 스탈린은 크렘린 밖으로 멀리 이동할 때에도 비행기를 타지 않았다고 한다. 주로 기차나 자동차로 움직였다. 스탈린이 비행기로 이동한 매우 드문 사례 중 하나가 1943년 제2차 세계대전의 전후 처리를 논의하기 위해 테헤란 회담에 참석했을 때였다.

소비에트 정부의 집무실이 일반에 처음 공개된 것은 1955년이다. 그 사이 30여 년 동안 크렘린은 베일에 싸인 권력기관이었다. 스탈린의 뒤를 이어 1953년 소련 공산당 서기장이 된 니키타 흐루쇼프Nikita Sergeyevich Khrushchyov는 '탈 스탈린화' 작업을 벌였고, 일종의 개방·유화 제스처로 집권 3년 차에 크렘린 집무실을 공개했다. 흐루쇼프는 나중에 비망록을 통해 스탈린 시절 크렘린에 영화관이 있어서 공산당 간부들이 모여 몰래 서방 영화를 보기도 했다고 밝혔다.

1953년 사망한 스탈린은 붉은 광장의 레닌 영묘靈廟에 안장되었다. 그러다가 역시 흐루쇼프 때인 1961년 신화 지우기 작업의 일환으로 크렘린 묘지에 이장되었다. 그해에 크렘린 박물관도 문을 열었다. '소비에트의 유적'들이 한곳에 모여 있는 이 일대는 1990년 유네스코 세계문화유산에 등재되었다. 현재 크렘린 역사문화지구의 총책임자이자 박물관 운영을 책임지고 있는 사람은 인류 최초로 우주에 나갔던 우주 비행사 유리 가가린의 딸 엘레나 가가리나다.[3]

러시아 깃발이 걸리다

유리 안드로포프Yuri Andropov, 콘스탄틴 체르넨코Konstantin

Chernenko 등을 지나 1985년 미하일 고르바초프Mikhail Gorbachyov가 크렘린의 주인이 되었다. '머리에 지도가 그려진' 고르바초프는 소련의 처음이자 마지막 대통령이기도 하다. 소련 대통령이라는 자리가 1991년 연방이 붕괴되면서 사라졌기 때문이다.

고르바초프 집권기는 페레스트로이카Perestroika, 글라스노스트Glasnost●라고 부르는 개혁·개방이 진행된 시기인 동시에 극심한 혼란의 시기였다. 1991년 8월에는 소련 공산당과 보수파의 쿠데타가 일어나 세계를 떠들썩하게 했다. 보리스 옐친Boris Yel'tsin을 비롯한 개혁파는 더 강도 높은 개혁과 개방을 요구한 반면, 공산당 기득권층은 그에 맞서 옛 질서를 옹호하기 위해 쿠데타를 일으킨 것이다. 이들은 비상국가위원회를 만들어 고르바초프를 권력에서 내몰려 했고, 고르바초프는 8월 19일부터 사흘 동안 크림반도에 있는 여름 별장에 감금되어 있어야 했다.

쿠데타는 사흘 천하로 끝났다. 쿠데타를 일으킨 8인방 중 일부는 붙잡혀 반역죄로 기소되었고, 1명은 사살되었다. 합참의장을 지냈던 장군 세르게이 아흐로메예프는 쿠데타에 가담한 것으로 알려졌으나 혐의를 부인했으며, 크렘린의 자기 집무실에서 목을 매 자살했다. 권력의 궁전 안에서 벌어진 어두운 역사의 단면이다.

● **페레스트로이카, 글라스노스트**
옛 소련의 마지막 집권자였던 미하일 고르바초프 대통령이 도입한 정책이다. 통상 페레스트로이카는 '개혁', 글라스노스트는 '개방'으로 번역된다. 자유화·민주화·시장화·권력이양·동서긴장 완화 등이 주축으로 소련뿐 아니라 세계 정치의 흐름을 바꾸어놓았다.

쿠데타 세력은 제거되었으나 고르바초프의 권력 역시 공고하지 않았다. 8월 24일 크렘린으로 복귀하자마자 그는 공산당 서기장 직책을 내려놓았다. 정부를 장악하고 있던 공산당의 모든 기관은 해체되었다. 공산당 일당 체제가 막을 내린 것이다.

연방 산하 공화국들에서는 독립 움직임이 일었다. 고르바초프는 10월 18일 아제르바이잔, 그루지야(현재의 조지아), 몰도바, 우크라이나, 리투아니아, 라트비아, 에스토니아 대표들과 새로운 경제 공동체 협정을 맺었다. 연방의 해체는 순식간에 일어났다. 그해 7월 러시아 대통령이 된 옐친은 크렘린의 소비에트 깃발을 내리고 러시아 국기를 올렸다.

푸틴, 새로운 차르?

크렘린 웹사이트에 올라오는 러시아 대통령에 관한 뉴스와 이벤트, 사진과 동영상, 문서 자료들을 보고 있으면, 크렘린 역시 다른 나라와 별반 달라 보이지 않는다.4 차르 시절, 그리고 소련 시절의 크렘린과 지금의 크렘린은 이미지가 사뭇 다르다.

하지만 러시아의 자유화와 민주주의에 대한 외부의 평가는 좋지 않다. 크렘린은 언론을 탄압하고 비판 세력의 입에 재갈을 물리고 있다. 체첸 문제나 우크라이나 문제에서는 가혹하게 분리주의자를 탄압하거나 군대를 보내 땅을 병합하는 일도 서슴지 않았다.

푸틴 대통령에게 대놓고 반대하는 이들은 생명의 위협을 감내해야 한다. 2015년 2월에는 크렘린 바로 옆에서 푸틴 대통령 대통령의 반대파 정치인 넴초프가 암살되었다. 넴초프는 크렘린과 인접한 도로에서 총격을 받았지만, 크렘린 안에서 벌어진 암살도 드물지 않았다. 차르 알렉산드르 2세의 아들인 모스크바 대공 알렉산드로비치는 1905년 크렘린에서 일어난 폭탄 공격에 숨졌다. 16세기의 이반 뇌제는 알렉산드라 황후가 죽자 누군가가 궁 안에서 독살한 것으로 의심하고 대대적인 색출 작전을 벌였다.5

혼란스러웠던 시절을 지우기라도 하려는 듯, 푸틴 대통령은 권력을 공고히 해왔다. 푸틴은 1999년의 마지막 날 건강이 악화된 옐친 대통령의 권한대행이 되었고, 이듬해 5월 대통령에 당선되었다. 2008년까지 2번의 임기를 보냈고, '3연임 금지' 헌법 조항에 걸려 잠시 총리로 내려앉았다가 2012년 다시 집권했다. 2015년 10월 만 63세가 되었으니, 권좌에 오래 앉아 있는 것에 비해 나이는 아직도 젊다. '이론적으로는' 다음 대선에서 또 연임하는 것도 가능하니, 이름만 대통령이던 드미트리 메드베데프Dmitry Medvedev를 세워두고 수렴청정垂簾聽政을 하던 총리 시절까지 포함하면 20년 집권이 될 수도 있을 것이다.

그런 푸틴 대통령은 크렘린에서 어떤 생활을 할까? 영국 『인디펜던트』는 2014년 7월 베일에 가려진 푸틴 대통령의 사생활을 엿보는 기사를 실었다. '미궁 속 독재자의 생활'이라는 제목이 붙은 이 기사에 따르면 푸틴 대통령은 '올빼미형'이다.6 밤늦도록 일하고, 늦게 일어나 치즈와 오믈렛으로 간단한 아침을 먹는다. 푸틴 대통령이 먹는 식재료는 러시아 정교회 지도자인 키

▲ 2015년 5월 1일 크렘린에서 '노동 영웅'들을 표창한 뒤 기념사진을 찍고 있는 푸틴 러시아 대통령.

릴 대주교 소유의 농장에서 가져온다고 한다.

오후에는 집무실에서 관료들의 브리핑을 받는데, 보안을 중시해 늘 서면 보고를 받으며 언론 보도도 반드시 종이 인쇄본으로 체크한다고 한다. 서방 언론들은 푸틴 대통령을 러시아의 '현대판 차르'라고 부른다. 정작 이 '새로운 차르'의 생활은 그리 편해 보이지 않다. 『인디펜던트』는 "푸틴 대통령의 일거수일투족은 모두 의례화되어 있어서 우연한 행보는 없다"며 "감옥처럼 격리된 채 완벽히 통제된 환경에서 살아가고 있다"고 전했다.

세계의 지붕, 네팔의 역사

2015년 4월 네팔에서 지진 참사가 일어났다. 비극의 현장에서 연일 들려오던 이야기들이 마음을 아프게 했다. '세계의 지붕' 히말라야 기슭에 자리 잡은 작은 나라 네팔의 역사를 들여다보자.

'네팔'이라는 이름은 그곳에 살아온 네와르Newar라는 민족의 이름에서 나왔다는 설이 유력하다. 인도 산스크리트어로 표기된 고대 문서들이 남아 있다. 전설에 따르면 수도 카트만두가 있는 카트만두 계곡 지역에 오래전 살았던 '네Ne'라는 힌두교 현자가 이 나라를 세웠다고 한다. 네팔은 '네의 보호를 받는 곳'이라는 뜻이다.

카트만두 계곡에 사람들이 정착한 것은 신석기시대로 거슬러 올라간다. 적어도 1만 1,000년 전부터 이 지역에 사람들이 거주한 것으로 추정된다. 기록에 남은 네팔의 초기 정착민은 고팔라라는 사람들이었고, 마히스팔라, 키라타 같은 정착민들이 뒤를 이었다. 2,500년 전부터 티베트-버마 계통 사람들이 이 지역에 터를 잡았다.

기원전 500년 무렵 작은 왕국들이 오늘날의 네팔 남부에 생겨났다. 그중 한 왕자의 이름은 우리에게도 잘 알려져 있다. 바로 싯다르타 고타마, 석가모니다.

싯다르타의 고향, 네팔

기원전 250년경이 되자 네팔 남부 지역은 인도 북부에 기반을 두었던 마우리야Maurya제국의 지배를 받게 된다. 잠시 샛길로 가서 마우리야제국을 들여다보자. 마우리야는 철기 문명에 기반을 둔 제국이었다. 기원전 250년 무렵의 마우리야 영토는 인도아대륙과 그 북부를 아우르고 있었다. 제국을 세운 주인공은 찬드라굽타 마우리야라는 인물이었다.

찬드라굽타는 토착 왕조였던 난다Nanda 왕조를 무너뜨리고 제국을 세운 뒤 속속 영토를 늘려갔으나, 거대한 적에 맞부딪치게 된다. 이름하여 알렉산드로스! 하지만 그리스(마케도니아) 군대는 끝내 마우리야제국을 무너뜨리지 못했으니, 마우리야제국은 기원전 316년 인도 북서부를 완전히 장악하게 된다.

그 뒤에 찬드라굽타는 알렉산드로스의 후계자인 셀레우코스 1세의 침공도 물리치고 인더스강 서쪽으로 영토를 늘려갔다. 마우리야는 당시 세계에서 가장 큰 제국 중 하나였고, 전성기에는 영토가 히말라야 산지에서 아프가니스탄의 힌두쿠시 산맥에 이르렀다고 한다.

마우리야제국 이후로도 네팔의 역사는 인도와 떼어놓고 생각할 수 없다. 네팔은 4세기에는 인도 굽타Gupta 왕조 밑으로 들어가게 된다. 3~5세기 인도 중·북부의 드넓은 지역을 장악했던 굽타 왕조 시기는 인도 역사의 황금기로도 불린다.

대략 400~750년에는 리차비Lichchhavis라고 불리는 왕조가 카트만두 계곡을 비롯한 현재의 네팔 중부 지역을 지배했다. 이 시기 네팔의 모습을 보여주는 아주 유명한 책이 있다. 『서유기』로 알려진 현장(삼장)법사의 순례기가 바로 그것이다.

8세기에 이르자 리차비 왕조는 내리막길을 걷는다. 이때부터 네팔은 티베트인의 거점이 되고, 네와리(네와르족)의 시대가 열린다. 11세기 무렵에는 포카라를 비롯한 여러 지역이 네와리에 속하게 된 것으로 추정한다. 그러나 네와리의 시대는 잠시에 그쳤고, 11세기 말이 되자 인도 찰루키야Chalukya제국의 물결이 남쪽에서 밀려왔다.

하지만 네팔인들도 그대로 무릎을 꿇고 있지는 않았으니, 말라Malla라는 일군의 지도자들이 떠오른다. 말라 왕들은 약 200년 동안 네팔을 다스렸고, 그동안 20여 개의 크고 작은 왕국이 명멸했다.

마침내 네팔 중부가 다시 통일된 것은 14세기 말 자야스티티Jayasthiti 왕조가 들어서면서다. 자야스티티는 말라 왕들 중 한 명이다. 당시 카트만두와 파탄, 바드가온(박타푸르) 등의 도시가

라이벌이 되어 싸웠는데, 자야스티티는 바드가온을 다스린 데발라데비Devaladevi라는 여왕의 손녀와 결혼한다.

네팔 통일의 영웅, 자야스티티

자야스티티는 주변 작은 왕국들을 복속시킨 데 이어 1370년에는 파탄을 손에 넣었고, 1374년에는 바네파, 파르핑 같은 지역들을 정복했다. 1395년에는 드디어 네팔 중부를 모두 장악했다. 지금도 자야스티티는 네팔의 영웅으로 추앙받고 있다.

그러나 자야스티티 왕조 또한 오래가지는 못했다. 1482년이 되자 네팔은 카트만두, 파탄, 박타푸르의 3개 왕국으로 분열된다. 갈라져 있던 나라가 오늘날과 같은 형태를 띤 것은 18세기 중반이다. 영국 식민주의 군대의 '구르카 용병'으로 유명한 고르카Gorkha족의 왕 프리트비 나라얀 샤Prithvi Narayan Shah가 인도

◀ 14세기 네팔 중부를 통일하고 새 왕국을 세운 자야스티티.

▲ 18세기 중반 갈라져 있던 네팔을 통합하고 영토를 넓힌 고르카 왕 프리트비 나라얀 샤의 동상.

에서 무기를 들여와 정복전에 나섰다. 1769년 키르티푸르Kirtipur 전투와 같은 몇 차례의 전쟁을 거치며 카트만두 계곡을 손에 넣었다.

 고르카 왕국은 히말라야 북쪽까지 넓은 땅을 차지했지만, 이 때문에 중국 청나라와 분쟁이 일어났다. 결국 청에 밀려 네팔의 영토는 히말라야 남쪽 기슭으로 다시 줄어들었다. 이 무렵 인도에서는 영국이 식민지화를 진행하고 있었다. 네팔 왕국과 영국 사이에 전쟁(1814~1816년)이 일어났다. 고르카가 패배했지만, 이때 고르카의 용맹함에 깊은 인상을 받은 영국이 이들을 용병으로 삼기 시작했고 그것이 '구르카 용병 부대'의 전설로 오늘까지 남게 되었다(또 샛길로 가자면, 구르카 용병은 20세기의 수많은 전쟁에 영국의 용병으로 동원되었다. 영국 정부가 이들에게 영국 군인에게 주는 것과 같은 연금을 주지 않자 용병들이 소송을 벌여 이기기도 했다. 그러나 용병은 용병이다. '연금 형평성' 문제와는 별개로 영국 제국주의 군대에 들어가 돈을 받고 다른 피지배 민족을 학살하는 일에 동원된 사람들을 아름답게 포장할 수는 없을 것 같다).

고르카와 라나 왕조

고르카 왕국과 영국의 전쟁 뒤 네팔은 왕정 내 분열로 불안정한 상태가 되었다. 1846년에는 승승장구하던 군벌 지도자를 몰아내려던 음모가 드러났고 '코트Kot 학살'•이 일어났다. 군벌들이 부딪치고 처형과 숙청이 잇따르면서 왕실은 초토화되었다.

쫓겨날 뻔했던 바로 그 군벌 중 바하두르 쿤와르Jung Bahadur Kunwar는 마침내 승자가 되어 라나Rana 왕조를 열었다. 라나 왕조는 친영파였고 세포이 항쟁• 때에도 영국을 지원했다. 두 차례의 세계대전 때도 네팔은 영국을 지원했다. 인도가 영국 식민 통치에 신음하며 반영 독립운동을 벌인 것과 달리 네팔은 1923년 영국과 공식적으로 우호 협정을 체결했다.

1924년 노예제가 공식적으로 철폐되었지만 네팔 왕국에는 여전

● **코트 학살**
1846년 9월 19일 네팔 왕궁에서 군벌 지도자 중 바하두르 쿤와르가 왕실 일가와 총리 등 약 40명을 학살한 사건이다.

● **세포이 항쟁**
영국 점령 시기인 1857년 동인도회사에 고용된, 세포이(sepoy)라 불리던 인도인 용병들이 일으킨 반영 항쟁. 1857년 인도항쟁, 제1차 인도독립전쟁 등으로도 불린다. 1857년 5월부터 1859년 7월까지 20만 명이 넘는 세포이가 참여했다.

◀ 라나 왕조를 연 중 바하두르 쿤와르.

히 인신매매와 노예제가 흔했다. 라나 왕조의 억압적인 통치가 도전에 부딪친 것은 1940년대에 이르러서였다. 1950년 중국이 티베트를 점령하자 인도는 중국을 견제하기 위해 네팔 쪽으로 영향력을 확대했다. 고래 사이에 낀 새우가 된 네팔은 1951년 정치적 혼란 속에서 네팔의회당 주도의 새 정부를 구성했다. 그러나 왕실과 정부 간 권력 다툼은 끝나지 않았고 마헨드라 국왕 시절인 1959년 이래 1989년까지 '정당 없는 의회'인 판차야트 Panchayat 체제가 자리를 잡았다.

왕실 살인극과 공화국으로의 이행

마헨드라를 뒤이은 비렌드라 국왕은 '잔 안돌란(민중운동)'이라 불리는 국민적 요구에 밀려 개헌을 하고 1991년 5월 다당제 선거를 실시하게 되었다. 이미 왕조는 구시대적인 존재로 국민들의 지지를 잃고 미움만 잔뜩 받고 있었다.

1990년대 중반, 낙후된 농촌을 중심으로 마오주의• 공산당과 반군이 세를 불리기 시작했다. 이들은 왕조를 없애고 공화국으로 가기 위한 투쟁을 벌였다. 당시 마오주의 반군과 정부군 간 내전으로 1만 2,000명 이상이 목숨을 잃은 것으로 추산된다. 그러다가 왕실의 신망을 아주 땅바닥에 떨어뜨린 사건이 일어났다. 2001년 6월 1일 비렌드라 국왕과 아이슈와랴 왕비를 비롯한 왕실 일가족이 몰살당한 것이다.

살인극을 벌인 인물은 다름 아닌 디펜드라 왕세자였다. 왕세자는 부모를 비롯한 가족들을 사살한 뒤 스스로 목숨을 끊었다. 디펜드라가 원하는 여성과 결혼하지 못하게 부모가 막은 것이 왕실 살인극의 이유였다고 하지만 자세한 내막은 여전히 미스터리로 남아 있다.

아무튼 이 사건 뒤 비렌드라 국왕의 동생인 갸넨드라가 왕위를 이어받았다. 하지만 갸넨드라는 "국민 앞에서 웃는 모습을 보여준 적이 없었다"는 말이 나올 정도로 인

● **마오주의**
마오쩌둥(毛澤東)을 중심으로 한 중국 공산주의 사상. 1960년대에 중국이 소련과 대립하면서 '중국식 마르크스—레닌주의'가 정식화되었다. 네팔, 인도 등에는 농민 혁명을 뼈대로 한 마오주의 추종 무장 집단이 여전히 남아 활동하고 있다.

▲ 네팔 국회(싱가두르바르) 의사당.

기가 통 없었다고 한다. 민주화 요구에 직면한 갸넨드라는 국왕의 권력을 대폭 축소하는 데에 동의했고, 네팔 왕실은 명목상의 왕실로 남았다. 하지만 이것도 오래가지는 못했고, 2007년 12월 의회는 왕조를 없애고 공화국으로 가기 위한 법안을 만장일치로 통과시켰다.

2008년 4월 치러진 제헌의회 선거에서 마오주의 네팔공산당이 승리를 거두었다. 5월 28일 실시된 의회 투표에서 564명 중 560명이 찬성해 네팔은 공화국이 되었다. 240년 역사의 라나 왕조는 종말을 맞았다. 갸넨드라는 15일 뒤 나라얀히티 왕궁에서 퇴거했고, 왕궁은 박물관으로 변모했다.

그해 8월 15일, 마오주의 지도자 프라찬다(본명은 푸시파 카말 다할)가 총리로 선출되면서 왕정에서 공화정으로의 이행이 완

▲ 네팔공산당 지도자 프라찬다가 2007년 포카라에서 연설하는 모습.

료되었다. 하지만 공산당 주도 연립정부는 이듬해 무너졌고, 새로 출범한 정부도 2011년 무너졌다. 헌법을 놓고 아직도 싸움이 지속되는 판국이다. 2014년 2월에 의회 내 주요 정당들이 제헌의회를 다시 소집하는 데에 합의하면서 수실 코이랄라 총리가 취임했지만, 지진으로 모든 정치 일정은 중단된 상황이다. 네팔의 미래는 정치적으로나 경제적으로나 밝지 않아 보인다. 2015년 10월 네팔공산당의 샤르마 올리가 선거에서 코이랄라를 이기고 총리로 선출되었다. 코이랄라는 2016년 2월 9일 폐렴으로 사망했다.

검은 스파르타쿠스의 나라, 아이티의 비극

오늘날까지도 아이티 학생이라면 누구나 루베르튀르가 프랑스로 끌려가면서 남긴 마지막 말을 암송한다.

"내가 무너진다면 생도맹그의 단 하나뿐인 자유의 나무는 쓰러지고 말리라. 그래도 자유의 나무는 다시 살아나 땅속 깊이 수많은 새로운 뿌리들을 내리리니."[1]

중미 카리브해의 섬나라 아이티는 히스파니올라Hispaniola라는 섬의 서쪽을 차지하고 있는 나라다. 섬의 동쪽은 도미니카공화국이다. 히스파니올라라는 이름은 '작은 스페인'이라는 뜻으로, 1492년 이 섬에 도착한 크리스토퍼 콜럼버스가 붙인 이름이다. 스페인은 1496년 이 섬의 산토도밍고에 식민 정착지를 만들

▲ 아이티의 위치. 휴양지로 유명한 카리브해에 있으나, '카리브해의 휴양지'가 아닌 '세계 최빈국'으로 유명하다.

었다. 스페인 최초의 '서반구 정착지'가 바로 이곳이다. 그러나 스페인은 1697년 이 섬의 서쪽 절반, 오늘날의 아이티를 프랑스에 내주게 된다. 그때부터 프랑스와 아이티의 처절한 인연이 시작되었다.

"아이티는 지구상 어떤 나라와도 닮지 않은 나라"라는 구절을 어디에선가 읽은 적이 있다. 지리적으로는 라틴아메리카에 속하지만 스페인이나 포르투갈이 아닌 프랑스의 식민 지배를 받았다. 라틴아메리카 국가들의 독립을 주도한 것은 유럽에서 건너온 이민자의 후손이었지만, 아이티는 '해방 노예'가 주축이 되었다는 점에서 역사적으로도 이웃 나라들과 차이를 보인다.

주민 대다수가 아프리카계(1,000만 명이 조금 넘는 인구 중에서 95퍼센트가 아프리카계)라는 것도 중남미의 다른 나라들과 다르다. 그렇다고 아프리카 국가들과 딱히 역사적·문화적으로 연결되어 있지도 않다. 앞서 언급한 구절은 이 나라가 세상 어떤 나라와도 다른 '외톨이'라는 것을 보여준다.

노예에서 해방 투사로

아이티는 흑인 노예 출신 혁명가들의 투쟁으로 1804년 프랑스 지배에서 독립했다. 아이티 건국의 아버지인 프랑수아-도미니크 투생 루베르튀르Francois-Dominique Toussaint L'ouverture는 '검은 스파르타쿠스'라 불렸다. 노엄 촘스키의 책에서 인용한 생도맹그Saint Domingue는 지금은 도미니카공화국의 수도가 된 히스파니올라섬의 중심 도시, 산토도밍고의 프랑스식 이름이다.

루베르튀르는 1743년 생도맹그 근처에 있는 프랑스 플랜테이션 농장에서 태어났다. 전해 오는 이야기에 따르면 농장에서 말을 몰고 훈련시키는 일을 했다고 한다. 그의 주인은 루베르튀르가 33세에 그를 노예 신분에서 풀어주었다. 독실한 가톨릭 신

◀ '검은 스파르타쿠스'라 불렸던 아이티 독립의 아버지 루베르튀르.

자였던 루베르튀르는 자유로운 신분이 된 뒤 생도맹그의 신학교에서 신학을 공부했다.

1790년 자크 뱅상 오제Jacques Vincent Ogé라는 인물의 주도로 반프랑스 봉기가 일어났다. 루베르튀르는 해방 노예 신분으로 다른 지도자들과 함께 노예들의 봉기를 이끌었다. 2년 뒤 프랑스 식민 의회는 흑인과 물라토(히스패닉계와 아프리카계 사이의 혼혈)를 노예의 족쇄에서 풀어주고 완전한 시민권을 보장해주는 법안을 채택했다.

당시 아이티에서는 프랑스 본국 정부의 간섭에 반발하는 백인 농장주들과 백인 노동자들, 노예에서 벗어나고자 하는 사탕수수 플랜테이션 농장의 흑인들, 흑인 노예보다는 우월한 지위에 있지만 백인에 비해서는 차별받는 물라토들이 복잡하게 얽혀 서로 권리를 키우기 위한 저항을 하고 있었다. 이 여러 세력은 제

▲ 1791년 산토도밍고 흑인 노예 폭동을 그린 그림.

검은 스파르타쿠스의 나라, 아이티의 비극　297

각기 프랑스 의회에 찾아가 자기네에게 유리하게끔 입법 운동을 하기도 했다.

당초 프랑스 정부는 히스파니올라섬 백인 이주민들의 반발을 내리누르고 노예해방을 지지했다. 하지만 1793년 루이 16세가 처형되고 프랑스가 소요와 전쟁에 휘말리게 되자 머나먼 섬의 일은 관심 밖으로 밀려났다. 루베르튀르는 남부와 북부 주민들을 규합, 노예제 폐지에 앞장섰다. 그런데 프랑스가 약해진 틈을 타 영국군이 쳐들어오면서 다시 위기를 맞았다.

1794년 루베르튀르는 4,000명의 아프리카계 해방 노예로 게릴라 부대를 결성했다. 영국 침략자들을 몰아내고 그해 2월 프랑스 본국 정부에게 노예제를 영구적으로 없애겠다는 확답을 받았지만, 스페인 침략자들에 맞서 다시 싸움을 벌여야 했다. 플랜테이션으로 부를 일구던 작은 섬을 뜯어먹기 위해 열강들이 모두 나서서 피 튀기는 경쟁을 하던 시대였다.

서반구 최초의 흑인 혁명가

정식 군사훈련을 받은 적은 없었지만 루베르튀르는 타고난 지도자이자 군사 전략가였다. 그는 장-자크 데살린Jean-Jacques Dessaline과 앙리 크리스토프Henri Christophe라는 뛰어난 두 부관을 데리고 유럽 열강의 군대들과 잇달아 싸워 이겼다(루베르튀르와 마찬가지로 해방 노예였던 크리스토프는 19세기 초반에 아이티의 대통령을 지내기도 했으나, 뒤에 스스로 '왕국 건국'을 선언하고 국왕을 자처한 논란 많은 인물이다).

루베르튀르의 투쟁 소식에 영향을 받은 파리의 자코뱅 혁명 정부• 는 프랑스의 모든 영토에서 노예제를 폐지했다. 아이티혁명은 비록 작은 나라에서 벌어진 일이고 우리에게 잘 알려지지 않았지만 세계사적인 의미가 있는 것은 이 때문이다.2

루베르튀르는 노예해방 뒤에 오히려 더 큰 고난에 부딪쳤다. 하지만 지략을 발휘, 프랑스와 손을 잡고 여전히 노예제를 포기하지 않던 스페인과 영국 침략군에 맞서 싸웠다. 그는 스스로를 '공화주의자'로 선언하고 생도맹그 프랑스인 주지사 휘하의 장군이 되어 영국군을 몰아냈다. 이어 프랑스 세력을 쫓아냈고, 1801년에는 스페인군도 축출했다. 그해 7월 루베르튀르는 히스파니올라섬의 통일을 선언하고 자치 정부의 수반이 되었다.

> **자코뱅 혁명 정부**
>
> 프랑스혁명을 일으킨 세력은 막시밀리앵 드 로베스피에르를 중심으로 하는 급진파인 일명 자코뱅파(Jacobins)와 온건 성향의 지롱드파(Girondins)로 갈라졌다. 1793년 9월부터 이듬해 7월까지 이어진 자코뱅파의 집권 기간은 '혁명의 적'으로 규정된 이들에 대한 대량 처형으로 '공포정치'라 불렸다.

1802년 프랑스의 나폴레옹 정부는 자코뱅 정부가 한 약속을 뒤집어버렸다. 나폴레옹의 매제인 샤를 르클레르Charles Victoire Emmanuel Leclerc는 해군 선단을 이끌고 히스파니올라를 공격했다. 루베르튀르는 노예제를 다시 도입하지 않겠다는 조건으로 르클레르와 강화조약을 맺었다.

하지만 르클레르는 약속을 깨고 루베르튀르를 체포, 프랑스로 데려가 동부의 두Doubs 지역에 있는 포르데주Fort-de-Joux 교도소에 잡아넣었다. 안타까운 일이지만 옛 동지이면서 훗날 권력 다툼을 벌인 데살린이 루베르튀르의 몰락에 힘을 보탰다. 프랑스로 압송되어 가면서 그는 "생도맹그의 자유의 나무는 다시 살아날 것"이라는 말을 남겼다.

 루베르튀르가 권력을 잡은 뒤에 오히려 농장주들의 이익을 옹호하고, 명목상 자유민이지만 실제로는 노예 노동을 해야 하는 흑인 농민을 억압했다는 비판도 있다. 하지만 아이티가 경제적으로도 독립할 수 있게 하기 위한 어쩔 수 없는 조치였다는 반론도 있다.[3]

 파란만장한 인생을 살았던 '서반구 최초의 흑인 혁명가' 루베르튀르는 옥중에서 폐렴에 걸려 1803년 4월 7일 숨을 거두었다. 그러나 그가 씨앗을 뿌린 히스파니올라 흑인의 해방과 독립

▲ 1805~1820년 프랑스의 공격에 맞서 독립을 지키기 위해 아이티 북부 산지에 세운 라페리에르 시타델(Citadelle Laferrière). 앙리 크리스토프 시타델이라고도 불린다. 시타델은 성채를 뜻한다.

의 꿈은 결실을 거두었다. 이듬해 1월 1일 생도맹그의 해방 노예들은 아이티라는 나라의 건국을 선언했다. 10만 명의 흑인 노예와 2만 4,000명의 백인 이주자가 목숨을 잃은 뒤 쟁취해낸 독립이었다.

그 후 루베르튀르에게 영감을 받은 수많은 유색인 혁명가들이 중남미 곳곳에서 식민 제국과의 싸움을 벌였다. 역설적이지만 프랑스의 영웅을 기리는 파리의 판테옹Pantheon에는 루베르튀르를 기리는 부조가 새겨져 있다.

미국과 아이티, 두 독립국의 어긋난 관계

아이티는 흑인 노예 출신 혁명가들의 투쟁으로 식민 지배에서 벗어났다. 미국과 아이티는 '서반구에서 가장 오래된 두 독립 공화국'이다. 하지만 아이티가 독립전쟁을 벌일 당시 미국은 자국 내 흑인 노예들이 자극받을까 우려해 아이티의 독립을 공개적으로 반대했다고 한다. 두 나라가 걸어온 역사적 경로는 상당히 달랐다. 영국과 싸워 미국을 세운 사람들은 백인 엘리트들이었고, 프랑스와 싸워 아이티를 세운 사람들은 흑인 해방 노예들이었다.

힘들게 독립한 아이티의 역사는 순탄치 못했다. 나라를 세운 지 몇 년 지나지 않은 1806년 데살린이 암살을 당했고, 흑인이 우세한 북부와 물라토가 지배하는 남부로 나뉘어 내전을 벌였다. 1818년 피에르 부아예Pierre Boyer가 나라를 통일했지만 그는 흑인을 권력에서 배제했다.

20세기로 넘어와서 아이티의 역사는 더더욱 꼬였다. 아이티에 심각한 상흔을 입힌 나라는 미국이다. 세계 초강대국인 미국은 세계에서도 가장 가난한 나라 중 하나인 아이티와 얽히고설킨 인연을 갖고 있다. 미국은 1915년 아이티를 침공한 뒤 점령했고, 1934년에야 물러났다.

그 이후 이 섬나라는 세습 독재 정권에 휘둘렸다. 1956년 파파독Papa Doc(문자 그대로 해석하면 '아버지 박사'라는 뜻)이라 불리는 프랑수아 뒤발리에François Duvalier가 군사 쿠데타를 일으켰고, 이듬해 대통령에 취임했다. 1964년 뒤발리에는 스스로 종신 대통령을 선언했다. 그러나 5년 만에 죽었고, 겨우 19세던 아들 장-클로드 뒤발리에Jean-Claude Duvalier가 종신 대통령직을 물려받았다. 아버지의 뒤를 이은 장-클로드 뒤발리에는 베베독Bébé Doc(아기 박사)이라 불렸다.

▲ 쿠데타를 일으킨 뒤 스스로 종신 대통령에 오른 '파파독' 프랑수아 뒤발리에(왼쪽)와 종신 대통령직을 이어받은 '베베독' 장-클로드 뒤발리에(오른쪽).

미국은 쿠바의 영향력을 차단하기 위해 뒤발리에 세습 독재 정권을 지원했다. 그러나 베베독은 1986년 결국 쫓겨났다. 아이티의 민주화 운동이 세계에 알려지자 미국은 이 나라를 중미의 '민주주의 모범생'으로 만들어 선전하는 쪽으로 정책을 바꾸었다.

미국은 1995년 이래 2010년 아이티 대지진이 일어나기 전까지 이 나라에 15억 달러(약 1조 7,000억 원) 가량을 지원했다. 국제사회의 아이티 지원을 조직하는 데에도 큰 역할을 했다. 미주기구 OAS를 통한 지원은 물론이고, 캐나다·프랑스·베네수엘라·칠레·아르헨티나와 함께 유엔 산하에 '아이티의 벗들'이라는 그룹을 만들었다. 2001년부터는 이 그룹에 카리브공동체 CARICOM와 유럽 국가들도 끌어들였다.

미국이 아이티에 촉각을 곤두세우는 이유 중 하나는 난민 문제 때문이다. 1991~1994년 아이티에 군사 쿠데타 정권이 들어서자 난민 6만 7,000명이 미국으로 도망쳤다. 바하마 등 주변국들도 난민 때문에 골머리를 앓았다.

미국은 아이티에 좌파 정권이 들어서는 게 싫어서 내정에 깊숙이 개입했다. 1990년 아이티에서는 해방신학자 출신인 장-베르트랑 아리스티드Jean-Bertrand Aristide가 대통령이 되었다. 아이티 역사상 최초로 실시된 자유롭고 평화로운 선거를 통해서였다.

하지만 곧 군사 쿠데타가 일어나, 라울 세드라스Raoul Cédras 장군이 권력을 움켜쥐었다. '좌파' 아리스티드를 미워했지만 군사 쿠데타를 대놓고 밀어줄 수 없었던 미국은 아이티에 경제 제재를 가했다. 군사정권은 미국의 압박에 밀려 1994년 물러났고,

쫓겨났던 아리스티드가 귀국했다. 어수선했던 시기에 내전을 막기 위해 미군이 주둔하고 있었는데, 미군이 나가고 유엔 평화유지군이 질서유지 책임을 떠맡았다. 1995년 12월 아리스티드의 동지였던 르네 프레발René Préval이 대통령이 되었다.

정정 불안은 가시지 않았고, 2000년 11월 아리스티드는 다시 대선에서 승리했다. 하지만 이듬해 곳곳에서 아리스티드에 반대하는 군부 잔당들이 쿠데타를 시도하고 폭력 사태를 일으켰다. 독립 200주년을 맞은 2004년, 기념 잔치는 정정 불안과 봉기로 얼룩졌고 아리스티드는 재차 망명길에 올랐다. 아리스티드를 원하지 않은 미국이 뒤에서 조종해 그를 몰아내고 프레발을 내세웠다는 의혹이 퍼졌다. 그 후 아리스티드는 유럽을 돌면서 "미국이 사실상 쿠데타를 일으켜 나를 내쫓았다. 나는 미국이 납치한 것"이라고 주장했다.4

▼ 아리스티드는 뒤발리에 독재 정권에 대항하던 종교인으로 1990년 대통령에 선출되었다.

아이티, 역사의 역설

2010년 1월 12일, 아이티는 정정 불안이 계속되는 와중에 규모 7.0의 강진을 맞았다. 피해는 엄청났다. 23만 명 이상이 숨졌고(사망자가 31만 명에 이른다는 추정치도 있다) 230만 명이 이재민이 되었다. 아이티의 병원 시설 절반이 무너졌으며 정부 건물의 60퍼센트가 파괴되었다. 무너진 집은 25만 채에 이르는 것으로 추산되었다. 경제적 손해는 차치하고, 무너지고 부서져 손상된 것만 따져도 80억 달러(약 8조 9,000억 원)가 넘을 것으로 추정되었다.

유엔이 대대적으로 모금 캠페인을 벌였다. 인프라 복구와 치안 유지·재건 지원에 가장 먼저 팔 걷어붙이고 나선 것은 미국이었다. 항공모함까지 동원해 병력을 파견했다. 우고 차베스 베네수엘라 대통령과 에보 모랄레스 볼리비아 대통령 등 남미 '반미 좌파 지도자'들은 미국을 향해 "군사 점령을 시도하느냐"며 비난하기도 했다.

우스운 것은, 미국이 아이티 수도 포르토프랭스에 있는 투생 루베르튀르 국제공항의 관제탑을 비롯한 주요 시설을 통제하자 프랑스가 볼멘소리를 냈다는 것이다. 당시 프랑스 관료가 민항기를 타고 루베르튀르 공항에 갔다가 미군에 입국을 거부당하는 수모를 겪었다. 프랑스는 "미국의 역할은 아이티를 돕는 것이지, 아이티를 점령하는 것이 아니다"라고 비난했다.[5] 누가 누구를 욕할 처지인지 모르겠다.

부실한 아이티 정부를 대신해 사실상 국가를 운영하다시피 해온 유엔마저 지진에 강타당한 상황에서, 현실적으로 아이티의 치안을 유지할만한 물리력을 가진 나라는 미국뿐이긴 하다. 하지만 논란의 와중에 '아이티인의 목소리'는 들리지 않았다. 미군 통제로 논란이 된 투생 루베르튀르 공항은 프랑스에 맞선 루베르튀르의 이름을 딴 곳이다. 그가 피로 세운 아이티에서, 200여 년 뒤에 미국과 프랑스가 다시 점령이다 아니다 말싸움을 한 꼴이다.

어찌 되었든 국제사회는 지원과 관심을 보냈다. 지진 뒤 3년 동안 아이티를 위해 모금된 돈은 90억 달러에 육박한다.[6] 하지만 현지 정부가 제 기능을 못해 외부 기구들이 재건을 맡았다.

결과는 역시나 역설적이다. 아이티는 재난 뒤 'NGO(비정부기구) 공화국'으로 전락했다. 돈을 모아 들어가서 재건을 맡은 것이 비정부기구들이기 때문이다. 도우러 들어간 유엔 평화유지군은 오히려 콜레라를 옮겼다. 지진 이듬해 큰비가 오는 바람에 아이티의 또 다른 별명은 '콜레라 공화국'이 되었다.

200여 년 전 중남미 식민지 중 가장 많은 부를 산출했던 아이티가 지금은 가난의 상징이 되어버렸다. 면적 2만 7,750제곱킬로미터에 인구 약 1,000만 명의 이 나라는 여전히 10명 중 4명은 글을 못 읽을 정도로 교육 수준이 낮다. 도시 지역에서는 35퍼센트, 농촌에서는 52퍼센트의 주민이 제대로 된 수도 시설 없이 살아간다. 구매력 기준PPP*으로 본 1인당 국내총생산GDP은 2014년 1,800달러에 불과한 세계 최빈국이다.[7] 가난과 건강 문제를 파헤친 미국 의사 폴 파머는 아이티를 가리켜 "급성이자 만성인 재앙"이라고 표현했다.[8]

아이티의 숱한 아이들이 남의 집 더부살이라는 이름으로 사실상 노예가 되고 심지어 미국 등지로 팔려나간다.[9] 루베르튀르의 꿈은 여전히 미완성이다. 200여 년 전 루베르튀르가 노예해방 투쟁을 벌일 때보다 오히려 지금, 21세기에 아이티에는 더 많은 노예가 존재한다고 하니 역사는 참 잔인하다.

마지막으로 남미를 대표하는 비판적 지식인 에두아르도 갈레아노 Eduardo Galeano의 글 한 토막을 소개하려 한다. 이 글 또한 아이티의 '잔인한 역설'을 보여준다.

> 구매력 기준
>
> 통상 한 나라의 소득수준을 설명할 때에 국내총생산(GDP) 지표를 쓰지만 GDP는 물가와 실질적인 생활수준을 제대로 반영하지 못한다. 이 때문에 국제통화기금(IMF), 세계은행 등은 실제로 각국에서 소비자들이 상품을 구매할 수 있는 능력을 바탕으로 소득수준을 산정하는데, 이 기준이 PPP다.

"시카고에는 흑인이 아닌 사람이 아무도 없다. 한겨울에 뉴욕에서는 태양이 돌을 흐물거릴 때까지 녹인다. 브루클린에서는 서른이 되도록 살아 있으면 동상을 세워 기릴 만하다. 마이애미에서 가장 좋은 집들은 쓰레기로 지어졌다. 미키는 쥐들에 쫓겨 할리우드에서 달아난다. 시카고, 뉴욕, 브루클린, 마이애미 그리고 할리우드는 아이티의 수도 포르토프랭스에서 가장 처참한 변두리 빈민가인 시테솔레이 Cité Soleil에 있는 몇몇 지구의 이름이다."[10]

유엔 총회에서 벌어진 소동들

유엔 총회는 매년 9월 열린다. 2015년에는 9월 28일부터 10월 6일까지 미국 뉴욕의 유엔 본부에서 열렸는데, 유엔 창설 70주년이라 더욱 성대했다. 세계 160여 개국 정상들이 참석하는 '초대형 총회'였다. 유엔의 한계와 개혁을 지적하는 이도 많지만, 두 차례 세계대전을 거치며 인류가 '좀더 평화롭고 인권이 보장되는' 지구를 만들기 위해 창설한 이 기구의 의미는 부정할 수 없을 것이다.

세계 각국이 목소리를 높이는 국제정치의 무대다 보니 유엔 총회에서 벌어진 해프닝도 적지 않다. 그 역사를 모아보았다.

의장은 사무총장, 3분의 2 이상 찬성하면 주요 의제 통과

먼저 유엔 총회에 대한 개괄적인 설명부터 하자. 유엔 총회는

▲ 미국 뉴욕에 있는 유엔 본부 총회장.

유엔 헌장 4조에 의거해 해마다 한 차례, 주로 9월 말에 개최된다. 총회에 앞서 정상들의 미팅, 각종 위원회 회의도 열린다. 지금은 뉴욕 유엔 본부에서 열리는 것으로 거의 굳어졌으나 1946년 1월 10일 소집되었던 첫 총회는 영국 런던의 웨스트민스터 센트럴 홀에서 열렸으며, 51개 회원국 대표가 참석했다.

총회에서는 투표로 중요한 일들을 정한다. 주된 의제는 평화와 국제 안보, 유엔 재정과 이사회·위원회·산하 기구 선출직 대표 선출, 새 회원국 가입 혹은 기존 회원국의 퇴출 등이다. 이런 주요 의제는 표결에 부쳐 3분의 2 이상의 회원국이 찬성하면 통과된다. 일반 행정에 관한 것이나 첨예한 정치적 논란을 빚는 문제가 아니면 3분의 2 이상 표를 얻지 못해도 다수결로 통과시

▲ 1946년 첫 유엔 총회가 열린 영국 런던의 웨스트민스터 센트럴 홀.

키기도 한다.

한 국가당 1표를 행사하는 것에 이견도 있다. 인구가 13억 명이 넘는 중국이든 1만 명이 채 못 되는 태평양의 섬나라 나우루든 모두 1표를 갖기 때문이다. 작고 힘없는 나라의 권리도 보장해주는 게 중요하다는 주장과, 1국가 1표 시스템이 지구상의 인구 분포를 반영하지 못한다는 주장이 엇갈린다.

냉전 시기 동안 유엔 총회는 주

🟠 **안전보장이사회**

실질적인 유엔의 의사 결정 기관이다. 15개 이사국 중 미국, 러시아, 중국, 영국, 프랑스가 상임이사국으로서 거부권(비토, veto)을 갖고 있다. 나머지 10개 비상임이사국은 거부권이 없다. 유엔이 열강들에 좌우되며 비민주적이라는 비난을 받는 가장 큰 이유다.

로 제3세계 저개발국이나 '비동맹국'들이 외교전을 펼치는 무대였다. 저개발국에 대한 원조와 지원은 오랜 세월 유엔의 주요 임무였다. 동서 진영의 갈등은 주로 안전보장이사회•에서 펼쳐졌고, 상임이사국들이 비토권(거부권)을 무기로 힘 대결을 벌이곤 했다.

흐루쇼프의 '신발 소동'

2008년 말, 이라크 기자 문타다르 알 자이디가 조지 W. 부시 미국 대통령의 기자회견장에서 신발을 집어던졌다. 신발이 국제무대에서 화제가 된 것은 이번이 처음이 아니었다. '신발 소동'의 원조는 옛 소련 서기장 니키타 흐루쇼프였다.

지금까지 알려진 줄거리는 이렇다. 1960년 10월 13일, 필리핀 대표가 유엔 총회 단상에 오른 흐루쇼프 서기장 비판했다. 소련이 동유럽을 "집어삼키고" 동유럽의 "정치적 권리와 시민들의 권리를 박탈했다"는 것이었다. 그러자 화가 난 흐루쇼프 서

◀ 신발을 흔드는 흐루쇼프 서기장을 묘사한 '합성' 사진(위). 인터넷에 널리 퍼졌으나 아래 사진에 신발을 조작한 것이다.

기장은 흥분해서 오른쪽 신발을 벗어 들더니 흔들었다. 이는 당시 『뉴욕타임스』 취재기자로 현장에 있었던 벤저민 웰스의 보도에 따른 것이다.

하지만 뒤에 유엔 총회의 대표적인 해프닝으로 불리는 이 사건에 대해서 다른 주장이 나왔다. 『뉴욕타임스』의 또 다른 기자 제임스 페론도 당시 현장에 있었는데, 페론은 "흐루쇼프가 신발을 흔들지는 않았다"고 주장했다. 신발을 벗어서 연단의 테이블 위에 올린 것은 맞는데, "흔들지는 않았다"고 한다.

반면에 소련 정보기관인 KGB의 전직 간부는 흐루쇼프 서기장이 "리드미컬하게 신발을 흔들었다"고 증언했다고 한다. 이미 오래전 사건인 데다 녹화된 동영상도 없으니 당시의 정확한 상황은 알 수 없다. 아무튼 신발과 관련해서는, 신데렐라의 유리구두와 함께 세계에서 가장 유명한 사건이 아닐까 싶다.[1]

총과 올리브 가지를 들고 총회장에 선 투사

1948년 이스라엘의 건국을 팔레스타인 사람들은 '알 나크바' 즉 '대재앙'이라고 부른다. 이스라엘에 땅을 빼앗기고 난민이 된 이들, 망명자들은 야세르 아라파트Yasser Arafat•를 중심으로 모여 팔레스타인해방기구PLO를 결성했다. 팔레스타인인들의 투쟁이 사람들의 마음을 움직이면서, 1970년대 들어 이들의 목소리에 응해야 한다는 캠페인이 벌어졌다.

1974년 유엔 총회에 아라파트가 초청되었다. 아라파트는 총과 올리브 가지를 들고 단상에 올라섰다. 올리브 가지는 평화의 상징이다. 아라파트의 연설 일부분을 인용한다.

"오늘 나는 올리브 가지와 자유 투사의 총을 갖고 왔습니다. 올리브 가지가 내 손에서 떨어지게 하지 마십시오. 다시 말합니다. 올리브 가지가 내 손에서 떨어지게 하지 마십시오."[2]

> ● 야세르 아라파트
> 팔레스타인 해방운동가로, PLO를 이끌며 이스라엘과 싸웠다. 1993년 오슬로 평화협정을 체결해 이츠하크 라빈 당시 이스라엘 총리 등과 함께 이듬해 노벨 평화상을 받았다. 이후 팔레스타인 자치정부 수반을 지냈으나 이스라엘의 핍박은 계속되었다. 2004년 숨을 거두었는데, 이스라엘 독살 의혹이 가시지 않고 있다.

아라파트의 호소 뒤, 유엔은 그해 11월 29일을 '국제 팔레스타인 연대의 날 International Day of Solidarity with the Palestinian People'로 정했다. 또한 PLO를 팔레스타인 사람들의 '유일한 합법적 대표 기구'로 인정하고 '비非국가 옵서버'로 받아들였다.[3]

지금은 유엔에서 팔레스타인을 사실상 국가로 인정하고 있지만(우리나라도 대표부를 두고 있다) 여전히 이스라엘과 미국의 반대 때문에 정식 유엔 회원국이 아닌 옵서버 국가로 남아 있다. 다만 여러 유엔 산하 기구에는 팔레스타인도 회원국으로 들어가 있다.

유엔 결의안 찢어버린 이스라엘 대사

아라파트의 '올리브 가지 연설' 뒤 유엔에서 팔레스타인인들을 보호하고 이스라엘의 불법 점령(이스라엘의 건국 자체는 유엔

> **시오니즘**
> 팔레스타인 지역에 '유대 독립국가'를 세우겠다는 유럽 유대인들의 민족주의 운동으로 19세기 후반에 본격화되었다. 결국 영국의 지원 속에 1948년 이스라엘이 건국되었다. 원래 이 지역과 이곳 사람들을 가리키는 말이었던 '팔레스타인'은 아랍계 거주민들과 그들의 땅을 가리키는 말로 축소되었다.

의 승인을 받은 것이지만 이스라엘은 1967년 제3차 중동전쟁을 일으켜 유엔이 인정한 팔레스타인 땅까지 불법 점령했다. 점령된 땅을 반환하라는 숱한 결의안에도 이스라엘은 무법자처럼 결의안을 제대로 따르지 않고 있다)을 끝내기 위한 결의안들이 통과되었다.

그중 이스라엘을 가장 궁지로 몬 것이 아라파트 연설 이듬해인 1975년의 유엔 결의안 3379호다. 이 결의안의 핵심은 "시오니즘•은 인종주의와 인종주의적 차별의 한 형태다"라는 것이다.4 결의안은 "인종 간 우월함에 차이가 있다는 모든 독트린이 과학적으로 거짓이며, 도덕적으로 비난받아야 하고, 사회적으로 불공정하며 위험하다"고 규정했다. 각국 정부가 인종 차별에 맞서 대응해야 한다고 촉구하면서 이스라엘 점령하의 팔레스타인 영토, 짐바브웨(당시 공식 독립 전이어서 백인 지배를 받고 있었다), 남아프리카공화국 통치 당국을 인종차별적 레짐(체제)으로 규정했다.

그러자 당시 유엔 주재 이스라엘 대사였던 차임 헤르초그 Chaim Herzog(뒤에 이스라엘의 대통령이 되었다)는 단상에 올라 결의안을 찢어버렸다. 결의안은 결국 1991년 개정되었지만, 이스라엘의 오만한 행위는 지금도 유엔에서 친親이스라엘 일부 국가와 친팔레스타인 다수 국가 사이의 갈등 요인이 되고 있다.

차베스 "유황불 냄새가 난다"

2006년 베네수엘라의 우고 차베스Hugo Chávez 대통령이 유엔 총회 단상에 올랐다. 이라크전쟁•이 한창일 때였다. 조지 W. 부시 미국 대통령을 향한 차베스 대통령의 독설은 지금도 회자된다. 부시 대통령이 총회에서 연설한 바로 다음 날이었다.

차베스 대통령은 "어제 여기 악마가 왔다. 오늘까지도 내 앞의 테이블에서는 (지옥의) 유황불 냄새가 난다"고 했다.5 그러더니 성호

● 이라크전쟁

2003년 3월 미국 부시 행정부는 9·11 테러 뒤 선언한 '테러와의 전쟁'을 확대해 이라크를 침공했다. 당초 명분은 사담 후세인 정권이 핵무기와 생화학무기 등 대량살상무기(WMD)를 보유하고 있다는 것이었으나, 이는 거짓 주장으로 판명되었다. 미군 점령 통치를 거쳐 이라크 민선 정부가 출범하고 2009년 오바마 행정부가 전쟁 종료를 선언했으나 내전과 분쟁, IS의 준동 등으로 혼란이 계속되고 있다.

▲ 2006년 차베스 대통령이 노엄 촘스키의 책을 들고 유엔 총회에서 연설하는 모습.

를 긋고, 기도하듯 두 손을 모았다. 잠시 뒤 차베스 대통령은 다시 부시 대통령을 공격했다. "신사 숙녀 여러분, 어제 이 연단에 내가 악마라고 부르는 미국 대통령이 와서 마치 세상이 자기 것인 듯이 이야기했습니다."

차베스 대통령은 이 연설을 하면서 미국의 비판적 지식인 노엄 촘스키 교수의 책 『패권인가 생존인가』를 들어 보이기도 했다. 그러면서 "미 제국은 자신들의 지배 시스템을 강화하기 위해 할 수 있는 모든 짓을 합니다. 그들이 그렇게 하도록 놔둘 수는 없습니다. 세계 독재가 강화되도록 둘 수는 없습니다"라고 했다.

차베스 대통령은 2013년 세상을 떠났다. 일대를 풍미했던 인물이었다. 그에 대한 평가는 이단아부터 영웅까지 다양하지만, 그가 가고 난 뒤 세계 무대에서 독설가 한 명이 사라진 것은 분명하다.

아마디네자드 연설 보이콧 소동

차베스 대통령과 함께 세상을 떠들썩하게 했던 '반미 대통령'으로는 마무드 아마디네자드Mahmoud Ahmadinejad 이란 대통령을 꼽을 수 있다. 아마디네자드 대통령이 유엔 총회 연설에서 여러 나라를 격앙되게 만든 적은 여러 번이지만, 대표적인 것은 2011년의 연설이다.

아마디네자드 대통령은 미국을 '제국'이라고 불렀고, 미국과 유럽이 홀로코스트(유대인 대학살)를 "60년 동안 이스라엘 감싸기에 이용하고 있다"고 말했다. 미국을 비롯한 여러 나라 외교관들은 아마디네자드 대통령이 연설할 차례가 되자 보이콧하고 총회장을 나가버렸다.[6]

아마디네자드 대통령은 홀로코스트 자체가 과장 혹은 조작되었다고 주장하고, "이스라엘을 지도에서 지워버려야 한다"는 말도 했다. 미국에서 연설하면서 "이란을 이 나라같이 동성애자들이 들끓는 나라로 만들 수 없다"면서 성적 소수자들을 차별하기도 했다.

2009년 유엔 총회 연설에서는 미국의 이라크전쟁과 아프가니스탄전쟁을 비난했고, 그 전해에는 "아메리카 제국은 종말에 가까이 와 있으며 이스라엘은 붕괴할 것이 분명하다"고 했다.

2015년 유엔 총회에는 오바마 미국 대통령 등 각국 정상이 대거 참석했다. 푸틴 러시아 대통령도 참석했다. 집권 2기 때인 2005년을 마지막으로 총회에 나오지 않았던 푸틴 대통령의 '10년 만의 외출'이다. 시진핑 중국 국가주석도 2013년 취임 후 처음으로 유엔 무대에 섰다. 핵 협상을 마무리한 이란의 개혁파 하산 로하니Hassan Rouhani 대통령도 연설했다.[7]

그러나 어떤 정상보다도, 평화와 화해와 인도주의를 설파한 프란치스코 교황의 목소리에 가장 많은 관심이 쏠렸다. 교황은 지난 15년 동안 유엔이 세계의 목표로 선정했던 '새천년개발목표MDGs'의 후속탄이 될 '지속가능개발목표SDGs' 채택을 위해 회의 개막을 앞둔 9월 25일 오프닝 연설을 했다.

가장 높은 건물이 있는 곳

이집트의 룩소르에 가본 사람이라면, 혹은 터키 이스탄불이나 미국 워싱턴 D. C.에 가본 사람이라면 하늘을 찌를 듯 높이 솟아 있는 하얀 건축물이 눈에 들어왔을 것이다. 고대 이집트의 유적인 오벨리스크다.

하늘에 닿고 싶은 사람들의 욕망은 오랜 역사를 지니고 있다. 그리스인들이 오벨리스코스라고 부르면서 오벨리스크라는 이름으로 알려지게 된 이 뾰족탑들은 그런 역사가 아주 오래전부터 시작되었음을 보여준다. 원래 이 단어는 그리스어로 첨탑이나 못을 가리키는 것이었다고 한다. 네모난 기둥이 위로 갈수록 좁아지다가 바늘처럼 날카롭게 하늘을 찌르며 끝나는 모양새가 이름과 잘 어울린다. 오벨리스크에서 마천루까지, 하늘을 향해 뻗어나간 건축물의 역사를 훑어보자.

태양을 향한 인간의 욕망, 오벨리스크

고대 이집트인들이 남긴 오벨리스크 중 가장 큰 것은 이탈리아 로마의 라테라노 대성당 앞에 있다. 높이가 32.2미터, 무게가 455톤에 이른다고 한다. 터키의 오벨리스크는 고대 이집트 파라오 투트모세 3세 시절의 것인데 서기 390년 로마제국의 동방 정제 테오도시우스•가 배에 실어 옮겨갔다고 한다.

저 오벨리스크를 만든 사람들이나 그걸 배에 싣고 간 사람들이나, 얼마나 고생스러웠을까. 오벨리스크는 지배자들의 욕망 뒤에 수많은 이의 땀과 노동이 있음을 보여주는 증거물이기도 하다.

오벨리스크의 고향은 고대 이집트다. 이집트 중부 룩소르의 카르나크 신전과 룩소르 신전, 카이로 헬리오폴리스, 심지어 카이로 국제공항 앞에도 오벨리스크가 서 있다. 그중 몇 개는 외국으로 반출되었다. 람세스 2세의 오벨리스크 중 하나는 프랑스 파리 콩코드 광장 앞에 세워졌다. 이탈리아에는 로마제국 시절 가져간 오벨리스크가 8개나 있다. 폴란드와 터키, 영국, 미국에도 이집트 오벨리스크가 있다.

> ● 테오도시우스
>
> 테오도시우스는 동로마 제국의 발렌티니아누스 황제가 378년 사망하자 이듬해 서로마 황제 그라티아누스의 요청으로 동로마의 황제, 즉 동방 정제(正帝)가 되었다. 388년에는 서로마 황제 자리에서 쫓겨난 발렌티니아누스 2세와 제위를 찬탈한 마그누스 막시무스를 제거하고 동서 로마의 통치자가 되었다. 기독교를 로마제국의 공식 종교로 만들었다. 그의 사후 로마는 동서로 완전히 분열되었고, 테오도시우스는 동서 로마를 모두 통치한 마지막 황제가 되었다.

▲ 이집트 룩소르 신전 앞에 있는 오벨리스크. 원래 한 쌍이었는데, 하나는 프랑스가 가져가 파리 콩코드 광장 앞에 세워놓았다.

오늘날의 시리아와 이라크를 비롯한 중근동 일대에 있었던 고대 아시리아문명도 오벨리스크를 남겼다. 아슈르나시르팔 1세(기원전 1050~1031년 재위) 혹은 그 후임자인 아슈르나시르팔 2세의 것으로 추정되는 '하얀 오벨리스크'는 1853년 이라크의 니네베(니느웨)에서 '발견'되어 영국으로 끌려갔다.

에티오피아에는 '시바 여왕의 나라'로 알려진 악숨이라는 제국이 있었다. 악숨 오벨리스크도 유명하다. 그중 하나, 수난의 오벨리스크 이야기를 해보자. 1,700여 년 전에 만들어진 이 오벨리스크는 이탈리아 파시스트 무솔리니 정권이 1937년 에티오피아를 침공해 로마로 가져갔다. 높이 24미터, 무게 160톤의

◀ 고대 악숨제국 황제 에자나의 오벨리스크.

오벨리스크는 로마에 세워져 있는 동안 대기오염에 시달리고 2002년에는 벼락을 맞기도 했다. 이탈리아는 1947년 유엔의 권고로 오벨리스크 반환에 합의했지만 이를 이행하지 않아 에티오피아 측의 반발을 샀다.

그러다가 2003년 말부터 돌아갈 준비를 했는데, 이 커다란 석조물을 비행기에 실을 수 없어서 화강암 몸통을 세 토막으로 잘랐다! 이 작업만 1년 넘게 걸렸다. 2005년 이탈리아가 마침내 운반비와 재건비를 포함한 4억 5,000만 달러를 내면서 오벨리스크는 고향으로 되돌아갈 수 있었으나, 몸통이 잘리는 비운을 겪어야 했다. 악숨은 에티오피아 수도 아디스아바바에서 700킬로미터 떨어져 있는 유적 도시로 고대국가 악숨의 수도였고, 지금도 130여 개의 크고 작은 오벨리스크가 남아 있다.

티그리스가 내려다보이는 사마라의 미나레트

10여 년 전 이라크의 사마라에 간 적이 있다. 사마라는 바그다드에서 북쪽으로 120킬로미터, 자동차로 2시간 거리에 있다. 이곳에는 유명한 미나레트가 있다.

원래 미나레트는 모스크 옆에 있는 망루로, 예전에는 여기에 사람이 올라가 큰 소리로 기도 시간을 알렸다. 850여 개의 사암 조각으로 만든 사마라의 미나레트는 나선형 구조로 유명하다. 현지 사람들은 '말위야Malwiya'라는 이름으로 부른다. 카타르 수도 도하에서 비행기를 갈아타면서 보니, 바로 이 사마라의 말위야를 그대로 본뜬 현대의 탑이 보였다.

사마라는 9세기에 아바스 왕조의 수도였던 곳이다. 당시 칼리프였던 알 무타심Al-Mu'tasim은 바그다드를 떠나 수도를 옮기기로

◀ 이라크 사마라의 미나레트.

하고 사마라에 새 도시를 만들었는데, 사마라는 '보는 사람이 즐겁다'라는 뜻이라고 한다. 그때 모스크와 미나레트를 만들었다. 사마라의 미나레트는 높이가 52미터에 달한다. 숫자로는 감이 잘 오지 않지만, 평지에 홀로 우뚝 서 있어 직접 보면 아주 거대하다.

> **지구라트**
> 진흙으로 빚어 말리거나 구운 벽돌을 쌓아 만든 메소포타미아의 거대 건축물을 가리키는 명칭이다. 중남미 아즈텍, 마야문명의 거대 건축물도 지구라트라 부르기도 한다.

군데군데 패인 돌계단을 올라가 보았다. 난간도 없는 계단을 한참 뱅글뱅글 돌아 꼭대기에 이르렀더니 티그리스 강과 사마라 시가지, 탑 밑에 있는 알리 하지 모스크의 금빛 지붕이 보였다. 먼지바람 사이로 갈대숲을 끼고 티그리스강이 굽이굽이 흘렀고 물새가 날았다. 사마라의 미나레트 수니파 저항 세력의 박격포 공격으로 윗부분이 무너지는 수난을 겪기도 했다.

무언가의 앞에서 압도당하는 느낌을 받을 때가 있다. 하지만 63빌딩이나 강남의 주상복합 아파트 앞에서 그런 느낌을 받지는 않는다. 그런 감정의 또 다른 축은 거기 쌓아올려진 시간의 무게, 바로 '역사'가 아닐까. 물론 피라미드나 지구라트˙처럼 더 높고 더 오래된 것들도 많다. 이집트 기자에 있는 대★피라미드의 높이는 147미터나 된다. 4,000년 전에 이런 대공사를 했다는 것은 실로 놀라운 일이다. 이집트 사람들은 높은 걸 좋아했던 모양이다. 사막에서의 공간 감각은 지형지물이 많은 다른 곳에서의 감각과는 다를 법도 하다.

고대와 중세의 고층 아파트

도시의 인구밀도가 높아질수록 건물의 높이가 올라가는 것은 공간을 효율적으로 이용하기 위한 것이지만 나라마다, 도시마다 '랜드마크'라며 높이 짓기 경쟁을 벌이는 것을 보면 '더 높은 건물'을 향한 사람들의 야심에는 실용적인 면을 넘어선 무언가가 있는 것 같다. 고대 로마제국의 대도시에는 10층 넘는 아파트들이 있었고 중세 유럽에도 80~100미터에 이르는 건물들이 있었다.

11세기 페르시아 시인 나시르 후스로Nasir Khusraw는 이집트에 14층 건물이 있다는 기록을 남겼다. 후스로에 따르면 당대의 고층 빌딩이던 이 건물 지붕에는 정원이 있어서, 관개용수를 끌어다가 지붕 위에서 소를 키웠다고 한다. 예멘의 시밤에는 16세기에 지어진 5~11층의 건물군群이 있다.

이탈리아 볼로냐는 12세기에 아시넬리 탑을 세웠다. 그렇다고 해도 기자의 대피라미드는 아주 오래도록 세계 최고最高 건조물의 자리를 지킬 수 있었다. 피라미드의 기록을 처음으로 깨뜨린 것은 14세기 영국 국교회 성당으로 지어진 링컨 대성당이다.

도시화와 빌딩숲의 탄생

19세기 유럽과 미국에는 새로운 건축 기술을 적용한 고층 건물들이 잇달아 세워졌다. 고층 건물의 시대를 연 것은 1852년 엘리샤 오티스Elisha Otis가 도입한 승강기 기술이었다. 영국 리버풀에는 1864년 건축가 피터 엘리스가 설계한 오리얼 체임버스 빌딩이 지어졌다. 세계 최초로 철조 프레임에 유리창 벽을 덧대

▲ 영국의 링컨 대성당. 한동안 피라미드의 기록을 깨고 세계 최고층 건물 자리를 지켰으나, 가운데 첨탑이 1549년 무너진 뒤 재건되지 않아 지금은 기록으로만 남아 있다.

어 만든 건물이었고 높이는 5층이었다.

명실상부 세계 최초의 현대적 마천루라고 부를 수 있는 건물은 미국 시카고에 세워진 홈 인슈어런스 빌딩이다. 1885년 지어진 10층 건물인데, 고대와 중세의 고층 건물들이 널따란 돌벽으로 지탱되었던 것과 달리 오로지 철골조로만 받쳐졌다. 이어 시카고의 랜드맥널리 빌딩(1889년), 미주리주 세인트루이스의 웨인라이트 빌딩(1891년) 같은 건물들이 들어섰다.

초창기 마천루의 고향은 시카고나 뉴욕 등 미국 대도시였지만 마천루는 이내 유럽으로도 옮겨갔다. 1898년 네덜란드 로테르담에 지어진 비테 하위스(하얀 집), 영국 리버풀의 로열 리버 빌

▲ 미국 뉴욕 세계무역센터 자리에 지어진 원 월드 트레이드 센터.

딩(1911년), 독일 뒤셀도르프의 빌헬름 마르크스 하우스(1924년), 스웨덴 스톡홀름의 쿵슈토르넨(왕의 탑, 1925년), 스페인 마드리드의 에디피시오 텔레포니카 빌딩(1929년) 같은 것들이다. 벨기에 안트베르펜에 1932년 완공된 부렌토런은 26층 건물이었고, 이어 1940년 이탈리아 제노바에 31층짜리 토레 피아첸티니가 모습을 드러냈다.

 그러나 뭐니 뭐니 해도 마천루의 신세계는 뉴욕이다! 1920년대와 1930년대 뉴욕 부동산업계는 최고층 건물 짓기 경쟁을 벌였다. 1930년 크라이슬러 빌딩에 이어 1931년 엠파이어 스테이트 빌딩이 지어졌다. 엠파이어 스테이트 빌딩은 이후 40년 동안 세계 최고층 건물 기록을 보유했다.

엠파이어 스테이트 빌딩의 기록을 깬 것은 뉴욕 세계무역센터였다. 지금 이 건물은 2001년의 9·11 테러로 무너지고 없다. 2014년 11월 3일 '그라운드 제로'에 원 월드 트레이드 센터가 문을 열었다. 세계무역센터도 세계 최고층 빌딩이라는 타이틀을 오래 쥐고 있지 못했다. 1974년 시카고의 시어스 타워가 완공되면서 곧바로 기록을 빼앗아갔기 때문이다.

더 높이, 더 높이……신흥국들의 랜드마크 전쟁

시어스 타워의 기록을 깬 것은 1998년 지어진 말레이시아 쿠알라룸푸르의 페트로나스 트윈 타워다. 2004년에는 대만 타이베이에 타이베이 101 빌딩이 들어섰다. 2008년에는 중국 상하이에 상하이 세계 금융 센터가 세워졌다. 요즘 가장 유명한 고층 빌딩은 아랍에미리트연합UAE의 두바이에 있는 부르즈 할리파 Burj Khalifa일 것이다. 높이가 무려 829.8미터에 달한다!

'부르즈'는 탑을 가리키는 아랍어라고 한다. 부르즈 할리파는 원래 '부르즈 두바이'라는 이름으로 계획되었다. 그런데 건축 도중 두바이가 금융 위기를 맞았고, 아랍에미리트연합 안에서 두바이의 형님 격인 아부다비가 두바이에 자금을 지원해주었다. 그래서 두바이는 고마움을 담아, 이 건물 이름에 아부다비의 지배자 할리파 빈 자이드 나하얀의 이름을 붙였다.

◀ 아랍에미리트연합 두바이의 부르즈 할리파. 2016년 현재 세계에서 가장 높은 건물이다.

　초고층도시건축학회CTBUH의 2015년 발표에 따르면 2014년 한 해 동안 세계에 지어진 200미터 이상 빌딩은 모두 97동으로 2011년 최다 기록인 81동을 앞섰다. 이들 빌딩의 높이를 모두 더하면 2만 3,333미터에 이른다. 높이 올라가려는 경쟁이 보는 이들의 눈을 즐겁게 할 수도 있지만, 사실 초고층 건물 때문에 생기는 환경오염도 무시할 수 없다.
　이제는 '더 높이'가 아닌 '더 깨끗하게' 혹은 '더 푸르게'를 고

민해야 할 때가 아닌가 싶다. 2015년 3월 영국의 『가디언』은 오스트리아 빈에 '나무로 된 마천루'가 들어설 것이라고 보도했다. 높이 84미터로 설계된 이 건물은 재활용 나무로 주요 부분을 제작하며, '탄소 발자국'을 최소화하는 데 주력할 것이라고 한다. 그저 높이만 바라보는 게 아니라, 지구와 공생할 수 있는 멋진 건물이 많아졌으면 좋겠다.

주

Chapter 1 방 안에서 보는 일상의 역사

목욕에 담긴 사회적 의미
1) 「Great Bath, Mohenjo-daro」, 『Wikipedia』.
2) 캐서린 애센버그, 박수철 옮김, 『목욕, 역사의 속살을 품다』(예지, 2010).
3) 캐서린 애센버그, 앞의 책.
4) EBS 다큐프라임 〈은밀한 문명사, 목욕 함께 씻는 사회〉.
5) 장주영, 「우리나라 목욕(沐浴) 변천사」, 국립민속박물관 블로그(http://blog.naver.com/tnfmk/220123661386).
6) 장주영, 앞의 글.
7) 장주영, 앞의 글.
8) 신병주, 「신병주의 역사에서 길을 찾다-조선시대의 온천」, 『세계일보』, 2008년 12월 23일.

다른 얼굴에 대한 집착, 화장의 역사
1) 「Neanderthal 'make-up' containers discovered」, 『BBC』, January 9, 2010.
2) Richard Alleyne, 「Cleopatra's eye make-up helped protect her from disease」, 『The Telegraph』, January 8, 2010.
3) http://beautifulwithbrains.com/2010/03/03/beauty-history-cosmetics-in-ancient-greece/
4) Shannon Leigh O'Neil, 「Cosmetics in Ancient Greece」(http://classroom.synonym.com/cosmetics-ancient-greece-5739.html).
5) 한인희, 「중국 여성은 왜 한국 화장품을 좋아할까?」, 『프레시안』, 2015년 11월 27일.
6) 방기정, 「한국 미인을 통해 본 화장의 역사」(http://www.cha.go.kr/cop/bbs/selectBoardArticle.do?nttId=16627&bbsId=BBSMSTR_1008&pageIndex=1&pageUnit=10&searchtitle=title&searchcont=&searchkey=&searchwriter=&searchdept=&searchWrd=&ctgryLrcls=&ctgryMdcls=&ctgrySmcls=&ntcStartDt=&ntcEndDt=&mn=NS_01_10).
7) 방기정, 앞의 글.
8) 조현신, 「[디자인으로 읽는 한국인의 삶](4) 화장품에 담긴, 미를 향한 욕망」, 『경향신문』, 2015년 10월 24일.

인류를 위한 친환경 에너지, 태양광 교통수단
1) www.history.com; www.automostory.com
2) www.planetsolar.org
3) www.solarimpulse.com
4) sail.planetary.org

멀리 있는 것을 보고자 하는 열망
1) 이충환, 「새롭게 밝혀진 피라미드의 신비 5」, 『과학동아』, 2001년 7월.
2) 강응천·정인경, 『보스포루스 과학사』(다산에듀, 2014).
3) Asad Raza, 「Muslim Contributions to Astronomy」, 『Islamic Insight』, February 5, 2016.
4) 이강영, 『보이지 않는 세계』(휴먼사이언스, 2012).
5) 「망원경의 역사」, 한국천문연구원 천문우주지식정보.
6) http://www.naic.edu/general
7) 이준기, 「천문연, 전파망원경 3기 이용한 우주전파관측망 구축」, 『디지털타임스』, 2008년 11월 26일.

8) 「Telescope History」, NASA.
9) 구정은, 「우주로 열린 지구의 눈, 허블우주망원경 25살 되다」, 『경향신문』, 2015년 4월 23일.

Chapter 2 되풀이되는 비극, 사건 사고의 역사

미스터리로 남은 항공사고들
1) IS 발행 영문판 홍보잡지 『DABIQ』(12).
2) Steven R. Hurst, 「Reporter recalls Soviet evasion in '83 jet downing」, 『Association Press』, July 27, 2014.
3) 정병선, 「한국기자 20년 만의 최초 인터뷰-KAL 007기 격추 소련 요격기 조종사 오시포비치」, 『월간조선』 2003년 11월호.
4) 남지원, 「핵협상 완전 타결 시간문제, 관계복원엔 시간 걸릴 것」, 『경향신문』, 2015년 4월 9일.
5) Katie Park · Kevin Schaul · Gene Thorp, 「Where the U.S. doesn't fly」, 『The Washington Post』, August 27, 2014.
6) Erwin Muller, 「Investigation crash MH17, 17 July 2014 Donetsk」, 『Dutch Safety Board』.
7) http://aviation-safety.net/database/record.php?id=19720615-1
8) 조홍래, 「팬암 여객기 폭파의 진실도 묻히나」, 『시사저널』, 2012년 5월 31일.
9) Méabh Ritchie · Jennifer Rigby, 「MH370: everything you need to know」, 『Daily Telegraph』, July 30, 2015.

공멸을 향한 질주, 핵실험
1) Kevin Schaul, 「Eight countries. 2,055 nuclear tests. 71 years」, 『The Washington Post』, January 6, 2016.
2) 안준호, 『핵무기와 국제정치』(열린책들, 2011).
3) 이인숙, 「'원폭 수천 배 위력' 수소폭탄 개발과 실험의 역사」, 『경향신문』, 2016년 1월 6일.
4) 안준호, 앞의 책.

역사를 바꾸어놓은 전염병
1) Robert J. Littman, 「The plague of Athens: epidemiology and paleopathology」, 『Mount Sinai Journal of Medicine』(2009).
2) http://www.history.com/topics/black-death
3) Malcolm Gladwell, 「The Dead Zone」, 『The New Yorker』, September 29, 1997.
4) Lone Simonsen · Matthew J. Clarke · Lawrence B. Schonberger · Nancy H. Arden · Nancy J. Cox · Keiji Fukuda, 「Pandemic versus epidemic influenza mortality: a pattern of changing age distribution」, 『The Journal of Infectious Diseases』(1998).
5) Tzvetan Todorov, 『The Conquest of America: The Question of the Other』(University of Oklahoma Press, 1999).
6) Donald G. McNeil Jr., 「A Milestone in Africa: No Polio Cases in a Year」, 『The New York Times』, August 11, 2015.
7) 윤승민, 「빈라덴 잡은 '백신작전' 소아마비 증가시켜」, 『주간경향』(1079).
8) Kathleen Sebelius, 「Why We Still Need Smallpox」, 『The New York Times』, April 25, 2011.

인간이 만든 환경 재앙
1) 오관철, 「톈진 폭발사고 인근 하천서 물고기 떼죽음…환경오염 우려 증폭」, 『경향신문』, 2015년 8월 20일.

2) Ingrid Eckerman, 『The Bhopal Saga: Causes and Consequences of the World's Largest Industrial Disaster』(Universities Press, 2004).
3) Douglas Martin, 「Warren Anderson, 92, Dies; Faced India Plant Disaster」, 『The New York Times』, October 30, 2014.
4) John Vidal, 「Nigerian government finally sets up fund to clean up Ogoniland oil spills」, 『The Guardian』, August 7, 2015.
5) Ed Crooks, 「BP faces billions more in spill payments」, 『Financial Times』, July 12, 2015.

숨 막히는 인공 재해, 스모그
1) Kaj Roholm, 「The fog disaster in the Meuse Valley, 1930: A fluorine intoxication」, 『The Journal of industrial hygiene and toxicology』19(3), pp.126~137.
2) http://www.wired.com/2010/07/0726la-first-big-smog
3) http://www.nytimes.com/2008/11/02/us/02smog.html?_r=0
4) http://www.epa.gov/laws-regulations/summary-clean-air-act
5) http://www.metoffice.gov.uk/learning/learn-about-the-weather/weather-phenomena/case-studies/great-smog
6) http://www.metoffice.gov.uk/learning/learn-about-the-weather/weather-phenomena/case-studies/great-smog
7) http://inhabitat.com/delhis-air-pollution-is-even-worse-than-beijings-smog/dehli-india-worst-air-pollution-smog-in-the-world-worse-than-bejing-asthma-lung-damage/
8) CIA 『The World Factbook』.

마피아의 탄생부터 파문까지
1) Delia Gallagher, 「Pope excommunicates Italian Mafia members」, 『CNN』, June 23, 2014.
2) 안혁, 『마피아의 계보』(살림, 2003).
3) Jason Sardell, 「Economic Origins of the Mafia and Patronage System in Sicily」(Worcester Polytechnic Institute, 2009).
4) Silvia Console Battilana, 「Why Did the Mafia Emerge in Italy? An institutional answer」(Stanford University, 2003).
5) http://the-mafia.weebly.com/mafia-in-america.html
6) Devlin Barrett · Sean Gardiner, 「Structure Keeps Mafia Atop Crime Heap」, 『The Wall Street Journal』, January 22, 2011.
7) 「The Global Study on Homicide 2013」, UNODC.
8) Naomi O'Leary, 「Italian police arrest 37 in mafia haul」, 『Reuters』, April 8, 2013.
9) 정유진, 「'지중해 밀항' 연 7천억 '검은 비즈니스'…마피아 등 가담 기업화」, 『경향신문』, 2015년 4월 22일.

Chapter 3 정치에 얽힌 진지하지만 재미있는 이야기

투표와 선거는 동의어가 아니다
1) 다비트 판 레이브라우크, 양영란 옮김, 『국민을 위한 선거는 없다』(갈라파고스, 2016).
2) 에멀린 팽크허스트, 김진아 · 권승혁 옮김 『싸우는 여자가 이긴다』(현실문화, 2016).
3) http://www.parliament.uk/about/living-heritage/transformingsociety/electionsvoting/womenvote/overview/earlysuffragist/
4) http://www.france24.com/en/20151213-woman-wins-seat-saudi-arabias-landmark-elections

5) CIA 『The World Factbook』.
6) 장은교, 「행복기행-'헬조선'의 기자들, 세계를 돌며 행복을 묻다(1): 군대 없앤 나라, 코스타리카」, 『경향신문』, 2016년 2월 21일.

피로 쓴 연설문
1) 「The undelivered speech of Senator Benigno S. Aquino Jr. upon his return from the U.S.」, August 21, 1983, 필리핀 대통령궁(http://www.gov.ph/).
2) 구정은, 「필리핀, 코라손 아키노 아들 대통령 당선」, 『경향신문』, 2010년 5월 11일.
3) Janvic Mateo, 「PCGG prepares to auction Imelda jewelry」, 『Philippine Star』, December 23, 2015; Juliet Perry, 「Philippines to sell Imelda Marcos's 'ill-gotten' jewels, worth millions」, 『CNN』, February 16, 2016.
4) Salvador Allende, 「Last Words to the Nation」(www.marxists.org).
5) Monte Reel · J. Y. Smith, 「A Chilean Dictator's Dark Legacy」, 『Washington Post』, December 11, 2006.
6) James L. Connor, 「A Report from Romero's Funeral」, 『America Magazine』, April 26, 1980.
7) Elisabeth Malkin, 「El Salvador Leader Apologizes for Archbishop's Assassination」, 『The New York Times』, March 24, 2013.

정치의 역사는 암살의 역사
1) 남지원, 「넴초프 살해 피의자, 고문 못 이겨 허위 자백」, 『경향신문』, 2015년 3월 11일.
2) 「President Putin 'probably' approved Litvinenko murder」, 『BBC』, January 21, 2016.
3) 팀 와이너, 이경식 옮김, 『잿더미의 유산』(랜덤하우스, 2008).
4) Tariq Khosa, 「The Benazir murder mystery」, 『DAWN』, July 6, 2015.
5) 다이앤 포시 국제고릴라기금(https://gorillafund.org).
6) 남지원, 「칠레 정부, 파블로 네루다 타살 가능성 인정」, 『경향신문』, 2015년 11월 6일.
7) 살바도르 아옌데 · 파블로 네루다, 정인환 옮김, 『기억하라, 우리가 이곳에 있음을』(서해문집, 2011).

정치와 종교가 만난 세계의 화약고
1) http://www.nobelprize.org
2) 서정민, 『이슬람은 그렇게 말하지 않았다』, (시공사, 2015).
3) 이희수, 『이희수 교수의 이슬람』(청아출판사, 2011).
4) http://www.independent.co.uk
5) http://www.icc-cpi.int

신의 이름으로 저질러지는 폭력, 지하드의 역사
1) 서정민, 앞의 책.
2) 이희수, 앞의 책.
3) https://www.facebook.com/bringbackourgirls/

역사는 식탁에서 이루어진다
1) 홍인표, 「사흘 동안 180개 요리가 나오는 잔칫상 만한전석」, 『경향신문』, 2015년 9월 22일.
2) 홍인표, 「중국 요리의 요체는 불 기술과 칼 솜씨」, 『경향신문』, 2015년 10월 7일.
3) 「Nero's rotating dining room discovered」, 『BBC』, September 30, 2009.
4) 구정은, 「로마 황제 네로와 황후 옥타비아의 비극」, 『경향신문』, 2010년 6월 8일.
5) Nancy Benac · Darlene Superville, 「State dinner: All about big business, and bringing

Mom」, 『Associated Press』, September. 26, 2015.
6) 문예성, 「"오바마-시진핑, 국민만찬서 양국 우호관계 강조"」, 『뉴시스』, 2015년 9월 26일.
7) Steve Hilton, 「Kowtowing to China's despots is morally wrong and makes no economic sense」, 『The Guardian』, October 18, 2015.
8) 최평천, 「영 여왕 주재 시진핑 국빈만찬 메뉴는 사슴고기와 영국산 와인」, 『연합뉴스』, 2015년 10월 21일.
9) Andrea Chen, 「What Xi gave Putin for dinner」, 『South China Morning Post』, May 21, 2014.
10) 「The Kremlin menu through the Soviet days」, 『Russia & India Report』, May 29, 2014(http://in.rbth.com/arts/2014/05/29/the_kremlin_menu_through_the_soviet_days_35607).
11) 「In Honor of the German President: Earthworm Makes Appearance at Kremlin State Dinner」, 『Der Spiegel』, October 14, 2010.
12) 「Hollande dines in Elysee Palace with Putin and in private with Obama」, 『Sputnik International』, June 6, 2014.

권력자가 사랑한 견공들
1) Stanley Coren, 『The Pawprints of History: Dogs in the Course of Human Events』(Atria Books, 2003).
2) http://petslady.com/articles/pets_history_queen_victorias_favorites_62819
3) Chris Gaylo, 「Queen's Diamond Jubilee: Just how many dogs does she own?」, 『Christian Science Monitor』, June 2, 2012.
4) 1933 Law on Animal Protection
5) Max Fisher, 「This quote about Putin's machismo from Angela Merkel is just devastating」, 『Vox』, May 20, 2015.
6) http://americasdog.blogspot.kr/2012/01/famous-pit-bull-owners-presidential.html
7) 남지원, 「누구를 닮았나…사고뭉치 '퍼스트 도그'들」, 『경향신문』, 2015년 12월 11일.
8) https://archive.org/details/1944RadioNews
9) Thomas Fuller, 「Thai Man May Go to Prison for Insulting King's Dog」, 『The New York Times』, December 14, 2015.

Chapter 4 지구 반대편에서 일어난 나비의 날갯짓

부유한 도시의 그늘, 슬럼
1) United Nation, 「World Urbanization Prospects 2014」.
2) Kevin Baker, 「The First Slum in America」, 『The New York Times』, September 30, 2001.
3) 마이크 데이비스, 김정아 옮김, 『슬럼 도시를 뒤덮다』(돌베개, 2007).
4) CIA 『The World Factbook』.
5) 국제앰네스티, 「전쟁을 피하려다 절망을 만나다-곤경에 처한 아프가니스탄 국내 실향민」.
6) Dasra, 「Nourishing our Future: Tackling Child Malnutrition in Urban Slums」.
7) 후베르트 클룸프너 · 이반 반 · 알프레도 브릴렘버그 · 어반 싱크 탱크, 김마림 옮김, 『토레 다비드』(미메시스, 2015).
8) World Bank, 「World Bank Experience with the Provision of Infrastructure Services for the Urban Poor」.
9) 정유진, 「슬럼투어와 괭이부리마을」, 『경향신문』, 2015년 7월 24일.
10) Kennedy Odede, 「Slumdog Tourism」, 『The New York Times』, August 9, 2010.

비밀에 싸인 차르의 궁전
1) Dennis P. Hupchick · Harold E. Cox, 『A Concise Historical Atlas of Eastern Europe』(Palgrave MacMillan, 1999).
2) 크렘린 박물관, 모스크바 크렘린의 역사(kremlin-architectural-ensemble.kreml.ru).
3) 크렘린 박물관(http://www.kreml.ru/).
4) 크렘린(러시아 대통령) 웹사이트(kremlin.ru).
5) 「When the tsar vanishes」, 『The Economist』, Mar 15, 2015.
6) Ben Judah, 「A day in the life of Vladimir Putin」, 『The Independent』July 25, 2014.

검은 스파르타쿠스의 나라, 아이티의 비극
1) 노암 촘스키, 오애리 옮김, 『정복은 계속된다』(이후, 2007).
2) 로런트 듀보이스, 박윤덕 옮김, 『아이티 혁명사』(삼천리, 2014).
3) 로런트 듀보이스, 앞의 책.
4) 「Aristide says U.S. deposed him in 'coup d'etat'」, 『CNN』, March 2, 2004.
5) 「French Minister Slams U.S. Role in Haiti」, 『CBS』, January 18, 2010.
6) Vijaya Ramachandran · Julie Walz, 「Haiti's earthquake generated a $9bn response – where did the money go?」, 『The Guardian』, January 14, 2013.
7) CIA 『The World Factbook』.
8) 폴 파머, 김주연 옮김, 『권력의 병리학』(후마니타스, 2009).
9) E. 벤저민 스키너, 유강은 옮김, 『보이지 않는 사람들』(난장이, 2009).
10) 에두아르도 갈레아노, 김현균 옮김, 『시간의 목소리』(후마니타스, 2011).

유엔 총회에서 벌어진 소동들
1) William Taubman, 「Did he bang it?: Nikita Khrushchev and the shoe」, 『The New York Times』, July 26, 2003.
2) 「Speech by Yasser Arafat」, 『Le Monde diplomatique』, November 13, 1974.
3) 「How was the PLO viewed in the Arab Middle East, the UN and in the rest of the world?」 (http://www.endtheoccupation.org/article.php?id=194).
4) 「Resolution Adopted by The General Assembly-3379」(https://documents-dds-ny.un.org/doc/RESOLUTION/GEN/NR0/000/92/IMG/NR000092.pdf?OpenElement).
5) 「Chavez: Bush 'devil'; U.S. 'on the way down'」, 『CNN』, September 21, 2006.
6) 「Walkouts and fury: A look at Ahmadinejad's U.N. speeches」, 『CNN』, September 23, 2011.
7) 장은교, 「유엔 '칠순 잔치' 정상들 총집합」, 『경향신문』, 2015년 7월 28일.

카페에서 읽는 세계사
ⓒ 구정은·장은교·남지원, 2016

초판 1쇄 2016년 9월 20일 펴냄
초판 4쇄 2018년 6월 7일 펴냄

지은이 | 구정은, 장은교, 남지원
펴낸이 | 강준우
기획·편집 | 박상문, 박효주, 김예진, 김환표
디자인 | 최원영
마케팅 | 이태준
관리 | 최수향
인쇄·제본 | 대정인쇄공사

펴낸곳 | 인물과사상사
출판등록 | 제17-204호 1998년 3월 11일

주소 | (04037) 서울시 마포구 양화로7길 4(서교동) 2층
전화 | 02-325-6364
팩스 | 02-474-1413

www.inmul.co.kr | insa@inmul.co.kr

ISBN 978-89-5906-409-0 03900

값 15,000원

이 저작물의 내용을 쓰고자 할 때는 저작자와 인물과사상사의 허락을 받아야 합니다.
파손된 책은 바꾸어 드립니다.

이 도서의 국립중앙도서관 출판시도서목록(CIP)은 서지정보유통지원시스템 홈페이지
(http://seoji.nl.go.kr)와 국가자료공동목록시스템(http://www.nl.go.kr/kolisnet)에서
이용하실 수 있습니다. (CIP제어번호: CIP2016021371)